개정판

산업복지론

나남
nanam

나남신서 1908

산업복지론

2001년 4월 5일 초판 발행
2013년 9월 5일 초판 12쇄
2017년 3월 5일 개정판 발행
2017년 3월 5일 개정판 1쇄

지은이 • 조흥식 • 김진수 • 홍경준
발행자 • 趙相浩
발행처 • (주) 나남
주소 • 10881 경기도 파주시 회동길 193
전화 • (031) 955-4601 (代)
FAX • (031) 955-4555
등록 • 제 1-71호 (1979. 5. 12)
홈페이지 • http://www. nanam. net
전자우편 • post@nanam. net

ISBN 978-89-300-8908-1
ISBN 978-89-300-8001-9 (세트)

나남신서 1908

개정판

산업복지론

조흥식 · 김진수 · 홍경준 지음

Industrial Social Welfare

2nd Edition

by

Cho, Heung-Seek
Kim, Jin-Soo
Hong, Kyung-Zoon

nanam

바야흐로 제4차 산업혁명의 시대로 접어드는 중이다. 과학기술은 이제 공상이 아닌 현실세계에서 실현됨은 물론 제4차 산업혁명이라 부르는 시대에 걸맞게 신속하게 변화한다. 제4차 산업혁명이 더 성숙할수록 노동시간은 현저히 단축될 것이다. 특히, 힘든 노동이 기계화, 자동화되면 일의 성격은 단순한 노동이 아니라 놀이에 가까워질 수도 있을 것이다. 따라서 앞으로 인간사회는 과학기술 혁명뿐만 아니라 과학기술 혁명 이후 새로운 사회를 열어나가는 데도 커다란 역량을 시험받을 것은 확실하다. 그리고 이러한 제4차 산업혁명이 일과 노동의 미래, 더 나아가 인간사회에 가져올 여러 혁명적 변화에 대해 우리는 미리 예측하고 대응할 필요가 있다.

제4차 산업혁명의 시기에는 누구보다도 노동자의 경우 주로 자신과 가족의 생존, 생계, 생활 문제와 관련한 복지욕구가 늘어날 가능성이 가장 높다. 이러한 노동자와 그 가족의 직접적 복지문제에 대한 요구는 국가의 사회보장, 기업의 기업복지, 노동조합의 자주복지 등 산업복지의 영역이라고 할 수 있다.

이 책은 이러한 산업복지의 필요성과 형성배경, 발달과정 그리고 구체적인 산업복지의 내용과 접근방법 등을 제시한다. 그리고 산업복지의 제도화 내용과 산업소셜워크의 산업현장에서 활용할 수 있는 다양한 프로그램 등을 폭넓게 다루어 한국의 노동자와 그 가족의 건전한 삶의 질을 보장하는 데 초점을 둔다.

이 책을 발간한 지 어언 15년이 넘었다. 그동안 너무 게으른 탓에 개정작업을 전혀 못했지만 이제 제4차 산업혁명이라는 세계의 거대한 흐름 속에서 더 이상 개정작업을 미룰 수 없었다. 그러다보니 새롭게 써야할 부분이 많아진 탓에 자연히 개정이라기보다 '완전 개정판'이 되었다.

이 책은 모두 14장으로 구성되었다. 제1장에서는 사회에서 노동이 갖는 의미와 함께 노동으로부터 파생되는 여러 문제를 규명해 보았다. 그리고 업무조직(*work organization*)을 중심으로 하는 산업영역에서 사회복지의 개입이 왜 필요한가에 대해 살펴보았다. 이 장은 조흥식 교수가 집필했다.

제2장에서는 산업복지의 개념을 정의한 후, 개념정의된 산업복지에 기초해 산업복지의 특수성과 보편성을 살펴보았다. 그리고 업무조직의 작동원리와 그 작동원리를 끊임없이 변형, 제한하는 환경적 측면을 살펴본 후, 산업복지의 국내외 변천과정을 짚어보았다. 이 장은 홍경준 교수가 집필했다.

제3장에서는 산업복지의 여러 가지 분류방법을 살펴보았다. 산업복지를 구성하는 요소에는 어떤 것이 있는지를 업무조직이 주도하는 기업복지, 국가가 주도하는 국가복지, 노동자의 집합적 조직인 노동조합이 조직

하는 자주복지의 3가지 하위영역을 도출해 설명했다. 그리고 사회복지학의 접근방법에 기초한 분류도 소개했다. 이 장은 홍경준 교수가 집필했다.

제4장에서는 기업복지와 국가복지 그리고 자주복지로 부르는 사회복지의 개입노력이 왜 일어나는지를 살펴보았다. 즉, 왜 업무조직은 조직에서 제기되는 개인적·사회적 욕구에 대응하는 사회복지의 개입노력을 조직화하는가, 왜 국가는 업무조직에서 제기된 개인적·사회적 욕구에 대해 다양한 급여와 서비스를 제공하는가, 왜 노동자의 집합적 조직인 노동조합은 구성원에게 사회복지 급여와 서비스를 제공하는가에 대한 다양한 논리를 살펴보았다. 이 장도 홍경준 교수가 집필했다.

제5장에서는 근로자에 대한 법적 보장 내용과 지원 내용을 상세히 서술했다. 즉, 헌법, 집단적 노사관계법, 개별적 근로계약법이 갖는 근로자에 대한 법적 보장 내용과 지원 내용을 구체적으로 서술하였다. 이 장은 김진수 교수가 집필했다.

제6장에서는 노동시장에서 특별히 간과되는 영역의 노동자를 비전형근로자 및 사회적 취약계층인 연소, 여성, 장애인 근로자로 분류하고 이들에 대한 법적 보장과 지원체계를 구체적으로 살펴보았다. 이 장은 김진수 교수가 집필했다.

제7장에서는 산업복지에서 중요한 부분을 차지하는 국가복지의 내용 가운데 노동자의 산업안전에 대한 중요성과 개념 그리고 사회적 가치를 살펴보았다. 이를 통해 산업안전의 중요성을 환기시키고 한국의 산업안전보건 관리체제와 이를 규정하는 〈산업안전보건법〉을 통해 산업안전을 지키기 위한 과제를 구체적으로 제시했다. 이 장은 김진수 교수가 집필했다.

제8장에서는 노동자를 중심으로 하는 산재보험과 고용보험을 설명

하고 일반국민을 대상으로 하는 제도에 대해서는 국민연금, 건강보험, 노인장기요양보험 등을 노동자 부분을 중심으로 설명하였다. 이 장은 김진수 교수가 집필했다.

제 9장에서는 기업복지에 대한 개념과 의의 등을 살펴보고 기업복지가 갖는 역할 및 특징에 대해 정리했다. 이 장은 김진수 교수가 집필했다.

제 10장에서는 구체적인 기업복지 프로그램을 법정복지와 법정 외 복지로 구분하여 살펴보았다. 특히, 현재 한국에서 제공하는 기업복지 실태를 파악하고 기업복지의 환경변화와 이에 따른 기업복지의 과제에 대해서 전망해 보았다. 이 장도 김진수 교수가 집필했다.

제 11장에서는 많은 기업이 노동자의 근로의욕 고취와 생산성 향상을 위한 대책으로 활용하는 근로자 지원 프로그램(*employee assistance program*·EAP)의 필요성, 특성과 유형, 변천과정 등을 서술하였다. 그리고 국내외 프로그램의 내용을 구체적으로 소개했다. 이 장은 조홍식 교수가 집필했다.

제 12장에서는 산업복지의 중요한 부분을 차지하며 지역사회에서 유용한 기업의 사회적 책임에 대해 살펴보았다. 기업의 사회적 책임은 자본주의의 발달에 따라 산업복지 실천과정에서 확대된 것으로, 산업계와 기업이 자신의 이익을 위해서뿐만 아니라 민주주의와 복지권이 확산됨에 따라 더욱 광범위하게 지역사회의 일원인 소비자에게 다양한 서비스를 제공할 수밖에 없는 현실과 책임의 내용을 살펴보았다. 이 장은 홍경준 교수가 집필했다.

제 13장에서는 업무조직에서 제기되는 노동자와 그 가족의 사회기능 수행(*social functioning*)의 향상을 목표로 사회복지전문직이 수행하는 사회복지의 실천영역 중 하나인 산업소셜워크(*industrial social work*)의

개념, 기능과 대상, 변천과정, 개입모델 등에 대해 살펴보았다. 이 장은 조흥식 교수가 집필했다.

제 14장에서는 산업소셜워크의 전반적 실천내용을 살펴보았다. 구체적으로는 산업소셜워크 실천의 전제와 실천분야, 산업소셜워크 프로그램과 산업사회복지사(industrial social worker)의 역할, 산업소셜워크의 향후 과제 그리고 제 4차 산업혁명에 대응하기 위한 산업소셜워크의 재구조화에 대해 살펴보았다. 이 장도 조흥식 교수가 집필했다.

이 책은 궁극적으로 업무조직 내의 노동자 개개인의 복지뿐만 아니라 가족 전체의 복지에 대해서 관심을 갖는 모든 사람들을 위해 기획됐다. 따라서 대학에서 업무조직 내 노동자와 그 가족의 삶의 질 그리고 그들의 삶의 질을 높일 수 있는 접근방법에 대해 학문적 관심을 갖는 다양한 전공 분야 사람에게 도움이 될 것이다. 뿐만 아니라, 사회복지 현장에서 노동자와 그 가족의 복지문제를 다루는 실무자에게도 도움이 될 것이다. 그럼에도 여전히 미흡한 점이 많다. 독자의 지속적 조언과 함께 애정 어린 비판을 기대한다.

끝으로 늘 동행하시는 하나님과 이 책이 나오기까지 도움을 주신 나남출판 조상호 회장님을 비롯한 전 직원에게 감사를 드린다. 아무쪼록 이 땅의 노동문제와 노동자 및 그 가족의 복지에 관심을 갖고서 열정적으로 활동하는 모든 분에게 이 책을 바친다.

2017년 1월
관악기슭에서
집필대표 조 흥 식

머리말

산업사회에서 노동이 갖는 의미는 매우 크다. 인류사회 발전에 기여하기 위해서는 노동생활의 질을 높여 인간의 잠재능력을 개발하여야한다. 자본주의 사회에서 완전고용 혹은 충분한 일자리 제공을 통한높은 생산성의 실현과 임금의 재분배, 그리고 임금으로 해결할 수 없는 사회적 사고나 장애요인에 대한 대처기제는 주로 사회복지를 통해이루어진다.

오늘날 산업부문 간 불균형 발전, 소득배분의 불평등 현상, 산업구조와 노동시장의 양극화 현상, 정체실업의 누적, 임금격차 확대, 성숙하지 못한 노사교섭, 사회보장의 낙후 등 사회문제가 점점 확대됨으로써 고용·배분 질서의 합리화와 사회복지의 확대에 대한 사회적 관심과 요청이 늘어나고 있다. 특히, 노동자의 경우에는 주로 그들과 가족의 생활문제와 관련해서 늘어나고 있는데 이러한 노동자와 그 가족의복지문제에 대한 요구는 국가의 사회보장, 기업의 기업복지, 노동조합의 자주복지 등 산업복지의 문제라고 할 수 있다.

이 책은 이러한 산업복지의 필요성과 구체적인 내용과 접근방법, 그리고 산업복지의 형성배경과 발달과정, 다양한 프로그램 등을 폭넓게 다루어 노동자와 그 가족의 건전한 삶의 질을 보장하는 것에 초점을 둠으로써 작업조직 내의 노동자 개개인의 복지뿐만 아니라 가족 전체의 복지에 대해서 관심을 갖는 모든 사람들을 위해 기획된 것이다. 따라서 대학에서 작업조직 내 노동자의 삶의 질과 그들의 삶의 질을 높일 수 있는 접근방법에 대해 학문적 관심을 갖는 다양한 학문전공 분야 사람들뿐만 아니라, 사회복지 현장에서 노동자와 그 가족의 복지문제를 다루는 실무자들에게 도움이 될 수 있을 것으로 본다.

이 책은 모두 15장으로 구성되어 있다.

제1장에서는 산업사회에서 노동이 갖는 의미와 함께 산업사회의 노동이 갖는 문제를 규명하고, 아울러 작업조직을 중심으로 하는 산업영역에서 사회복지의 개입이 왜 필요한가에 대하여 살펴본다. 조흥식 교수가 집필하였다.

제2장에서는 산업복지의 개념을 정의한 후, 개념정의된 산업복지에 기초하여 작업조직의 작동원리와 그 작동원리를 끊임없이 변형, 제한하는 환경적 측면을 살펴본다. 산업복지를 구성하는 3가지 하위 영역, 즉 작업조직에 의해 주도되는 기업복지와 국가에 의해 주도되는 국가복지, 그리고 노동자의 집합적 조직인 노동조합에 의해 조직되는 자주복지의 영역을 도출하였다. 홍경준 교수가 집필하였다.

제3장에서는 산업복지의 여러 가지 접근방법을 살펴본다. 산업복지를 조직화하는 주체들의 분류에 따른 접근방법 중심으로 고찰하였다. 이 장은 홍경준 교수가 집필하였다.

제4장에서는 산업복지의 변천과정을 작업조직에 의해 주도된 기업복지를 중심으로 살펴본다. 여기에서는 특히 한국의 산업복지에 많은 영향을 미친 미국과 일본의 변천과정을 주로 살펴본 후, 한국 산업복지의 변천과정을 서술하였다. 이 장은 홍경준 교수가 집필하였다.

제5장에서는 기업복지의 국가복지, 그리고 자주복지로 불리는 사회복지의 개입노력이 왜 일어나게 되는지, 즉, 왜 작업조직은 조직에서 제기되는 개인적·사회적 욕구에 대응하려는 사회복지의 개입노력을 조직화하는지, 왜 국가는 작업조직에서 제기되는 개인적·사회적 욕구에 대해 다양한 급여와 서비스를 제공하는지, 왜 노동자의 집합적 조직인 노동조합은 구성원에게 사회복지 급여와 서비스를 제공하는지 등에 대한 다양한 논리들을 살펴보았다. 홍경준 교수가 집필하였다.

제6장에서는 산업복지의 한 영역인 국가복지의 내용 가운데 사회보험제도를 중심으로 살펴본다. 국민연금, 건강보험, 산업재해보상보험, 고용보험 등을 구체적으로 서술하였다. 이 장은 김진수 교수가 집필하였다.

제7장에서는 산업복지에서 중요한 한 부분을 차지하는 국가복지의 내용 가운데 사회보험이 아닌 다양한 법정지원의 내용을 퇴직금제도, 사내 근로복지기금, 종업원 지주제, 직장보육시설 등을 중심으로 살펴본다. 김진수 교수가 집필하였다.

제8장에서는 사회보험제도나 근로자 보호 관련규정 외에 근로자 자신이 재산을 형성할 수 있도록 하고 특히 저축과 내 집 마련을 위해 적극 노력하도록 촉진하는 근로자 재산형성제도에 관해 자세히 서술하였다. 김진수 교수가 집필하였다.

제9장에서는 기업복지에 대한 개념을 살펴보고, 기업복지의 역할

및 특징을 정리했다. 또한 현재 우리나라에서 제공되는 기업복지 실태를 파악하고 기업복지의 환경변화와 이에 따른 기업복지의 과제에 대해서 전망해 보았다. 김진수 교수가 집필하였다.

제 10장에서는 노동자에 대한 복지사업이 이루어지는 민간, 특히 노동조합에 의한 복지의 일종인 근로자 자주복지의 내용에 대해 서술하였다. 이 장은 김진수 교수가 집필하였다.

제 11장에서는 자본주의의 발달에 따라 산업복지 실천과정에서 확대된 것으로, 산업계와 작업조직이 자신의 이익을 위해서뿐만 아니라 민주주의와 복지권의 확산에 따라 보다 광범위하게 지역사회의 일원인 소비자에게 다양한 서비스를 제공할 수밖에 없는 현실과, 그리고 복지의 내용을 살펴보았다. 이 장은 조흥식, 홍경준 교수가 집필하였다.

제 12장에서는 작업조직에서 제기되는 노동자와 그 가족의 사회적 기능수행 향상을 목표로 하는 사회복지 전문직에 의해 수행되는 사회복지 실천영역의 하나인 산업사회사업의 기능과 대상, 변천과정, 그리고 산업사회사업 실천의 전제와 실천분야, 프로그램과 산업사회복지사의 역할에 대해 살펴보았다. 조흥식 교수가 집필하였다.

제 13장에서는 산업사회사업 프로그램 가운데 대표적인 프로그램인 피용인 원조 프로그램과 상담서비스 프로그램에 대해 상세히 살펴보았다. 이 장은 조흥식 교수가 집필하였다.

제 14장에서는 산업영역에서 특별히 간과되고 있는 특수집단인 근로청소년, 여성노동자, 장애노동자, 노년층노동자, 이주노동자 등의 특별한 욕구에 대응하는 각 산업복지의 개입 내용에 대하여 살펴보았다. 이 장은 조흥식 교수가 집필하였다.

제 15장에서는 우리나라에서 산업복지 발전을 위해 필요한 몇 가지

의 과제를 제시한 후 앞으로의 산업복지의 전망을 살펴보았다. 이 장은 홍경준 교수가 집필하였다.

산업복지에 대하여 많은 사람들의 폭넓은 이해를 돕고자 하는 목적으로 평소 학교에서 산업복지를 가르치고 있는 우리 세 교수들이 이 책을 어렵사리 집필하였지만, 아직도 미흡한 것이 많다. 독자들의 지속적인 조언과 함께 애정 어린 비판을 기대한다.

끝으로 늘 함께하시는 하나님과, 이 책이 나오기까지 도움을 주신 나남출판 조상호 사장님을 비롯한 전 직원들에게 감사를 드리면서, 이 땅의 노동문제에 관심을 갖고서 노동자와 그 가족의 복지를 위해 노력하는 모든 분들에게 이 책을 바친다.

2001년 3월
관악기슭에서
집필대표 조 홍 식

나남신서 1908

개정판
산업복지론

차 례

제1장

일, 노동, 직업의 이해

산업사회든, 탈산업사회든 어떤 사회에서도 일과 노동이 갖는 의미는 매우 크다. 인간은 일상생활 속에서 일과 노동을 하면서 살아갈 수밖에 없기 때문이다.

이 장에서는 사회에서 노동이 갖는 의미와 함께 노동으로부터 파생되는 여러 문제를 규명해 보고, 아울러 업무조직(*work organization*)을 중심으로 하는 산업영역에서 사회복지의 개입이 왜 필요한가에 대하여 살펴보고자 한다.

1. 일과 노동, 노동자의 의미

1) 일과 노동의 의미

인간은 일상생활 속에서 일을 하면서 살아갈 수밖에 없다. 인간은 활동하고 행동하지 않으면 살아갈 수 없는 존재이다. 다시 말해, 인간은 욕망을 채우고 즐거움을 향유하며 생존해나가기 위해서는 어떻든 일하지 않으면 안 되는 존재이다.

이렇게 볼 때 '일'이란 가장 넓은 의미에서의 '활동'이다. 이러한 활동은 반드시 신체적 활동만을 이야기하는 것은 아니다. 신체를 움직이지 않는 두뇌활동이나 정신활동 역시 활동이다. 따라서 인간사회에서는 어떤 일을 하는가에 따라 지위가 결정되고 자아 만족, 자아 존중감 확보, 사회적 접촉 등에도 영향을 준다.

역사적으로 볼 때 고대사회에서 일은 주로 고통이나 고난, 육체의 노동을 의미했다. 중세에는 일을 신분에 따라 해야만 하는 운명의 차원으로 보았다. 근대에는 직업이라는 용어가 사용되면서 의미가 다양해지고 전문성의 측면이 포함됐다.

그래서 일은 인간의 역사와 맥을 같이하는 활동인 동시에 생명력이 확인되는 활동을 의미하며 개인이 일정 시기에 지속적으로 수행하는 경제 및 사회활동 모두를 말한다. 따라서 일은 보수에 관계없이 인간이 하는 모든 활동을 일컫는데 여기에는 봉급을 받거나 이윤을 추구하는 개인 사업뿐만 아니라 취미활동, 봉사활동, 여가활동 등도 모두 일로 간주한다(〈日本経済新聞〉, 2005).

그런데 이러한 일의 의미를 구체적으로 고찰할 때는 누구나 '노동'이라는 말을 함께 연상하며 따라서 노동이 갖는 의미를 함께 살펴보아야 한다. 인류역사를 보면 인류는 노동을 통해 발전과 번영을 이루었다. 노동하는 인간은 자신과 자신의 노동에 대하여 무언가 생각을 가지고 생활한다. 영어 단어로는 노동(*labour*)과 일(*work*)로 구별되는데, 사실상 같은 의미로 혼용하여 쓰지만 두 행위의 차이는 언어의 흔적으로 남았다(Arendt, 2011).

그러면 '노동'이라는 말의 의미를 간단히 살펴보자. 엄밀하게 말하면 정신적인 것이든 육체적인 것이든 어떤 한 측면만의 노동은 있을 수 없다. 하지만 노동이 인간의 활동임에는 의문의 여지가 없다. 서구의 언어를 보더라도 노동에 해당하는 단어는 넓은 의미의 '일'과 좁은 의미의 '노동'의 두 가지가 있다.

영어와 독일어 및 프랑스어를 예로 들면, 넓은 의미의 일을 나타내는 work, werken, ouvrage에 대하여, 좁은 의미의 노동을 나타내는 단어로 labour, arbeiten, travailler가 있다. 이 가운데서 두 가지 단어의 의미상 대응이 가장 분명한 것은 영어라 할 수 있다. 이는 영국이 근대화의 선발국이었다는 점과 근대적 사회경제적 노동이 넓은 의미의 일로부터 빨리 분화된 것과 관계가 있는 듯하다(淸水正德, 1982).

진전된 논의를 위해서는 노동의 의미를 정신적·육체적인 사회경제적 노동으로 한정하는 것이 좋다. 물론 경우에 따라서는 넓은 의미에서의 일과 인간의 활동 및 행동까지 포괄적으로 간주하기도 한다. 그러나 일반적으로 노동이라는 단어를 쓸 때는 제작을 위한 인간의 정신적·육체적인 사회경제적 노동을 의미한다.

이런 점에서 그리스어에서는 일(*ergon*)과 노동(*ponos*)을 각각 실천

(praxis)과 제작(poiesis)이란 의미로 연결하여 해석한다. 실천은 인간이 자신의 형이상학적 목적을 위해 사물을 활용하기 때문에 가치 있는 활동으로 간주한 데 반해, 제작은 질료(소재) 자체를 전제로 하여 질료의 성질에 따라 사물을 사용하는, 사람의 목적을 위한 활동으로 간주했다. 또한 라틴어 계통에서도 지적 인간(Home Sapiens)에 대비하여 사업적 인간(Homo Faberu)이 검토됐다. 이 맥락에 따르면 일을 지적 인간과 연관시킨 반면 사업적 인간을 제작・기술・노동과 연관시켰다.

최근 미국 학자가 이러한 경향을 연구를 통해 정리했다. 즉, 인간의 사회적・개인적 활동을 3가지 유형으로 구분했다. 이에 따르면 ① 기계에 종속된 노동이거나 기계로 대체 가능한 노동을 나타내는 단어로 labor ② 좀더 나은 기술이나 인간적 배려가 필요한 일을 나타내는 단어로 work ③ 창조적 개성과 천분을 살릴 행동을 나타내는 단어로 action을 사용하였다(清水正德, 1982).

노동은 3가지 요소를 필요로 한다.

첫째, 노동주체가 필요하다. 노동주체는 인간이 행하는 정신적, 육체적 제반 능력의 발휘를 말한다.

둘째, 노동대상이 필요하다. 농업의 경우 토지, 어업의 경우 물고기 등을 말한다. 인간노동에 의해 노동대상이 변화하게 되면 노동대상은 원료가 된다. 원료의 대표적 예로는 선반작업의 철판을 들 수 있다.

셋째, 노동수단이 필요하다. 노동수단은 노동할 때 사용하는 용기를 말한다. 농사에 쓰는 쟁기, 선반작업을 할 때 사용하는 선반기계 등이 그것이다. 그리고 노동대상과 노동수단을 합쳐 생산수단이라 부른다.

한편, 노동의 종류는 분류기준에 따라 다음과 같이 구분한다.

첫째, 생산적 노동과 비생산적 노동의 구분이다. 노동 자체로부터 가치를 생산하는 노동은 생산적 노동이라 부른다. 상업노동, 사무노동, 서비스노동과 같이 직접 가치를 생산하지 않는 노동은 비생산적 노동이라 부른다.

둘째, 숙련노동과 미숙련노동의 구분이다. 이 구분은 직종에 입각한 노동의 측면에서 특별한 양성훈련의 필요성 유무에 의한 구분이며 숙련의 습득 정도에 의한 구분은 아니다.

셋째, 단순노동과 복잡노동의 구분이다. 복잡노동은 대체로 양성훈련에 의한 숙련노동이 해당된다.

넷째, 노동의 강도에 의한 구분이다. 주로 산소 소비량의 대소로 강도를 구분한다. 이때 기초가 되는 것이 에너지 대사율(*relative metabolic rate*·RMR)이다. RMR은 다음과 같은 산술에 의해 작성된다.

$$\text{RMR} = \frac{\text{작업시간 소비에너지} - \text{안정시간 소비에너지}}{\text{기초대사}} = \frac{\text{노동대사}}{\text{기초대사}}$$

여기에서 기초대사는 인간이 살아가는 데 필요한 에너지 소비량을 말한다. 노동의 RMR은 0.1로부터 10.0을 넘는 경우까지 분포하는데 주작업의 RMR이 0~1인 경우를 최경작업, 1~2를 경작업, 2~4를 중등작업, 4~7을 중작업, 7 이상을 최중작업이라 부른다.

다섯째, 그림자 일(*shadow work*)과 생존을 위한 일(*subsistence work*)의 구분이다. 전자는 여성이 주로 하는 가사노동을 말하며, 후자는 산업조직에서의 임금노동을 말한다.

한편, 노동력(*labor force*)을 판매하여 얻은 임금으로 생활하는 사람을 노동자라고 한다. 여기에는 육체노동자·정신노동자가 포함되며 정규직 노동자뿐만 아니라 비정규직 노동자와 실업자도 포함된다.

2) 직업이 갖는 성격

좁은 의미의 노동을 포함한 넓은 의미의 '일'은 가족과 학교에 이어 제3의 인간발달 관련제도(*the tertiary developmental institution*)다. 따라서 일은 개인의 성장을 지속시킬 수도 있으나 중단시킬 수도 있다. 또한 인간은 일의 세계에서 안전하고 건강하다고 느낄 수 있지만 때로는 일의 세계를 정서적 혹은 신체적으로 위협받을 수 있는 환경으로 볼 수도 있다(Akabas & Kurzman, 2007).

일은 개인의 기능수행의 핵심 차원이며 인간이 일상생활에서 수행하는 다양한 역할 중 개개인의 지위를 결정짓는 기제다. 일(직업, 직장)은 복잡한 사회적 환경인데 거기에는 공식·비공식 구조와 규칙, 의사결정 과정이 있다. 또한 공식적 집단과 자연적 집단, 하위집단, 파벌과 노조가 있다.

그리고 일에는 모든 종류의 스트레스가 있는데 이 스트레스는 언제나 가능성이 있는 실업에 대한 두려움보다 적지 않다. 기업주와 피용인 사이에는 태도와 가치, 직업윤리, 일하는 방법, 시간 사용, 프라이버시, 보상과 처벌 등이 일치할 수도 있고 그렇지 않을 수도 있다. 아울러 일의 의미는 사람에 따라 반응이 다를 수 있음을 알아야 한다.

예를 들면, 예측 가능한 결과와 조직적 반복 과정을 가진 과업에 대해 어떤 피용인은 편안하고 자신이 할 수 있는 일로 인식할 수 있으나 다른 피용인은 하기 싫은 일로 인식할 수도 있다. 이와 같이 개인 피용인과 그 가족에게 지원(*support*)을 창출할 수도 있지만 한편으로는 스트레스를 창출할 수도 있는 일의 다면성을 이해해야 한다.

또한 이러한 일의 세계에서 일어나는 다양한 인간의 문제를 사회복지 전문가가 다루어야 함을 인식해야 한다. 일터는 사회생활(*social life*)과 직업생활(*work life*)이 융화된 장이기 때문이다(Vigilante, 1997).

이렇게 볼 때 직업(職業)은 보수가 따르는 일을 의미한다. 여기서 '직'(職)이란 관을 중심으로 한 직무를 뜻하는 '관직'(官職)의 의미와 사회적 역할 이행을 뜻하는 '직분'(職分)의 의미가 있다. 그리고 '업'(業)은 생계유지를 위한 일이라는 뜻과 자기 능력을 발휘하기 위해 어느 한 가지 일에 몰두 및 전념한다는 뜻을 포함한다. 즉, 직업이란 말은 생계유지, 개인의 사회적 역할 분담, 자기 능력의 발현(자아실현)이라는 의미를 내포한다.

따라서 직업, 직장을 뜻하는 '일'의 의미는 결코 가볍지 않다. 비록 불평등이 심화되는 현대 자본주의 사회에서 그 모습이 때로는 실망스러울 수도 있지만 여전히 산업사회에서 일이 갖는 잠재적 의미는 매우 크다.

2. 노동이 갖는 문제

1) 노사관계와 노동문제

(1) 노사관계의 변천

중세 이후 산업화가 진행되면서 3대 생산요소 가운데 하나인 토지의 중요성은 점차 감소하고 상대적으로 자본과 노동의 중요성이 커졌다. 따라서 산업사회의 지배구조는 두 대항세력인 자본가와 노동자 계급이 양분했으며 양자의 관계는 노사관계(*industrial relations*)라는 말로 설명이 가능하다.

노사라는 개념이 대두되기 전인 중세 이전의 산업사회는 주종(*master and servant*) 관계가 노사관계를 대신했다. 이 관계는 중세 길드제의 장인과 도제 사이의 종속관계로, 매뉴팩처에서의 노동자와 상업자본가의 관계로 전환됐으며, 초기 자본주의 체계에서는 노동자와 산업자본가의 관계로 변화했고, 현대산업사회에서는 노동자와 전문경영자의 관계로 자리 잡았다(곽효문, 1995). 이를 요약하면 〈표 1-1〉과 같다.

〈표 1-1〉 생산형태의 변천에 따른 노사관계의 변천

시대구분	중세		근대	현대
생산형태	수공업	가내공업	공장제공업	대량생산
노	장인 전문적 도제		임금노동자 (주로 육체노동)	구성원 (육체와 정신노동)
사		상업자본가	산업자본가	전문경영인
노·사 기능의 분화	노·사 기능의 미분화	노·사 기능의 미분화	노동집단의 형성과 노조출현	노조의 제도화

출처: 곽효문(1995: 101).

이와 같이 노사관계가 현재와 같은 개념으로 발전한 이면에 대해서는 노동운동에 대한 배경과 역사적 고찰을 통해서 자세히 알 수 있다. 산업사회에서 노동자 계급은 사회적 생산의 기본적 담당자임에도 불구하고 현대의 과학기술을 주축으로 한 물질적 생산의 풍부성에 비해 상응한 처우를 받지 못한 경우가 빈번했다. 이러한 사회적 불공정에서 노동문제가 생겨났다.

노동이라는 생산요소만 가진 약자의 모임인 노동조합은 토지와 자본을 소유한 강자인 기업에 대항하여 단체교섭을 벌임으로써 이윤추구에만 매몰된 기업경영을 견제하고 정당한 이윤 배분을 요구했다. 이러한 의도에 따라 노동운동이 발생했다. 노동운동은 노동자 계급의 주체적 성장도·성숙도나 산업사회의 객관적 발전도·성숙도에 따라 성격이 달라진다. 산업사회의 진전에 따른 노동내용의 변화는 산업사회의 운영원리의 변화나 질적 변화의 요인이다.

다시 말해, 노동자 계급의 주체적 조건과 산업사회의 객관적 기반의 변화가 상호작용하는 가운데 노동운동이 형성, 발전하고 성격이 규정되어 노동자의 지위 향상·생산성 향상에 의한 기업의 번영, 자유민주주의 체제의 유지 개혁이 일어난다. 따라서 각국의 노동운동은 그 나라 노동자 계급의 성격이나 산업사회의 특수성을 반영하여 각각 특수한 성격을 갖는다.

(2) 노동운동의 전개

이제부터 노동운동이 활성화된 이유를 살펴보자. 자본주의 사회의 노사관계는 20세기에 이르러 노동자의 생존권 확보라는 목표와 자본주의체제 유지를 위한 역사적·사회적 배경 아래에서 노동법의 제정을 통해 발전했다. 노동자와 사용자는 법률상 모두 평등한 인격자로 취급되고 고용관계는 평등한 두 당사자와의 관계임이 강조됐다.

따라서 근로조건에 따른 노동력 제공과 그에 상응하는 임금 지급은 법률상 평등한 계약을 통해 결정되는 것으로 간주됐다. 이러한 자본주의의 시민법상 규율이 평등한 두 당사자와의 관계로 수정된 배경은 다음과 같다.

첫째, 산업혁명으로 기계가 수공업을 대체했지만 산업화에 따라 노동력이 더욱 요구되면서 그동안 노동과정에서 배제되었던 여성과 연소자 노동자가 노동시장에 출현했다.

둘째, 근로조건의 악화 현상이 일어났다. 대표적 근로조건으로는 임금, 노동시간, 노동환경을 들 수 있는데 노동자가 저임금, 긴 노동시간과 위험성, 비위생적 노동환경 속에서 과도노동을 수행한 결과 재해, 직업병 등으로 말미암은 근로조건의 악화 현상을 겪었다.

셋째, 기계의 발달이 노동의 반숙련화 내지 비숙련화를 촉진했다. 이에 따라 노동시장은 만성적 노동력 과잉상태를 이루었으며 사용자가 일방적으로 근로조건을 결정하는 경우가 늘어났다.

이러한 결과 자본주의의 발전과 함께 대두된 노동자의 빈곤문제는 실업문제와 함께 심각한 사회문제가 되었다. 이 현상은 노사 대등의 원칙, 노사가 다 같이 자유로운 시민이라는 시민법적 원리에 근거해 볼 때 당연히 나타날 수밖에 없는 문제이다.

이렇듯 노동자와 관련된 사회문제가 빈번하게 발생하면서 노동자의 불리한 근로조건과 빈곤을 극복하려는 사회적 노력의 일환으로 노동운동이 나타났다. 노동운동을 통해 노동자는 일정한 임금과 작업환경 개선 등의 근로조건을 사용자에게 제시했고 노동조합운동은 국가권력의 직접적 통제를 받기도 했다. 그러나 이러한 통제에도 불구하고 노동운동은 계속 발달했으며 노동자의 권리로서 승인받기에 이르렀다.

20세기 헌법의 명문으로 보장하는 것이 노동자의 단결권, 단체교섭권, 단체행동권에 의한 동맹파업이다. 노동자에 대한 자유권뿐만 아니라 새로운 생존권이라는 이념에 입각하여 노사관계 체계가 성립됐으며 임금, 근로시간, 복지, 해산, 기타 대우에 관한 근로조건이 노사 간 단체교섭으로 조정되었다. 결과적으로 노동운동은 근로조건과 노동자들의 지위를 개선하고 향상하는 데 이바지했다(곽효문, 1995).

2) 노동소외 문제

(1) 노동소외의 의미

소외(*alienation*)란 말에는 특별한 사회학적 의미가 있다. 이는 사람들이 억압적이거나 자신의 통제를 넘어서는 사회제도와 상호작용할 때 경험하는 무의미감과 무력감을 말한다(Zastrow, 2000).

실존주의자들도 소외를 자아상실과 같은 의미로 파악한다. 즉, 자기 행동을 자제할 역량이 없어 자아세계의 확립을 위한 창조적 행동을 기피하고 남에게 의존하며 타인과의 접촉을 꺼린다고 본다. 또한 이렇게 타인과의 불건전한 인간관계를 유지하는 사람은 자신의 중요한 임무를 망각한다고 본다.

노동현장에서 나타나는 인간소외 문제는 생산성과 안전의 관점에서뿐만 아니라 일하는 사람들의 건전한 성장과 사회생활을 위해서도 반드시 극복해야 할 과제이다. 노동소외의 문제를 극복하기 위해서는 노동가치 의식의 변화, 욕구의 다양화, 자유의사와 자발성, 자율성과 개성능력의 발휘 등이 충분히 고려되어야 한다.

노동자 소외 문제를 처음으로 규명한 사람은 마르크스(Karl Marx)이다. 그는 노동소외의 유형으로 ① 노동생산물로부터의 소외 ② 노동행위로부터의 소외 ③ 인간의 유적 존재(*species being*) 등 3가지를 들었다.

(2) 노동소외의 원인

일반적으로 이러한 노동소외 현상의 원인은 아래와 같이 정리할 수 있다(Seeman, 1959; 곽효문, 1995).

첫째, 자연으로부터의 소외이다. 과학기술로 인한 산업화와 이에 따른 도시화 현상으로 자연관에 변화를 가져옴으로써 자연의 신비성이 붕괴되고 자연과의 지속적 유대성이 단절되어 인간은 자연으로부터 소외되기에 이르렀다.

둘째, 생산과정에서의 인간소외 현상이다. 이 현상은 노동의 상품화 자체가 생산과정에 의한 결과이기 때문에 일어난다. 기계화된 대량생산의 상품생산과정에 참여하는 노동자는 지식과 기술 그리고 육체를 제공하여 급료를 받는 것 이외에 다른 의미를 얻을 수 없다.

노동의 상품화는 노동의 비인간화와 비인격화를 뜻하며 이때 노동은 삶의 일부가 아니고 삶의 수단인 상품가치로 변모한다. 이렇게 노동자가 생산과정에서의 소외와 생산품으로부터의 소외를 겪으면 노동을 자기의 일부 내지는 삶의 일부로 생각하는 대신 비인격화되어 자기 밖에 있는 상품으로 받아들여 상품화된 노동과 대립하는 관계를 경험한다.

셋째, 타인으로부터의 소외이다. 이러한 소외현상은 사회적 여건인 사회제도의 조직화와 비인격화 그리고 관료화로 나타난다. 비인격화의 예로는 타인과의 유대형성 방식이 옛날과 다르며 타인의 존재를 상품의 교환가치로만 생각하는 것을 들 수 있다. 상점이 제공하는 친절역시 고객에게서 얻을 수 있는 상품의 가치 때문이다.

(3) 노동소외의 유형

소외를 종합적으로 연구한 대표적 인물은 시맨(Melvin Seeman)이다. 그는 사회학의 고전이론, 뒤르켐(Emile Durkheim)의 아노미 개념, 마르크스의 소외 개념을 중심으로 만하임(Karl Mannheim), 베버(Max Weber), 프롬(Erich Fromm) 등을 광범위하게 연구하여 소외의 유형을 아래와 같이 5가지로 구분했다(Seeman, 1959).

① 무력감

무력감(*powerlessness*)은 자기 자신의 행동이 바라는 결과를 이끌어낼 수 없다고 느끼는 기대 또는 확률을 의미한다. 이 유형의 소외를 받는 사람은 각자의 운명이 자기 자신의 통제 아래에 있지 않고 외부적 대행자나 숙명, 행운 또는 제도적 장치에 의해 결정된다고 느낀다. 이는 마르크스가 제시한 자본주의 사회에서의 노동자관에서 기원하지만, 시맨은 개인의 사회·심리적 수준에서 무력감을 취급하여 마르크스의 견해와는 전혀 다른 의미로 사용한다.

② 무의미감

무의미감(*meaninglessness*)은 개인이 무엇을 믿을까 알 수 없음을 말하며 의사결정의 명료성에 대한 개인의 최소기준이 만족되지 않는 것을 의미한다. 자신의 믿을 만한 근거가 흔들리는 이러한 제 2의 소외형태는 행위의 장래 귀결에 대해 만족할 만한 기대가 적어 존재의 의미를 상실하는 것이 특징이다. 시맨은 무의미감을 만하임의 기능적 합리성의 증대에 포함된 것으로 간주하여 인간이 참가하는 사건을 몰이해하는 것으로 파악했다.

③ 무규범감

무규범감(*normlessness*)은 특정 목표를 달성하기 위하여 사회적으로 시인될 수 없는 행동이 필요하다는 높은 기대를 의미한다. 이는 뒤르켐의 아노미(*anomie*)에서 유래됐다. 본래의 의미로서 아노미는 개인의 행동을 규제하는 사회규범이 힘을 상실하여 규범으로서의 효력을 발휘할 수 없는 상황을 의미한다. 머튼(Robert Merton)은 아노미를 "문학적으로 규정된 목적이 그것을 달성하기 위하여 취하는 수단과 합치할 수 없는 상황"으로 본다. 머튼의 이러한 아노미 상황해석을 시맨은 무규범감으로 명명했다.

④ 고립감

고립감(*isolation*)은 특정 사회에서 전형적으로 높은 가치가 부여된 목표나 신념에 대하여 개인이 낮은 가치를 부여하는 것을 의미한다. 즉, 소수의 집단구성원 사이나 기타 사회관계에서 느끼는 고독과 제외(배척)의 감정을 말하며 보통 지식인이 일반문화형으로부터 이탈한 것을 나타낼 때 사용한다. 시맨은 일정한 사회에서 고립은 사회적 적응이 충분하지 않음을 의미하는 것은 아니라고 말했다.

⑤ 자기소원

자기소원(self-estrangement)은 특정 행위가 예기되는 장래보상, 활동 자체 이외의 보상에 종속하는 정도를 의미한다. 시맨은 프롬이 "인간 이 자신을 자기가 아닌 이방인(alien: 외국인, 예외자)으로 느끼는 경험 양식"을 소외라고 부른 것을 원용한다. 이 경우에는 인간이 어떤 이상 적 인간 조건으로부터 격리됨을 가정한다.

(4) 노동소외의 극복방안

산업사회에서 심화되는 노동소외의 극복을 위한 방안을 모색해 보면 다음과 같다(곽효문, 1995; Zastrow, 2000).

첫째, 사회 대다수 구성원의 생존권과 복지권을 확고하게 보장해야 한다. 다시 말해, 노동생활의 질(quality of working life · QWL)을 향상해 야 한다. 이를 실현하기 위해서는 경제권력의 집중을 배제하고 사회구 성원의 폭넓은 참여를 보장하는 경제민주주의 내지는 업무조직에 민주 주의의 원리를 적용하는 산업민주주의와 산업복지가 강화되어야 한다.

둘째, 기술이 지닌 양면성을 이해하고 조화롭게 대처해야 한다. 기술 혁신은 생산성 향상 등의 순기능 측면과 함께, 노동강화와 노동의 단순 화 및 세분화 그리고 기술적 실업 야기 등의 역기능 측면을 함께 가진다.

오늘날 이 문제에 대처하기 위한 방안으로는 업무조직 내에서의 직 무재편성을 비롯하여 직무확대, 직무의 충실화, 인간관계의 향상 등을 고려할 수 있다. 구체적으로는 작업 중의 주체성 강화, 경력향상 기회 제공, 직장에서의 권위주의 배제, 임금 인상과 복지후생 강화, 이윤공 유(profit-sharing) 프로그램 활성화, 직무안전감을 보장하는 고용정책 의 충실화, 지속적 교육 · 훈련, 기술적 실업에 대한 대책강구, 산업안전과 보건대책 수립 등이 있다.

셋째, 조직의 관료제화와 노동의 질적 변화에 따른 소외를 해소해야 한다. 이를 위해서는 업무조직 내에서 인간 존엄성을 바탕으로 하는 노동의 인간화가 요구된다. 구체적으로는 노동자의 적극적 의사결정 과정 참가를 비롯하여 자주성을 발휘할 수 있는 역할수행, 인간관계의 강화, 직업인으로서의 자아실현, 각종 형태의 경영참가 등의 방안을 들 수 있다.

3. 산업영역에서의 사회복지개입 필요성

1) 각 산업영역에서의 복지문제 해결 필요성 대두

(1) 산업영역에서의 사회문제 발생

인간이 노동을 하는 목적은 크게 ① 물질적 기초마련 ② 자아실현 ③ 사회발전 기여의 3가지이다. 노동을 통해 인류사회 발전에 기여하기 위해서는 노동생활의 질을 높여 인간의 잠재능력을 사회가 요구하는 방향으로 개발해야 한다. 특히, 사회 변화에 적응하는 능력이 중요하다.

자본주의 사회에서 사회복지의 기본적 조건은 완전고용 혹은 충분한 일자리 제공을 통한 높은 생산성을 실현하고 임금을 잘 분배하여 경제 사회의 기본문제를 해결하는 기초를 마련하는 데 있다. 그러나 임금으로 해결할 수 없는 사회적 사고나 장애요인이 어떤 사회에서든 발생한다. 이는 국가나 사회가 해결해야 한다.

경제사회의 구조적 불균형이 불러오는 산업부문 사이의 불균형발전, 소득배분의 불균형, 산업구조와 노동시장의 양극화 현상 등으로 파생된 인구의 도시집중화 경향, 도시 안의 정체실업 누적, 기술노동력 공급부족, 저임금 질서 위에서의 임금격차 확대, 노사교섭제도의 부실, 사회보장 낙후 등의 사회문제가 대두된 결과, 고용·배분 질서의 합리화와 사회복지의 확대요청이 사회적 관심사로 표출됐다.

특히, 노동자의 경우에는 주로 그들의 생활문제와 관련한 사회문제가 일어나며 이는 국가의 사회보장, 기업의 기업복지, 노동조합의 자주복지 등 산업복지의 문제라고 할 수 있다.

(2) 산업복지의 필요성 대두

산업영역의 사회문제를 해결하기 위해서는 국가적·사회적으로 많은 산업복지 프로그램을 마련하여 시행해야 한다. 다시 말해, 물량중심적 경제개발이 가져다준 문제들을 사회개발로 보완하면서 산업사회의 일원인 노동자의 인간성을 회복시키고 인간다운 보람 있는 삶을 영위할 수 있도록 삶의 질(quality of life) 내지는 노동생활의 질을 높여야 한다. 산업영역 구성원 각각의 입장에서 본 산업복지의 필요성은 다음과 같이 정리할 수 있다.

첫째, 무엇보다도 국가가 앞장서서 사회정책을 통해 산업복지를 수행해야 한다. 특히, 앞으로 경제·사회구조의 불균형과 사회문제를 장래 산업화의 지속적 추진에 비추어 생각해야 한다. 구체적으로는 공공산업복지정책의 강화, 복지질서 수립과정에서의 산업노동자의 생활조건 개선과 인간성 회복을 위한 사회보장제도 충실화, 국가의 각종 지원체계에 의한 공공산업복지의 강화가 필요하다.

이러한 국가의 공공 산업복지정책이 필요한 이유는 같은 산업노동자라도 기업의 상태에 따라서 기업복지의 수준에 상당한 격차가 발생하기 때문이다. 〈그림 1-1〉은 기업 규모의 차이로 발생하는 산업복지 욕구(needs)의 격차를 나타낸다. 이를 보면 대기업 노동자로부터 실업자에 이르기까지 상당한 복지수준의 스펙트럼이 형성되며 따라서 산업복지 수요도 상이하게 나타날 수 있음을 알 수 있다. 실업자에게는 기본적 생계유지의 욕구가 우선적이고 비정규직 노동자의 경우에는 고용유지의 욕구가, 영세기업 및 중소기업 노동자는 생활안정의 욕구가, 대기업 노동자는 자아실현의 욕구가 존재한다.

따라서 중소기업 및 영세기업 노동자에 대해서는 노동자의 취약한 기

〈그림 1-1〉 대상별 산업복지의 욕구 격차

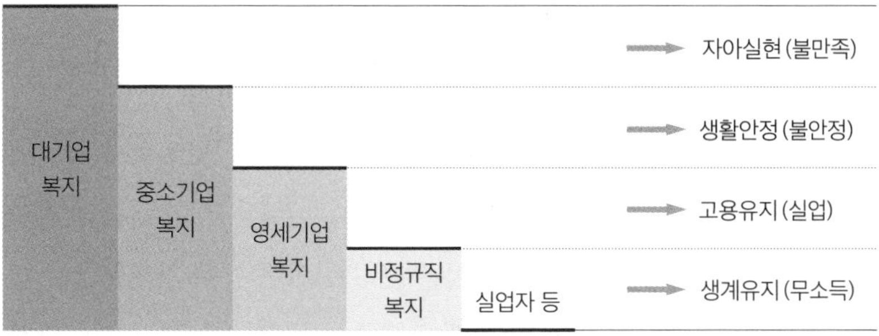

⟹ 자아실현 (불만족)

⟹ 생활안정 (불안정)

⟹ 고용유지 (실업)

⟹ 생계유지 (무소득)

대기업
복지

중소기업
복지

영세기업
복지

비정규직
복지

실업자 등

출처: 한국경제학회 (2000: 34).

업복지의 보완이, 비정규직 노동자에 대해서는 사용자 역할 대행이, 산재노동자에 대해서는 사회복지사업의 보완이, 실업자에 대해서는 자활적 복지사업 등 공공산업복지정책의 구체적 추진 필요성이 제기된다.

둘째, 기업차원에서도 사회복지를 발전시켜야 한다. 기업복지의 필요성을 뒷받침하는 여건들은 다음과 같다(우재현, 1998).

우선 기업의 사회적 책임 수행에 대한 기대가 높아졌다. 기업은 노동자에 대한 적정임금과 출자자에 대한 적정배분을 통해 생산한 가치를 공정하게 나눠야 하며, 국가에 대해 마땅히 세금을 납부하고, 하청거래처에 대해 확실한 대금지불을 하며, 사회에 대한 공정을 꾀할 필요성이 있다. 나아가서는 구성원을 전인(total man)으로 보고 노동자를 생활인의 측면에서 대우하는 기업복지 또한 사회적 책임의 일환이다. 이리하여 기업은 기업윤리와 노동윤리의 입장을 합리적으로 조화시켜 건전한 산업윤리를 육성할 시대적 요청을 받는다.

다음으로 노사협의 풍토의 정착을 요구하는 목소리가 높아졌다. 기술노동력 부족으로 발생한 산업노동자의 횡단적 이동과 대소기업의 노동조직의 개편, 단체교섭의 제약으로 인한 노사협력의 차질, 과거 절대적·전제적 노사관계의 실행 속에서 생겨난 기업 안의 저임금, 안전이나 보건조차 위협하는 노동조건의 혼란, 각박한 노동환경 속에서의 인간성 상실 등의 문제는 노사 양측에게 큰 부담이 된다.

이들을 해결할 경제적·사회적 요청은 이전까지 인도주의와 온정적 입장에서 기업가 윤리에 호소할 따름이었다. 이제는 이 문제를 해결하는 것이 기업의 발전과 사회적 위치를 굳히기 위한 필수 전제조건이 됐다. 기업이 당면한 과제 가운데 가장 중요한 것은 노동생산성의 향상인데 이를 위해서는 기업복지가 절대적으로 필요하다. 그러므로 기업은 노사협의에 입각한 기업복지의 조직과 운영이라는 형태를 통하여 노사 사이에 산재된 문제의 실마리를 풀어야 한다.

셋째, 노동자 자주복지를 수행해야 할 필요성이 커졌다(우재현, 1998). 오늘날 노동조합은 산업화 과정에 맞춰서 조합원 중심의 조합으로 변화를 요구받는다. 따라서 종래의 전제주의적 조합을 지양하고 조합 내 민주주의를 앙양시켜 조합원의 자주성을 육성해야 한다. 조합원이 보람을 찾도록 돕는 노동자 자주복지의 필요성은 관련 여건이 성숙하면서 충분한 근거를 갖췄다. 이에 따른 경제적·사회적 요청이 이어지는 중이다.

노동자 자주복지 활동의 필요성을 뒷받침하는 여건을 자세히 살펴보면 다음과 같다. 우선 산업 대단지화에 따른 노동력의 지역적 집중으로 동질의 노동자가 대량 거주집단을 형성하여 노동자 자주복지를 조성할 조건을 갖추었다. 다음으로 기술수준과 노동생산성이 개선됐지만 노동자의 임금수준은 개선되지 않아 생활조건이 열악하다. 이런 상황에서는 소비조합이나 공제조합 결성운동을 일으켰을 때 공감을 불러오기 쉽다. 뿐만 아니라 사회보장제도가 발달하지 못한 상태에서는 공제조합 형성이 더욱 용이하다.

이에 더불어 국가의 강제적 사회보장이 미발달된 분야나 혹은 실행되는 분야에서도 부가적으로 노동자의 복지운동을 토착화시킬 사회조건이 생겨났다. 예를 들면, 재해발생의 예방·보호조치의 경우, 정부의 관리만으로는 만전을 기할 수 없다. 노동자 스스로가 법리를 이해하여 권리의식을 높이고, 예방조치와 시설이 가지는 산업별·기업별 특이성을 파악하며, 소속기업의 예방조치가 가지는 적정성을 계속 점검하고, 그 적정성과 정당한 보상의 실현을 위해 노사가 협력하여 부당한 조치와 불비한 시설을 시정·확충하는 단체교섭 또는 노사협의 활동을 해야 한다. 나아가 재해를 입은 자에게 국가적 보상 이외에 조합에 의한 부가급여를 실시해야 한다.

따라서 이러한 노동자의 참여가 있어야만 제도의 토착화가 가능하며 공공산업복지, 기업복지와 더불어 노동자 자주복지가 상호 보완적으로 유기성을 가져야 소기의 성과를 거둘 수 있을 것이다.

2) 노동력 상품의 비복지 문제해결 필요성 대두

(1) 노동력 상품의 특성

자본주의 사회에서 노동력의 특징은 여타의 상품과 마찬가지로 시장에서 거래되는 임금노동이라는 데 있다. 그런데 노동력 상품은 일반적 상품과는 다른 두 가지의 특성을 가진다.

첫째, 노동과 노동을 제공한 개인은 절대로 분리될 수 없다. 일반적 상품 사용과는 달리, 노동과정에서 노동력 상품을 사용함은 결부된 판매자로서의 노동자를 노동과정에 직접 투입시킴을 뜻한다.

둘째, 노동력 상품의 사용은 집합적으로 이루어진다. 이는 자본주의 생산방식의 특성상 노동자들이 한 장소에 모여서 생산활동을 수행하는 것이 훨씬 더 효율적이기 때문이다(Bowles & Gintis, 1987).

이러한 노동력 상품의 특성은 그것의 판매자와 구매자에게 각각 독특한 과제를 부과한다. 우선 노동력의 구매자는 경제적, 정치적 측면에서 해결할 과제를 가진다. 경제적 측면의 문제는 효율성과 관련된 것으로 구매한 노동력 상품으로부터 효율적으로 노동을 이끌어내는 문제를 말한다. 정치적 측면의 문제란 정당성과 관련된 것으로 노동자의 집합적 행동을 적절한 선에서 제어해야 함을 말한다.

(2) 노동력 상품이 갖는 비복지 문제

노동력 상품의 특수성은 노동력의 판매자에게도 중요한 문제를 부과하는데 이를 통칭해서 비복지(*diswelfare*) 문제라고 한다. 일반적으로 노동력 상품이 갖는 비복지 문제는 생존과 생계에 지장을 주는 실업, 질병, 장애, 노령, 저임금, 장시간 노동, 산업재해 등을 들 수 있다. 따라서 노동력 상품이 갖는 비복지 문제의 해결 필요성이 대두된다. 산업복지는 임금노동 재생산과정에 대한 비시장적 개입이다.

3) 새로운 기업경영의 필요성 대두: 산업민주주의와 기업복지

(1) 산업조직에 대한 이론적 접근방법

테일러리즘(*Taylorism*)은 산업조직 분석의 전통적 이론 가운데 하나다. 1930년대에 접어들면서 종래의 과학적 관리방법으로 알려진 이 이론에 대한 도전으로 생산노동의 경험 분야를 현대적인 사회과학적 입장에서 분석하려는 시도가 있었다. 이를 '인간관계'(*human relations*) 론이라 지칭한다.

또 다른 제 2의 이론은 '산업관계와 인적 자원'(*industrial relations and human resources*)에 대한 것이다. 이는 프랑스 혁명기에 태동한 몇몇 지식인의 선구적 논리와 생시몽(Henry St. Simon)의 여러 연구 그리고 마르크스와 엥겔스(Friedrich Engles)의 자본주의 비판론을 혼합한 절충이론이다. 1900년부터 1950년 사이의 제도학파 경제학자의 연구결과에서도 연원을 찾을 수 있다. 따라서 이것은 하나의 학파로 인정하기는 미흡하지만 인간관계론의 입장과 상당한 거리를 두기 때문에 이와구분한다는 점에서 '산업관계론'으로 부를 수 있다(Berg, 1979).

두 접근방법은 주안점을 어디에 더 두었는가에 따라 현저한 차이를 보이는데 하나씩 살펴보면 ① 근로자와 관리자의 심리적 문제 ② 사회적 또는 조직적 충돌의 장소와 원인 ③ 근로자의 당면 작업과제 그들의 당면한 상호 작용장소와 원인 ④ 근로자의 당면 작업관계 ⑤ 근로자의 이해관계에 비추어본 경제적 또는 경제외적 문제에 대한 개념의 차이 ⑥ 노동조건의 개혁노력과 관련한 거시정책 대 미시정책 그리고 집단정책 대 개인정책 등으로 나눌 수 있다(조흥식, 1985).

(2) 기업조직의 문제와 산업민주주의

현대 산업사회의 기업조직에서는 크게 두 가지의 커다란 문제점이 표출된다(신유근, 1997).

첫째, 조직 차원에서 산업화의 진전에 따라 조직규모가 거대화되면서 기업이 관료주의적·권위주의적으로 운영되는 문제이다. 피라미드화된 수직적 계층구조에서는 의사결정 권한이 상층으로 집중되고 상하

위계질서가 지나치게 강조되어 기업구성원 간의 권한 불균등에 의한 불평등, 편견과 차별, 집단·계층 간 갈등, 학연·지연·혈연에 입각한 집단이기주의 등의 조직병리 현상이 나타난다.

둘째, 개인 차원에서 나타나는 노동소외 현상으로, 조직에서 인간의 자율성이 억압받고 조직구성원이 비인간화되는 문제이다. 인간이 조직의 주체가 되지 못하고 조직이 거꾸로 인간을 지배·조종함으로써 마치 인간이 하나의 기계부품처럼 취급되는 등 인간성 상실의 경향이 만연하였다.

이처럼 현대 산업사회의 기업조직에서 노출되는 여러 가지 병폐를 노사관계 차원에서 극복하려는 노력 중 하나가 바로 산업민주주의의 이념이다. 산업민주주의는 거시적 수준의 산업관계 차원과 미시적 수준의 경영노사관계 차원으로 설명할 수 있다(신유근, 1997).

거시적 수준인 산업관계 차원에서의 산업민주주의는 사회정치 분야에서 적용되던 민주주의의 원리를 산업경제 분야로 확대·적용시킨 것으로 산업사회에서의 자본가 및 경영자의 전제적 관리체제를 불식시키고 근로자의 권리를 확립하려는 이념이다. 사회·경제체제의 변화, 법률적 제도의 변화, 계층 간 역학관계의 변화 등 거시적 수준의 사회변화를 위해서는 이러한 산업관계 차원의 산업민주주의가 바람직하다. 그러나 개별기업 차원에서 이를 동일한 맥락 속에서 추구하기는 어렵다.

반면에 미시적 수준인 경영노사관계(*management-labor relations*) 차원에서의 산업민주주의는 노사가 대등한 기반 위에서 주고받는 상호협의나 근로자의 경영참가 등을 보장하여 생산성 향상을 도모하고 궁극적으로는 노사의 공존공영과 기업의 안정과 발전을 도모하는 이념이다. 개별기업 차원에서 실현가능한 미시적 수준에서의 산업민주주의가 바로 직장 내 산업민주주의이며 이는 기업복지와 직결된다.

요컨대, 직장 내 산업민주주의란 "기업은 노동자의 권익신장과 기업복지의 확대에 힘쓰고, 노동자는 주체적 존재로서 자발적·협조적 자세로 기업활동에 참여하며, 기업은 물론 그 구성원의 성장과 발전을 동시에 지향하는 이념"으로 정의할 수 있다.

직장 내 산업민주주의는 종래 관료주의적 기업경영체제가 지녔던 획일적 의사결정 방식과 노동에서의 인간성 상실문제를 불식시키고, 자발적·협조적 기업문화를 형성하며, 노동자들의 권리와 책임의식을 고양시켜 기업경영활동을 활성화함으로써 기업경쟁력을 제고시키는 현대적 이념이다. 이를 위해서는 협력적·동반자적 노사관계를 구축하는 것이 중요하다(신유근, 1997).

(3) 직장 내 산업민주주의와 기업복지의 중요성

개별기업 차원에서 직장 내 산업민주주의와 기업복지는 다음과 같은 중요성을 갖는다(Wright et al., 1993; 신유근, 1997).

첫째, 기업 특유의 지속적 경쟁우위를 제공한다. 예를 들어, 완벽한 품질수준을 유지한다거나 새로운 제품기술 및 공정기술을 개발하는 일들은 직장 내 산업민주주의와 기업복지에 기반을 둔 노사 간의 공동노력 없이는 이루어내기 힘들다.

둘째, 근로자의 노동소외 극복을 돕고 일체감과 귀속의식을 함양시켜 개인의 창의성을 최대한 발휘할 수 있다. 즉, 권위주의적 경영방식을 지양하고 참여경영을 목표로 하는 직장 내 산업민주주의는 근로자의 자율성과 책임감을 증대시킴으로써 근로자의 능력을 키우고 조직의 생산성과 효율성을 높일 수 있다.

셋째, 근로자와 사용자가 대등한 입장에서 의사결정을 하고 단체교섭을 진행하여 대부분의 노사갈등을 해결할 수 있다. 즉, 근로자가 경영자의 독단적 권력행사에 대항하여 단결하게 하고 경영자로 하여금 대화에 의한 교섭을 통해 민주적 해결방안을 모색하게 한다.

넷째, 산업사회의 민주주의를 실현하는 밑바탕이 된다. 민주성을 강하게 요구하는 근로자와 합리성과 생산성을 추구하는 경영자 사이의 서로 다른 가치관을 접근시킴으로써 기업 내에서 민주주의를 실현할 뿐만 아니라 산업사회의 민주주의도 앞당긴다.

다섯째, 직장 내 산업민주주의와 기업복지에 기반을 둔 안정적이고 협력적 노사관계는 블루라운드(Blue Round · BR)의 움직임이 구체화되는 이때 국제무역에서 다른 기업에 비해 우월한 위치를 선점할 가능성을 높인다. 국제노동기구(International Labour Organization · ILO) 등을 중심으로 세계의 모든 근로자의 권익을 보호하려는 노력이 전 세계적으로 전개됐다. 블루라운드는 그러한 노력의 일환으로 노동문제를 국제무역거래와 연계하려는 것으로, 국제적으로 합의된 근로자의 권리를 보장해주지 않는 국가의 제품에 대해 무역상의 제재를 가하는 움직임을 말한다.

근로자의 권리보호와 기업복지의 제공은 기본적 가치이다. 위의 논의들은 기업이 근로자와의 바람직한 관계를 정립하면 이를 바탕으로 궁극적으로는 기업경쟁력을 제고시킬 수 있음을 잘 보여준다.

(4) 직장 내 산업민주주의 및 기업복지 실현방안

직장 내에서 산업민주주의와 기업복지를 실현하기 위해서는 다음과 같은 몇 가지 방안을 고려해 볼 수 있다(신유근, 1997; 우재현, 1998).

첫째, 경영참가제도를 실시하는 것이 필수적이다. 근로자의 경영참가란 기업의 근로자 또는 근로자 대표가 소속기업의 경영 의사결정에 참여하는 것을 말한다. 이러한 경영참가의 형태는 크게 의사결정 참가와 이익 및 자본참가의 두 가지로 나눌 수 있다.

의사결정 참가(*participation in decision*)란 기업의 경영 의사결정 과정에서 근로자에게 의견발표 기회나 의결권 행사 기회를 부여하는 제도를 말한다. 의사결정 참가의 범위는 기업마다 다르지만 공정계획이나 작업집단 개발계획에 대한 사항, 고용 및 인사노무 사항, 공장이전, 최고경영자의 임명, 합병, 회사존폐 문제에 관한 사항 등이 포함된다.

그리고 이익 및 자본참가는 근로자가 공헌한 만큼 이에 대한 결과를 보상받는 것으로, 자본 측면에서의 경영성과에 참여하는 것을 말한다. 이를 추진하는 대표적 방법으로 이윤분배제도(*profit sharing*)와 종업원지주제(*employee stock ownership plan* · ESOP)를 들 수 있다.

이윤분배제도란 이익참가의 대표적 제도로 종업원이 직무를 수행하여 기업이윤 창출에 기여한 이상 직접적 이익을 받아야 한다는 원칙을 실현하는 제도이다. 즉, 이윤분배제도는 조직성과에 대한 공헌도를 반영하는 보너스를 지급하는 것이다. 따라서 공정한 이윤분배제도를 시행하면 기업의 경제적 성과가 매우 높은 경우 보너스가 급여액보다 클 수도 있다.

이러한 이윤분배제도는 노사 간 공동체의식을 확립하고 기업에 대한 근로자의 관심을 자극한다는 점, 기업이윤의 증가를 위한 근로자의 노력을 촉진한다는 점, 근로자의 경제적 안정성을 높여준다는 점 등에서 기업과 노사문제를 해결하는 방법으로 주목받는다.

한편, 종업원 지주제는 자본참가의 대표적 제도로서 회사의 경영방침에 의하여 종업원에게 특전이나 혜택을 제공함으로써 종업원이 자사 주식을 자발적으로 취득·보유하도록 권장하는 제도이다. 종업원 지주제는 기업의 자본에 대한 근로자의 참가기회를 제공하는 점, 근로자에 대한 보상 및 이익의 성격을 갖는 점 그리고 집단 인센티브의 성격을 갖는 점이 특징이다.

둘째, 노동조합 및 근로자들의 역할 증대를 들 수 있다. 직장 내 산업민주주의와 기업복지를 실현하기 위해서는 경영자가 노동조합을 적대시하거나 기업의 발전을 저해하는 조직으로 인식하는 대신 생산성 향상을 위한 동반자로 바라보아야 한다. 노동조합(근로자) 또한 조직 발전을 위한 책임 있는 주체로서 새로운 역할기대에 부합하기 위해 자발적으로 노력해야 한다.

이러한 협력적 노사관계를 구축하기 위해서는 근로자의 이중헌신 (dual commitment)이 필요하다. 이중헌신이란 어떤 종업원이 기업과 노동조합 모두에 대해 성원자격을 유지하길 원하고 구성원인 것을 자랑스럽게 여기며 각 조직을 위해 책임을 다하고 조직의 가치와 신념이 개인의 가치와 신념과 일치하는 가운데 조직을 위하여 특별한 활동을 수행할 의사가 있는 것으로 정의할 수 있다.

이중헌신을 촉진하기 위해서는 노사공동의 이념이 확립되어야 한다. 노사공동의 이념이 확립되지 않을 때 근로자는 회사와 노동조합의 서로 다른 준거 때문에 역할갈등을 겪는다.

예를 들어, 노사관계가 원활하지 못한 기업에서 어떤 근로자가 회사에만 헌신한다면 어용으로 매도당하기 쉽고 비공식조직에서는 따돌림을 당할 소지가 커진다. 반대로 노조활동에만 열성인 근로자는 회사의 입장에서 거부감을 가져서 공식적 조직에서 배척을 당할 수 있다. 이러한 역할갈등을 줄이고 노사공동의 이념을 확립하여 회사와 노조가 상호배척의 관계가 아니라는 점을 주지시키면 근로자 개개인에게 이중헌신의 여건을 조성할 수 있다.

셋째, 산업소셜워크(industrial social work)의 활성화가 필요하다. 산업소셜워크는 산업의 장(場)을 배경으로 이루어지는 소셜워크를 의미한다. 즉, 산업소셜워크란 경영이나 노동 또는 이들 양자의 연합적 후원으로 근로자와 그 가족의 욕구충족을 돕고 직장 안팎에서 그들의 삶의 질을 향상시키기 위한 전문적 소셜워크 실천을 말한다. 따라서 산업소셜워크는 소셜워크의 지식과 기술을 적용하여 산업이라는 장에서 발생하는 근로자의 사회심리적 문제에 효과적으로 대처함으로써 근로자와 그 가족의 복지를 추구하는 데 크게 기여한다고 하겠다.

넷째, 노사 모두가 노사협력 프로그램에 적극적으로 참여해야 한다. 즉, 노사관계 교육프로그램을 충실히 수행하고 노사 간에 의사소통의 통로를 마련하여 커뮤니케이션을 활성화하며 노사공동 문제해결팀을 구성하는 등 노사협력 프로그램을 강화하는 것이 필요하다.

다섯째, 미래지향적 비전경영을 추진해야 한다. 비전경영(vision management)이란 기업이 독자적 경영비전을 창출하고 내외의 환경에 주체적으로 작용하여 새로운 미래를 창조하는 경영활동이다. 이러한 비전경영은 경제적 차원, 사회적 차원, 인간적 차원으로 나누어볼 수 있으며 세 가지 차원을 모두 고려한 통합적 실천이 필요하다.

경제적 차원에서 비전경영은 '세계일류의 부가가치를 창출하는 기업'과 같이 기업의 성장과 이익의 실현을 통하여 기업의 경제적 가치를 높이는 경영활동을 말한다.

사회적 차원에서 비전경영은 '이웃에게 사랑 받는 기업'과 같이 사회적 기여와 공헌을 통해서 조직의 사회적 가치를 높이는 경영활동을 말한다. 예를 들면, 공존공생을 추구하는 이해관계자 경영, 생태적 자연환경을 보호하는 환경친화적 경영, 국가경제나 사회 발전, 인류사회 발전에 이바지하려는 사회경영 등이 있다.

인간적 차원에서는 '종업원과 함께 가꾸어나가는 기업'과 같이 조직 구성원의 만족과 발전을 통하여 인간적 가치를 높이는 경영활동이다. 가능한 한 최고대우를 보장하여 근로자의 삶의 질 향상을 위해 노력하고 근로자뿐만 아니라 근로자의 가족까지 배려하는 기업복지 실현을 골자로 한 '인간존중의 경영'을 실천하는 것 등이 좋은 예가 된다.

제 2 장

산업복지의 개념

1. 산업복지의 개념

산업복지의 개념을 정의할 때 흔히 부딪히는 문제는 우선 관련된 용어가 상당히 많다는 점이다. 산업복지는 흔히 근로복지, 노동복지라는 용어로도 표현한다.

우리나라의 경우는 관행적으로 근로복지라는 용어가 많이 사용되었으며 최근에는 일본에서 많이 사용한 노동복지라는 용어로도 표현한다. 사회복지학에서는 산업복지라는 표현을 더 많이 쓴다.

개념에 대한 정의를 살펴보면 알겠지만 산업복지, 근로복지, 노동복지라는 용어의 의미가 서로 크게 다른 것 같지는 않다. 우선 기존 연구에서는 각 용어의 개념을 어떻게 정의하는지 살펴보자.

1) 산업복지에 대한 지금까지의 정의

(1) 근로복지와 노동복지

근로복지의 개념에 대한 기존의 연구를 살펴보면, 먼저 박내영은 협의와 광의로 나누어 근로복지를 개념정의한다(박내영, 1982). 그에 따르면, 광의의 근로복지는 "근로자와 그 가족의 생활을 안정시키고 향상시키는 모든 것"을 포함하는 개념으로서, "실업·산업재해·질병·노후생활·소외 등 생활불안을 예방하거나 완화하는 것은 말할 것도 없고 임금과 근로복지·소득과 재산형성·생활설비와 사회서비스·여가와 문화생활·자유와 참여 등 생활의 향상을 위한 정치·경제·사회·문화의 거의 모든 분야에서 직·간접으로 이루어지는 물질적·정신적·객관적·주관적 편익"이다.

또한 협의의 근로복지는 "법적으로 확립된 기본 근로조건 아래에서 사회적으로 결정되는 임금 이외에 추가적으로 근로자의 생활안정과 생활향상에 도움이 되는 직접적, 객관적 편익"이다.

박세일(1998) 역시 근로복지의 개념을 광의와 협의로 구분하여 정의한다. 광의의 근로복지는 "근로자의 물질적·정신적 행복 혹은 만족을 높이기 위해 근로조건이나 생활조건을 개선하는 제 시책"을 말한다. 협의로는 "임금이나 근로시간 등과 같은 기본적 근로조건 이외의 부가적 내지 부차적 근로조건의 개선을 통해 근로자의 복지를 향상시키는 것을 목적으로 하는 제 정책이나 활동"을 말한다.

한편, 유길상(1991)은 광의의 근로복지를 "근로자와 그 가족의 물질적·정신적 만족과 삶의 질을 향상시키기 위한 각종 시책 및 활동"으로 정의하며, 협의로는 "임금 및 근로시간과 같은 기본적 근로조건 이외에 부가적으로 근로자와 그 가족의 생활안정 및 향상을 목적으로 실시하는 시책 및 활동"으로 정의한다. 또한 광의의 근로복지는 거의 모든 국가정책이나 제도를 포함하는 것이기 때문에 다른 영역과 구분되는 근로복지의 개념으로는 적합하지 않으며 협의의 근로복지 개념이 더 적합하다고 주장한다.

주로 일본에서 사용되는 노동복지라는 용어도 소개됐다. 히라이시 (平石長久, 1989)는 노동복지를 "임금 및 근로시간 등 근로자의 기본적 근로조건 이외의 부가적 근로조건 개선 및 근로자의 상호부조 활동에 의하여 근로자 생활의 안정 및 향상을 목적으로 하여 실시하는 각종 시책 및 활동"이라고 정의한다. 하지만 이는 앞서 소개한 근로복지 개념에 대한 정의와 크게 다르지 않다.

한편, 김진구(1999)는 노동복지라는 용어에 대해 "노동복지란 노동자의 고용과 연계하여(employment related) 제공하는 복지를 의미한다"고 말하는데 앞서 정의한 개념들과는 차이가 있다.

(2) 산업복지

그동안 사회복지학계 내부에서는 근로복지 혹은 노동복지라는 용어보다는 산업복지라는 용어를 더 많이 사용했다. 가령, 각 대학에 개설된 교과목의 명칭을 보더라도 근로복지나 노동복지보다는 산업복지라는 용어를 더 많이 사용하며 관련 교과서 역시 상당수가 산업복지라는 제목을 붙인다. 하지만 그동안 우리나라에서 통용된 산업복지라는 용어가 앞서 살펴본 근로복지 혹은 노동복지라는 용어와 의미가 크게 달랐던 것은 아니다.

우리나라 산업복지론 분야에서 선구자 역할을 수행하면서 많은 연구업적을 쌓은 우재현(1998)의 정의를 살펴보자. 다른 많은 단행본과 논문에서 인용된 그의 개념정의에 따르면 산업복지는 "국가 또는 지방공공단체, 기업, 노동조합, 협동조합 등이 주체로 나서서 근로자와 근로자 가족의 생활안정, 생활수준의 향상 등 생활복지의 증진을 목적으로 실시하는 제 시책, 시설, 서비스 활동의 종합적·통일적 체계"이다.

좀더 구체적으로 살펴보면 산업복지는 ① 기업이 운영하는 기업 내복지 ② 노동조합을 기반으로 하는 자주복지(노동자복지) ③ 국가와 지방자치단체에 의한 공공산업복지가 중심이 된다. 이 3개의 산업복지는 각각 주체나 목적이 다르지만 "특정한 근로자의 생활조건에 관한 복지적 기능이라는 면에서 공통점을 가진다"는 것이다.

이 정의에서 산업복지는 앞서 살펴보았던 근로복지 혹은 노동복지라는 용어의 개념정의와 크게 다르지는 않다. 다만, 여기에서는 산업복지의 대상과 주체 그리고 그 기능이 좀더 구체화되었다. 즉, 산업복지의 대상은 근로자와 그 가족이며 주체는 크게 보아 국가와 기업 그리고 노동조합으로 구분할 수 있고 기능은 생활조건의 향상에 있다.

2) 산업복지란 무엇인가

이 책에서는 근로복지나 노동복지라는 용어보다는 산업복지라는 용어를 사용한다. 이미 사회복지학계 내부에서 관용적으로 산업복지라는 용어를 사용했다는 점뿐만 아니라 개념을 정의할 때 고려해야 할 쟁점과 관련해서도 산업복지라는 용어가 더 적합하다는 판단 때문이다.

산업복지의 개념을 정의할 때 고려해야 할 쟁점은 크게 두 가지이다. 하나는 산업복지를 사회복지의 다른 영역과 구분하는 근거에 관한 것이며 다른 하나는 그럼에도 불구하고 산업복지를 사회복지의 다양한 영역 중의 하나로 볼 수 있게 하는 근거에 관한 것이다. 여기에서는 이 두 가지 쟁점이 앞서 소개했던 여러 개념의 정의에서 충분히 고려되지 못한 것을 지적함과 동시에 쟁점을 고려하면서 산업복지에 대한 개념 정의를 시도할 것이다.

(1) 산업복지의 특수성

앞서 소개한 여러 개념의 정의를 살펴보면 산업복지가 사회복지의 다른 영역을 구분하는 근거는 바로 산업복지의 대상자가 근로자와 그의 가족이라는 점에 있다.

가령, 산업복지의 주체인 국가나 기업에 대해 생각해 보자. 국가는 각종 사회보험제도를 조직하거나 최저임금을 설정하여 산업복지의 주체가 된다. 하지만 동시에 국가는 장애인이나 노인, 아동에 대한 사회서비스 제공의 주체이기 때문에 사회복지의 다른 영역에서도 주체 역할을 수행한다.

기업이나 노동조합 역시 마찬가지이다. 기업복지를 제공하는 기업이나 자주복지를 조직하는 노동조합은 산업복지의 핵심적 제공주체이지만 동시에 지역사회에 자원봉사와 관련된 인력을 제공할 경우에는 지역복지의 제공 주체로서 기능하기도 한다. 결국 제공 주체의 차원에서 보면 산업복지는 사회복지의 다른 영역과 큰 차이가 없다.

사회복지의 모든 영역이 사회성원의 복지향상과 관련된 기능을 수행한다는 점을 감안하면 생활조건에 관한 복지적 기능 역시 산업복지를 다른 사회복지 영역과 구분하는 근거로 볼 수는 없다.

산업복지를 사회복지의 다른 영역과 구분하는 가장 큰 이유는 바로 산업복지의 대상이 근로자와 근로자 가족이라는 점이다. 즉, 산업복지는 수혜 대상 때문에 사회복지의 다른 영역, 가령 장애인 복지나 노인복지, 아동 복지 등과 구분된다. 흔히 '대상론적 접근'이라 부르는 이러한 방식은 사실 산업복지에 대한 지금까지의 정의들이 따랐던 원칙이었다. 하지만 이와 관련해 제기되는 문제가 있다. 한 가지의 예를 통해 이러한 쟁점을 살펴보자.

가령, 기업에서 제공하는 연금을 받는 노인이 있다고 가정하자. 이 노인은 과거에 근로자였지만 지금은 노동시장에서 은퇴했다. 그는 현재 근로자로서 업무조직에서 활동하지는 않는다. 그렇다면 이 노인이 제공받는 기업연금은 산업복지인가, 아닌가?

사실 기업연금이나 산재보험 등 기업이나 국가가 제공하는 일부 산업복지 프로그램은 한 사람이 근로자로서의 역할을 수행할 때보다는 특정한 조건에 의해 근로자로서의 역할이 종료되었을 때 작동하는 경우가 많다. 가령, 기업연금의 급여는 한 개인이 근로자로서의 역할 수행을 끝내는 시점부터 제공되며 산재보험의 급여는 산업재해로 인해 노동시장에서 더 이상 역할수행을 할 수 없을 경우에 더 많이 주어진다. 기업연금 급여나 산재보험 급여가 현재 근로자로서의 역할을 수행하는 사람에게 제공되지는 않는다. 그렇지만 이러한 프로그램을 산업복지 프로그램이 아니라고 말하는 것도 옳지 않다.

이 하나의 예를 통해 알 수 있듯이 산업복지를 근로자와 그의 가족을 대상으로 하는 사회복지로 정의하면 산업복지와 사회복지의 다른 영역을 구분하는 것이 쉽지 않다. 적절한 개념정의가 아니라는 것이다.

기업연금 급여가 은퇴한 노인에게 제공되는 이유는 그 노인이 고용계약을 통해 어떤 업무조직에서 나름의 역할을 수행했기 때문이다.

즉, 노인은 현재는 근로자가 아니지만 고용계약을 통해 업무조직에 참여했기 때문에 기업연금을 수급할 자격을 취득한 것이다.

이처럼 산업복지를 업무조직과 관련하여 정의하면 산업복지를 다른 사회복지의 영역과 구분하기가 더 용이하다. 이 책에서 근로복지나 노동복지라는 용어보다 산업복지라는 용어를 사용하려는 이유도 바로 산업복지가 업무조직에 초점을 두기 때문이다. 산업(*industry*)이라는 용어는 업무조직이라는 의미를 포함하지만 근로나 노동이라는 용어는 그렇지 않다.

(2) 산업복지의 보편성

산업복지에 대한 지금까지의 정의와 관련된 두 번째 쟁점은 산업복지를 사회복지의 다양한 영역 중의 하나로 보는 근거에 관한 것이다. 사회복지는 사실 매우 다양한 제도와 분야, 실천활동을 포괄하는 개념이다. 다양한 제도와 분야, 실천활동을 사회복지라는 이름으로 통합할 근거를 찾는 노력은 몇몇 학자에 의해 시도되었다.

윌렌스키와 르보(Wilensky & Lebeaux, 1965)는 이미 고전이 된 그들의 저작 《산업사회와 사회복지》(*Industrial Society and Social Welfare*)에서 현대적 의미의 사회복지를 다른 것들과 구분하는 기준으로 5가지 특성을 제시했다. 이 5가지 특성은 ① 공식조직 ② 사회적 후원과 사회적 책무성 ③ 이윤동기의 부재 ④ 기능적 보편성 ⑤ 인간의 소비욕구에 대한 직접적 관심이다. 각 특성을 자세히 살펴보면 다음과 같다.

첫째, 현대적 의미의 사회복지는 공식적으로 조직된다. 따라서 가족이나 친구, 이웃 사이에서 호혜(*reciprocity*)의 원리에 따라 주고받는 서비스나 도움은 현대적 의미의 사회복지에 포함되지 않는다. 현대적 의미의 사회복지는 공식적, 전문적 조직에 의해 서로 낯선 타인들(stranger) 사이에서 이루어지는 정규적·상시적 활동이다.

둘째, 현대적 의미의 사회복지는 목적과 방법이 사회에 의해 공인되며 그에 따라 사회의 후원을 받는다는 특성을 가진다. 정부에 의해 수행되는 사회복지 정책은 의회의 승인을 통해 합법화되며 지역사회 복지기관의 사회복지 프로그램은 지역사회 주민에 의해 승인된다. 어떤 형태로던 사회의 후원을 받기 때문에 사회복지는 목적이나 방법이 정당함을 입증할 사회적 책무성을 가진다.

셋째, 현대적 의미의 사회복지는 이윤동기의 부재가 특징이다. 그러므로 시장경제에 의해 생산되고 시장경제에의 경쟁적 참여를 통해 획득한 화폐로 개인이 구매하는 서비스와 상품은 사회복지에 포함되지 않는다.

넷째, 사회복지는 인간의 욕구를 부분적이 아니라 통합적으로 보는 특성이 있다. 사회복지가 매우 다양한 활동으로 구성되는 이유는 바로 여기에 있다. 즉, 사회복지는 '충족되지 않은 욕구'가 있는 곳이면 어디든지, 그것이 의료기관이든, 가정이든, 교육기관이든, 업무조직이든 상관없이 그러한 장에서 제기되는 욕구에 대응하여 역할을 수행한다.

마지막으로, 사회복지는 인간의 소비욕구에 대한 직접적 관심을 보이는 것이 특징이다. 가령, 정부의 사회복지정책이 다른 정책과 구분되는 근거는 그것이 개인과 가족의 긴급한 소비욕구를 충족시키는 직접적 서비스를 제공하기 때문이다.

물론 이러한 공식조직, 사회적 후원과 사회적 책무성, 이윤동기의 부재, 기능적 보편성, 인간의 소비욕구에 대한 직접적 관심이라는 5가지의 특성은 저자들이 지적하듯이 미국의 사회복지를 이해하기 위한 것이기 때문에 다른 사회에 그대로 적용할 수는 없다. 또한 이 5가지

기준이 여전히 그대로 통용되는 것은 아니다. 하지만 여타의 활동과 구분되는 사회복지 활동을 구체화하려는 노력이 필요하다는 점에서 오늘날에도 여전히 중요하다.

한편으로는 여타의 활동과 구분되는 사회복지 활동을 사회복지 전문직과 관련하여 판단하는 경향도 있다. 이러한 경향에 따르면 사회복지가 다른 영역과 구분되는 이유는 사회적으로 공인된 사회복지 전문직에 의해 수행되는 활동이기 때문이다. 사실, 윌렌스키와 르보가 제시한 5가지의 조건 역시 사회복지 전문직의 활동과 밀접한 관련을 가졌다.

오늘날 미국에서 산업복지를 개념정의하는 방식을 보면, 역시 사회복지 전문직의 활동을 산업복지를 구성하는 핵심 요소로 간주됨을 알 수 있다. 산업소셜워크로 부르는 이러한 방식의 정의를 살펴보자.

먼저 커츠만(Kurzman, 1987)은 산업복지를 "노동자와 경영진의 주관하에 산업조직이나 노동조직 혹은 그 조직의 구성원이 가진 정당한 사회복지 욕구를 충족시키기 위한 사회복지 전문직의 프로그램과 서비스"라고 정의한다.

또한 구긴스와 갓프레이(Googins & Godfrey, 1987)에 따르면 산업복지란 "건전한 개인과 유익한 환경의 창출을 위해 적절한 개입방안을 계획하고 집행함으로써 업무조직에서 발생하는 인간적, 사회적 욕구에 대응하는 사회복지 실천의 한 분야"이다.

스트라우스너(Straussner, 1990) 역시 산업복지를 "개인과 그들을 둘러싼 환경 사이의 적정한 균형유지를 위해 마련된 다양한 개입방법을 통해 업무조직에서 제기되는 인간적, 사회적 욕구를 다루는 전문 사회복지 실천의 한 분야"라고 정의한다.

이상의 정의는 각각 약간의 차이를 가지지만 다음과 같은 3가지의 측면에서 공통점을 발견할 수 있다(Smith & Gould, 1993).

첫째, 산업복지는 사회복지 전문직에 의해 수행되는 사회복지 실천 영역의 하나이다. 산업복지는 사회복지 실천이론과 기술, 사회복지의 가치와 전문직업적 윤리로 무장된 사회복지 전문직이 업무조직을 초점으로 수행하는 활동이다. 또한 산업복지는 사회복지 실천이론과 기술, 사회복지의 가치, 전문직업적 윤리를 습득한 사회복지 전문직에 의해 수행된다는 점 때문에 사회복지의 한 영역으로 간주될 수 있다.

둘째, '업무조직'이 산업복지의 초점이다. 산업복지는 업무조직과 거기에 소속된 개인뿐 아니라 업무조직과 직·간접으로 연관된 제도와 행위자를 포괄한다.

셋째, 산업복지의 일차적 관심은 문제를 가진 개인에게 있지만 개인이 대면하는 더욱 넓은 사회적 맥락인 조직과 환경에도 초점을 둔다. 그렇기 때문에 업무조직이 더욱 건전하고 유익해지도록 조직과 환경을 변화시키는 것도 산업복지 실천의 하나이다.

하지만 산업복지 개념에 대해 우리나라 연구자가 내린 정의를 살펴보면 사회복지 전문직의 활동이라는 요소는 충분히 강조되지 않은 것으로 보인다. 이는 우리나라의 현실에서 산업복지 영역에 초점을 둔 사회복지 전문직의 실천이 거의 존재하지 않았기 때문이다. 하지만 그렇다고 해서 산업복지의 개념정의에서 사회복지 전문직의 실천활동을 도외시한다면 사회복지의 한 분야로 산업복지가 가지는 보편적 의미의 상당 부분은 소실될 수밖에 없다. 또한 산업복지를 사회복지 전문직과 관련하여 개념정의하는 것은 업무조직을 대상으로 하는 사회복지 실천이 아직 개척되지 않은 사회복지 실천영역임을 강조한다는 차원에서도 의미를 가질 것이다.

(3) 산업복지에 대한 개념정의

다른 사회복지의 영역과 구분되는 산업복지의 특수성과 그럼에도 산업복지를 사회복지의 한 영역이게끔 하는 산업복지의 보편성을 염두에 두면서, 이제 산업복지에 대한 개념정의를 시도해 보자.

산업복지란 업무조직을 초점으로 하는 사회복지를 말한다. 사회복지가 '사회적으로 평안하고 만족스러운 상태'라는 인간생활의 이상(理想) 상태를 의미함과 동시에 그것을 추구하기 위한 '집합적, 조직적 노력'으로 정의된다는 점에 따른다면, 산업복지 역시 두 개의 차원에서 정의할 수 있다.

우선, 이념으로서의 산업복지는 업무조직에 편입되거나 되었던 사람들이 평안히 지내는 상태 혹은 그들의 건강, 안정, 조화, 번영 등이 보장되는 행복의 이상적 상태라고 정의할 수 있다. 또한 그것을 지향하는 조직적 노력으로서 산업복지는 업무조직과 거기에 편입된 사람들의 개인적·사회적 욕구에 대응하는 다양한 복지급여와 서비스의 체계라고 정의할 수 있다.

산업복지에 대한 이러한 개념정의를 통해 우리는 산업복지의 3가지 구성요소를 도출할 수 있는데 이는 다음과 같다.

첫째, 산업복지는 업무조직을 초점으로 한다. 그런데 이 업무조직은 사회복지의 개입을 필요로 하는 다양한 개인적·사회적 욕구를 산출하는 체계이다. 따라서 업무조직이 가지는 특성을 적절하게 이해하는 것은 산업복지의 다양한 영역을 이해하고 적절한 사회복지 개입전략을 수립하는 데 매우 중요하다.

둘째, 산업복지는 복지급여와 서비스의 체계이다. 업무조직에서 산출되는 개인적·사회적 욕구는 대단히 복합적이며 다면적이기 때문에 다양한 개입방법을 요구한다. 물질적 복지급여는 물론이고 비물질적 복지서비스 역시 필수적이다. 특히, 사회복지 전문직에 의해 제공되는 전문적 서비스는 아직 우리나라에서 일반화되지는 않았지만 점차로 확대될 가능성은 매우 크다. 사회복지 실천이론과 기술, 사회복지의 가치와 전문직업적 윤리를 습득한 사회복지 전문직에 의해 제공되는 비물질적 복지서비스는 업무조직에서 산출되는 개인적·사회적 욕구에 대한 효과적 개입방법이다.

셋째, 산업복지는 업무조직에서 제기되는 개인적·사회적 욕구에 대응한다. 업무조직에서 제기되는 개인적·사회적 욕구는 개인의 사회적 기능과 삶의 질 향상뿐 아니라, 불확실한 환경에 놓인 업무조직 자체의 생존과 발전까지를 포함한다. 시장이라는 경쟁적 환경에서 다른 업무조직과 경쟁하면서 업무조직의 생존가능성은 사실 불확실할 수밖에 없다. 더욱이 업무조직을 둘러싼 환경은 시장에만 국한할 수 없다. 정치적, 사회적 환경이 업무조직에 미치는 영향력은 더욱 커지는 실정이다. 산업복지는 업무조직에 편입된 사람들의 개인적·사회적 욕구에 적절히 대응함으로써, 업무조직 자체의 생존과 발전도 이루어질 수 있다는 점에 기초한다.

산업복지의 이러한 특성은 사회복지가 가지는 일반적 특성과 같다. 흔히 사회복지의 이중성이라는 표현이 말해주듯이 사회복지는 사회성원의 삶의 질을 향상시킨다는 진보적 측면과 그를 통해 사회통합을 이룩한다는 보수적 측면을 동시에 포함한다. 산업복지 역시 업무조직에 편입된 사람들의 삶의 질을 향상시킴과 동시에 업무조직의 생존과 발전에 기여한다.

2. 산업복지의 초점

현대사회에서 사람들은 다양한 역할을 수행하면서 살아간다. 한 개인은 가족 내에서 한 남자의 아내이자 자녀들의 어머니이며 며느리이기도 하다. 한 개인은 또한 지역사회의 복지 증진에 기여하는 자원봉사자일 수도 있고 업무조직에서 일하는 직장인이기도 하다. 그 개인에게 요구되는 기능은 개인이 놓인 환경의 맥락에 따라 상이할 수 있으며 그 환경이 개인에게 가하는 압력의 종류와 범위, 강도 역시 판이하게 다양하다.

개인이 수행하는 다양한 기능 중에서 오늘날 범위와 비중이 점차 커지는 것 중의 하나가 바로 직장인으로서의 역할이다. 오늘날 거의 대부분의 사람은 시간의 절반 이상을 업무조직에서 보낸다. 사회의 변화에 따라 업무조직의 수는 급속도로 늘었으며 거기에 편입되지 않았던 많은 사람이 새롭게 그 장에 들어선다.

업무조직 기능의 중요성은 대단히 크기 때문에 한 개인의 사회적 성취도나 삶의 질 수준이 업무조직에서의 성취도나 삶의 질 수준에 좌우된다고 해도 거의 틀린 말은 아니다. 업무조직은 다양한 개인적·사회적 욕구를 산출하는데 내용과 범위는 업무조직의 내부적 작동원리에 따라 달라진다. 업무조직의 작동원리가 개방적이며 민주적일 때와 그렇지 않을 때 산출되는 개인적·사회적 욕구는 판이하게 다르다.

하지만 업무조직이 산출하는 개인적·사회적 욕구가 전적으로 업무조직의 내부적 작동원리에 의해 결정되는 것은 아니다. 업무조직의 중요성이 커지는 것에 비례하여 업무조직을 둘러싼 환경이 미치는 영향력 또한 증대됐다. 특히, 업무조직에 대한 국가의 개입과 노동자의 집합적 행동은 업무조직의 작동원리를 이해하는 데 필수요소가 되었다.

산업복지는 업무조직을 초점으로 하는 사회복지 개입이다. 그러므로 무엇보다도 업무조직의 작동원리를 이해하는 것이 중요하다. 2절에서는 업무조직의 작동원리와 그 작동원리를 끊임없이 변형·제한하는 환경적 측면을 살펴본다. 그 과정을 통해 산업복지를 구성하는 세 가지의 하위 영역인 업무조직에 의해 주도되는 기업복지, 국가에 의해 주도되는 국가복지, 노동자의 집합적 조직인 노동조합에 의해 조직되는 자주복지의 구분을 자연스럽게 이끌어낼 것이다.

1) 업무조직의 작동원리

업무조직은 노동력 상품으로부터 노동을 끌어내어 유용한 재화와 서비스를 산출하는 조직이다. 하지만 노동력 상품의 특성 때문에 노동을 끌어내기 위한 노력이 필요한데 이 노력이 업무조직을 통제의 장으로 특징짓는다. 또한 업무조직은 시장경쟁에서 살아남아야 한다.

시장경쟁에서 살아남기 위해 업무조직이 채택한 방식 중의 하나는 통제 불가능한 요인을 줄이기 위해 시장관계를 권위적 관계로 대체하는 것이다(Williamson, 1985). 즉, 업무조직은 경쟁적이며 무정부적인 시장 대신에 중앙집중화된 권위를 매개로 하는 위계구조를 발전시킨다. 통제와 위계로 특징지어지는 업무조직의 작동원리는 매우 다양한 개인적·사회적 욕구를 산출할 수밖에 없으며 그에 대응하기 위한 사회복지의 개입을 필요로 한다.

(1) 통제의 장으로서의 업무조직

우리가 살아가는 자본주의 사회는 사람들이 가진 노동력을 상품으로 사고파는 사회이다. 한 개인은 자신이 가진 노동력 상품을 판 대가로 임금이나 봉급을 받는다. 하지만 노동력 상품은 우리가 시장에서 흔히 사고파는 통상적 상품과는 여러 면에서 다르다. 특히, 다음과 같은 두 가지의 측면은 다른 상품에서는 찾아보기 힘든 노동력 상품의 특성이다(Bowles, 1985).

우선, 노동과 그 노동을 소유한 개인은 절대로 분리될 수 없다는 점이다. 우리가 흔히 사고파는 상품을 생각해 보자. 내가 서점에서 책을 산다면 이제 그 책은 서점 진열대로부터 벗어나 나의 가방 속에 들어갈 수 있다. 하지만, 노동력 상품은 그렇지 않다. 내가 자동차를 생산하기 위해 필요한 노동력 상품을 산다는 것은 그것에 결부된 판매자로서의 한 개인을 자동차를 생산하는 생산과정에 투입시켜야 한다.

일단 내가 책을 사면 그 책을 판 서점은 내 책에 대해 아무런 권한을 행사할 수 없다. 하지만 내가 산 노동력에 대해서 그것을 판 개인은 권한을 행사할 수 있다. 즉, 노동교환의 경우 노동력 상품을 판매한 노동자는 그 상품에 대해 통제력을 유지할 수 있다. 그러므로 한 기업이 노동력을 구매했다면 그 기업은 노동력 상품으로부터 노동을 효율적으로 끌어내기 위해 노력해야 할 필요가 있다.

업무조직에서 노동력 상품으로부터 노동을 효율적으로 끌어내기 위한 노력은 항상 있었으며 앞으로도 계속 있을 것이다. 억압적이든 자율적이든 간에 이 노력은 업무조직을 특징짓는 중요한 작동원리이다. 뷰라오이(Burawoy, 1985)를 비롯한 많은 학자는 이를 통제의 개념(*concept of control*)으로 묘사한다.

하지만 이 노력이 때로는 한 개인의 건강, 안정, 조화, 번영 등의 삶의 질을 저해할 수 있다는 점이 문제이다. 가령, 더 많은 업무성과를 위해 노동강도를 높이거나 노동시간을 늘리는 경우를 생각해 보자. 노동력 상품을 구입한 나로서는 그것이 당연한 일이지만 높은 노동강도나 긴 노동시간은 노동력 상품에 결부된 한 개인의 건강을 해칠 수 있다.

더욱 많은 업무성과를 위한 동기부여의 수단으로 인사고과제나 연봉제를 도입한 경우도 마찬가지이다. 직장 동료 간의 극심한 경쟁과 거기에서 탈락할 수 없다는 긴장이 초래되는 심리 사회적 스트레스와 그에 따른 일탈행위는 개인의 삶의 질을 저해하는 중요한 요인이다. 육체적 피로거나 심리 사회적 스트레스이거나 그러한 문제는 동시에 그 개인에게 부과된 다른 사회적 기능을 적절히 수행하지 못하도록 하는 결과를 초래할 수 있다.

(2) 위계조직으로서의 업무조직

다른 상품에서는 찾아보기 힘든 노동력 상품의 또 다른 특성은 집합적으로 사용된다는 점이다. 자본주의적 생산방식의 특성상 분업과 협업의 원리에 기초하여 노동력 상품이 사용될 때 더 효율적이다. 즉, 노동력 상품을 소유한 개인들이 팀을 구성하여 생산하는 집합적 생산은 개별적으로 생산하는 것보다 더 많은 양을 생산할 수 있다.

그런데 집합적 생산은 거기에 참여한 사람들의 기여 정도를 정확하게 측정할 수 없다는 문제가 있다. 어떤 사람이 단독으로 생산활동에 참여하여 옷 한 벌을 만들었다고 가정해 보자. 이 경우 생산한 옷 한 벌에 대한 그 사람의 기여도는 명확하다. 하지만 이번에는 세 명이 분업과 협업의 원리에 기초하여 옷 세 벌을 만들었다고 가정해 보자. 이 경우 옷 세

벌에 대한 세 명의 기여정도가 정확하게 옷 한 벌씩이라고 판단할 수는 없다. 세 명이 가진 기술과 근면성에는 차이가 있기 때문이다.

집합적 생산에 참여한 사람들의 생산성을 정확하게 측정할 수 없을 경우에는 그로부터 얻어진 성과물을 배분할 별도의 기준이 있어야 하는데 이 기준은 자칫 참여한 사람들의 불만을 초래할 수 있고 생산의 효율성 역시 저해할 수 있다. 합리적 사람들이라면 당연히 적게 기여하면서 많은 성과물을 가져가려 할 것이기 때문이다.

그렇다면 이러한 상황의 비효율성을 최소화하는 방법은 무엇인가? 알친과 뎀세즈(Alchian & Demsetz, 1972)는 각 사람의 생산활동에 대한 감시(monitoring)가 집합적 생산에 추가적 직무로 도입될 때 이러한 비효율성을 줄일 수 있다고 했다.

새롭게 도입된 감시의 직무는 기존의 사람들이 돌아가면서 수행할 수 있지만 이러한 방법은 전문화의 이점을 저해하기 때문에 '전업 감시자'(full-time monitor)를 집합적 생산의 성원으로 끌어들이는 것이 더 효율적이다. 집합적 생산의 생산성이 '전업 감시자'의 직무수행 정도에 달렸음을 모든 사람은 잘 알기 때문에 그들은 '전업 감시자'에게 권위를 부여하며 '전업 감시자'는 집합적 생산의 중심이 된다. 집합적 생산의 위계구조가 만들어진 것이다.

사실, 대부분의 업무조직은 위계적 구조를 가진다. 직무의 권한과 한계가 명확하게 주어지며 그 직무들 사이에는 권위가 불균등하게 배분된다. 그리고 이러한 권위의 불균등한 배분은 강력한 위계구조에 의해 제도화되었다.

코즈(Coase, 1986)는 《기업의 본질》(The Nature of the Firm)에서 시장원리에 기초한 자동적 조정과 자발적 교환 대신 중앙집중화된 권위와 위계를 통해 경제적 행위가 이루어지는 까닭은 생산활동에 내재하는 거래의 속성 때문이라고 주장한다. 생산활동은 자본, 노동, 토지, 기술 등을 소유한 사람들 간의 복잡한 거래를 내포하는데 이러한 거래는 비용을 초래한다는 것이다. 이러한 거래비용(*transactions cost*)을 줄이기 위해 합리적 행위자는 대안을 찾는데 그 대안이 바로 위계조직이다. 즉, 업무조직은 시장관계(*market relation*)를 권위적 관계(*authority relation*)로 대체하여 거래비용을 최소화하고 생산을 효율성을 높인다.

조직의 목표를 달성하기 위해서 위계구조는 불가피하지만 많은 경우 그것이 초래하는 직무 사이의 갈등과 마찰, 인간관계의 위계화 등은 업무조직에 참여하는 사람들의 삶의 질을 저해하는 요인이 되며 다양한 개인적·사회적 욕구를 업무조직에서 산출하는 이유가 된다.

2) 업무조직의 환경

통제와 위계라는 업무조직의 내부적 작동원리는 업무조직을 둘러싼 정치적, 사회적 환경의 영향력을 통해 끊임없이 변형되고 제한된다. 업무조직을 둘러싼 정치적, 사회적 환경 중에서 가장 큰 영향력을 행사하는 것은 국가와 노동자에 의해 조직된 집합적 조직이다.

(1) 국가의 개입

자본주의 사회에서 국가는 크게 3가지의 방식을 통해 업무조직의 작동원리를 변형하고 제한한다(신광영, 1994).

첫 번째 방식은 노동관계법 체계를 통한 개입이다. 노동관계법은 자본과 노동이 업무조직에서 특정한 행위를 할 수 있는 권한을 인정하거나 인정하지 않음으로써 업무조직의 작동원리를 변형하고 제한한다. 단체교섭에 관한 법률적 규정과 고용, 해고, 쟁의, 분쟁해결 등에 적용되는 법규뿐 아니라 노동자의 경영참여와 정치참여 등에 적용되는 법규도 존재한다.

두 번째의 방식은 노동력 상품을 사고파는 과정에 대한 개입이다. 국가가 노동력의 교환 과정에 개입하지 않을 경우, 노동력을 사는 자본은 무제한적으로 고용관계와 임금체계를 조정할 수 있다. 반대로 국가가 노동시장에 직접 개입한다면 노동력의 구매를 결정하고 구매한 노동력을 통제하는 과정에서 자본이 행사하는 권한은 줄어든다.

업무조직에 대한 국가개입의 세 번째 방식은 국가가 제공하는 복지급여이다. 국가복지는 업무조직에서 산출되는 개인적·사회적 욕구에 대응하기 위한 사회복지적 개입의 결과이지만 국가복지 그 자체는 역으로 업무조직의 작동원리를 변형하고 제한한다. 가령, 에스핑-안데르센(Esping-Andersen, 1990)에 의해 제시된 탈상품화(de-commodification)의 개념은 사회복지급여로 인해 줄어드는 시장의존성의 정도를 측정하는 지표이다. 탈상품화의 정도가 높을 경우, 한 개인의 시장의존성은 더 줄어들 것이며 이는 다시 업무조직의 통제와 위계에 대한 종속에서 한 개인이 탈피할 수 있는 가능성을 높여준다.

(2) 노동자의 집합적 행동

업무조직의 작동원리는 거기에 편입된 사람들의 집합적 행동에 의해서도 변형되고 제한된다. 앞서 살펴보았듯, 자본주의 사회에서 노동력 상품은 집합적으로 사용되는 경향이 있다. 그리고 노동력의 집합적 사용은 노동자들이 집합적으로 행동할 수 있는 여러 조건을 창출해낸다.

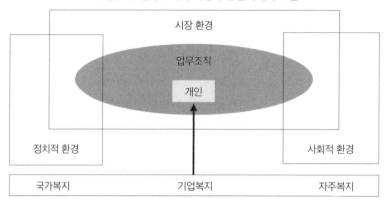

〈그림 2-1〉 업무조직의 특성과 산업복지의 초점

노동조합으로 대표되는 노동자의 집합적 행동은 업무조직의 작동원리를 변화시키는 데 핵심적 역할을 수행한다. 여러 학자에 따르면, 업무조직의 통제방식은 노동자의 집합적 행동과 노동조합의 역량에 의해 크게 변화되었다.

가령, 프리드먼(Friedman, 1977)은 노동력 상품으로부터 노동을 효율적으로 끌어내기 위한 통제전략을 두 가지로 유형화했다. 그에 따르면 강압적이며 비인간적인 '직접 통제(direct control) 전략'은 집합적 행동의 역량이 약한 경우에 적용되었다. 반면, 직무에 걸맞은 권위와 보상을 부여하는 '책임수반 자율성(responsible autonomy) 전략'은 집합적 행동의 역량이 강한 경우에 제시된다.

노동자의 집합적 행동은 또한 업무조직에 대한 국가개입을 통해 업무조직의 작동원리를 변형시키기도 한다. 역사를 살펴보면 업무조직에 대한 국가 개입에 노동자의 집합적 행동이 대단히 큰 역할을 수행했음을 알 수 있다. 국가복지의 발전과 노동자의 집합적 행동이 밀접한 상관관계에 있음은 이미 여러 차례에 걸쳐 밝혀졌다.

68

업무조직의 이러한 특성을 묘사한 것이 〈그림 2-1〉이다. 여기서 업무조직은 시장 환경은 물론, 정치적 환경과 사회적 환경에도 둘러싸였다. 업무조직이 가지는 내부적 작동원리는 둘러싼 환경에 의해 지속적으로 변형되고 제한된다. 업무조직에 미치는 환경의 영향력 때문에 업무조직에서 산출되는 개인적, 사회적 욕구에 대한 개입 또한 업무조직에 의해서만 이루어지는 것은 아니다.

산업복지는 업무조직에 의해 주도되는 기업복지뿐 아니라, 정치적 환경을 대표하는 국가의 개입(국가복지)과 사회적 환경을 대표하는 노동조합의 개입(자주복지)에 의해서도 조직화된다. 또한 이러한 개입주체들에 의해 제공되는 산업복지는 업무조직이라는 상황 속에 놓인 개인(*person-in-situation*)의 기능과 삶의 질을 향상시킴과 동시에 그를 통해 업무조직의 생존과 발전에 기여한다.

3. 산업복지의 변천과정

1) 산업복지의 기원

업무조직과 관련하여 사회복지가 조직되기 시작한 것은 근대 이전부터이다. 서구의 중세시대에 존재했던 여러 길드 공동체는 업무조직이며 동시에 사회복지의 제공 주체이기도 했다. 하지만 더욱 현대적 의미의 산업복지 노력은 자본주의적 생산관계가 일반화된 18세기 이후에 등장하기 시작했다.

(1) 자주복지의 등장

초기에 산업복지의 노력을 조직화한 것은 업무조직이나 국가가 아니었다. 개인적·사회적 욕구와 관련하여 많은 어려움을 겪던 노동자 자신의 자조적(自助的) 노력이 먼저 등장했는데 바로 우애조합, 공제조합, 생활협동조합 등의 명칭을 가진 조직이다. 최초의 공제조합은 영국 뉴캐슬의 제화공들에 의해 1719년에 설립되었고 생활협동조합은 1769년에 스코틀랜드의 방적공에 의해 구성되었다(곽효문, 1995).

복지급여를 제공하는 등의 더욱 직접적 대응방식의 노력은 18세기 중엽 우애조합이라 불린 조직들이 발전하면서 시작된다. 우애조합은 가입한 조합원이 상시 수입 중에 일정액을 기여하여 사망, 질병, 재해 등 회원의 생활상의 파탄과 예기치 않은 지출 등에 일정액의 공제 수당금을 지불할 목적으로 구성된 것이다.

(2) 국가복지의 등장

18세기부터 주로 노동자의 자조노력에 의해 발전한 산업복지는 19세기 중반에 이르면 새로운 전환점을 맞는다. 다양한 방식의 국가개입이 이루어지기 시작한 것이다. 18세기 중엽 영국에서는 공장에서의 작업환경, 공중보건 등에 관한 일련의 법률이 제정되었다. 섬유산업 노동자의 노동시간을 1일 9시간 반으로 규정하거나 아동의 노동력 착취를 금지하는 공장법, 보건과 위생기준, 노동자의 주거환경에 대한 개선을 규정하는 법률들이 바로 그것이다.

한편, 1883년부터 독일에서 만들어진 일련의 노동자보험은 오늘날 사회보험이라고 부르는 새로운 형태의 노력으로 질병, 폐질, 노령으로 인한 퇴직 등의 사회위험에 대응하기 위한 조치로 등장했다.

(3) 기업복지의 등장

기업복지의 등장은 19세기 초 영국의 경영자 오웬(Robert Owen)의 활동에 힘입은 바 크다(김기태 외, 1999). 오웬은 방직공장을 경영하면서 종업원을 대상으로 도덕교육을 실시하였고 노동시간을 10시간 내외로 줄였으며 공장의 위생상태를 청결히 했다. 여기에 더하여 10세 이하 아동의 고용을 금지했으며 직업훈련을 실시하고 불경기 때에는 실업급여를 제공했다.

오웬의 활동은 서유럽은 물론 미국에까지 영향을 줬다. 초기의 기업복지에서 종업원은 기업의 보호를 받아야 하는 온정주의의 대상인 동시에 노동규율을 강제해야 하는 통제의 대상으로 인식되었다. 기업복지는 정부가 제공하지 못하는 생활보호, 주택지원, 건강보조, 자녀교육 등으로 제공되었고 노동자의 욕구불만을 누그러뜨리고 임금인상을 억제하는 수단이었다.

인적 자원 관리(*human resource management*)의 패러다임이 등장하면서 기업복지는 동기부여와 생산성 향상의 수단으로 정립되었다. 기업은 기업복지를 활용하여 종업원의 능력향상을 유도하고 종업원의 몰입과 사기를 높임으로써 생산성의 향상을 가져올 수 있다고 보았다. 헌신도나 근무기간을 급여에 연계하는 기업연금 및 기업의료보험과 같은 새로운 기업복지 프로그램이 확대되었다.

1970년대에는 종업원과 그들의 가족에게 약물남용, 가정·부부 문제, 재정적 문제, 기타 사회·정서적 문제 등에 대해 상담을 제공하는 근로자 지원 프로그램과 선택적 기업복지(*flexible benefits plan*; *cafeteria benefit plan*)가 등장하게 되었다.

2) 우리나라 산업복지의 변천과정

우리나라 산업복지의 전개과정은 생산시장 및 노동시장의 변화양상과 이에 대한 국가의 개입전략, 국가복지의 발전정도, 기업복지의 특성 등에 따라 4개의 시기로 구분할 수 있다.

먼저 1961년 이전은 산업복지의 공백기라고 부를 수 있다. 이 시기에는 업무조직이나 국가 혹은 노동조합에 의해 조직된 산업복지의 노력이 거의 존재하지 않았다.

우리나라에서 국가주도의 산업화가 본격적으로 시작된 1961년부터 1980년까지의 시기는 산업복지의 태동기라고 할 수 있다. 〈근로기준법〉 등 노동관련 입법이 실질적 내용을 가지게 되었고 산업재해보상보험과 퇴직금제도가 도입되었다. 한편, 소수의 대기업을 중심으로 기업복지가 제공되기 시작했다.

산업복지의 확산기인 1981년부터 1997년의 시기에는 국가의 산업복지정책이 본격적으로 논의되면서 국가복지의 영역이 조금씩 발전한 시기이다. 또한 노동운동의 급격한 성장에 맞물려 기업복지에 대한 관심이 커지면서 사내 근로복지기금 설치·운영이 법제화되었고 기업의 노동비용에서 기업복지가 차지하는 비중이 크게 증가했다.

마지막으로 1998년 이후는 산업복지의 변화기로 노동시장의 변화에 따른 고용불안정성의 심화와 양극화 문제가 국가적 과제로 대두되면서 다양한 산업복지정책이 등장하고 체계화되었다. 노동시장의 급격한 변화는 기업복지의 특성도 크게 변화시켜 기업복지의 형태와 내용이 다양화되었다.

(1) 산업복지의 공백기: 1961년 이전

이 기간 동안 우리나라는 미국의 원조에 의존한 채 뚜렷한 경제성장을 이루지 못했다. 소규모의 경공업 위주로 산업이 발전했으며 광공업 부문의 종사자 수 역시 전체 경제활동 인구의 8% 내외에 불과할 만큼 산업화의 진전이 미미한 상태였다.

기업에서도 기능과 직무의 분화는 제대로 진행되지 못했으며 대부분의 노동자는 대단히 열악한 환경에 처했다. 사사(社史)를 발행한 기업 중 19개의 기업을 골라 내용을 분석한 연구(안춘식, 1989)에 따르면 1961년 이전에 기숙사나 사택 등의 주거시설은 5개 회사에서, 양호실 등의 보건의료 시설은 3개 회사, 식당은 2개 회사에서만 운영되었다.

한편, 사회보험과 같은 국가복지는 해방 직후에 활발했던 노동운동의 중요한 요구사항 중의 하나였지만 전혀 시행되지 못했으며 1953년에 제정된 〈노동관계법〉은 근로조건 기준에 대한 규제를 명시하나 당시의 실정과는 괴리가 컸다. 퇴직금제도는 〈근로기준법〉 28조에 의해 실시가 규정되었지만 임의규정에 불과했다. 결국 이 시기에는 노동자에 대한 국가복지 프로그램은 선언적 의미에서만 존재하였고 기업복지 프로그램 역시 거의 존재하지 않았다.

(2) 산업복지의 태동기: 1961~1980년

노동에 대한 억압적 정책과 자본에 대한 지원육성 정책을 통해 본격적 수출주도 산업화가 시작된 이 시기에 광공업 부문의 취업자 수는 두 배 가까이 증가했다. 우리나라에서 산업복지가 출현한 것도 이 시기이다. 우선 앞선 시기에 선언적 규정에 불과한 것으로 입법화되었던 노동관련 입법의 개정이 이루어졌다. [1] 또한 산업화의 진전으로 점차 규모가 증가하는 노동자 집단에 대한 최소한의 보호조치인 산업재해보상보험과 퇴직금제도가 도입되었다.

이 시기 동안의 기업복지는 내용은 다양해졌지만 여전히 열악한 임금수준을 보완하는 생활보조적 성격을 강하게 내포했다. 전국경제인연합회가 1979년에 발행한 보고서(전국경제인연합회, 1979)에 따르면 생활보조 성격의 기업복지인 식당 및 급식시설은 표본기업의 85.7%가, 공제조직이나 지정 병·의원 제도는 67~69%의 기업이, 직업훈련은 61.7%의 기업이 실시했지만 장학금 지급, 주택자금의 대여와 같은 프로그램은 각각 표본기업의 35%, 24.9% 정도에서만 제도화되었

---

1) 〈근로기준법〉(1961), 〈노동조합법〉(1963), 〈노동쟁의조정법〉(1963), 〈노동위원회법〉(1963)이 개정되었다.

을 뿐이다.

산업화의 진전에 따라 산업집중도가 더욱 심화된 이 시기에는 대기업을 중심으로 직무분석, 고용관리, 인사고과 등 노무 관리체제의 제도화가 이루어졌다(안춘식, 1989).

한편 자사 종업원에게 기업의 주식을 우선 배정할 수 있도록 한 종업원 지주제가 이 시기 동안 확대되었다. 우리나라의 종업원 주식소유의 효시는 1958년 10월 주식회사 유한양행이 종업원의 복지향상과 노사협력을 목적으로 회사 간부에게는 공로주를 주고 사원에게는 희망자에 한하여 자사주를 매입하도록 하되 대금을 상여금에서 공제하도록 한 것이다. 그 후 1960년대 후반에 들어서면서 삼양사, 해운공사, 해동화재, 남한제지 등에서 단편적이나마 이와 유사한 제도를 실시하였으나 당시 기업이 주식소유의 분산을 꺼렸기 때문에 활발하게 실시되지는 못하였다.

하지만 1970년대 중반 이후에는 일신산업과 중앙투자금융이 우리사주조합을 결성한 것을 시작으로 상장기업을 중심으로 제도를 활용하는 기업이 증가하였다. 그 결과 1974년에 8개 조합에 불과하던 것이 1978년에는 380개 조합에 달하여 상장기업을 기준으로 할 때 96.9%의 기업이 우리사주조합을 결성하였다.

(3) 산업복지의 확산기: 1981~1997년

이 시기는 산업발전이 본격적으로 이루어져 수출규모가 확대되었다. 수출품목도 전자제품, 자동차, 기계류 등 중화학 공업제품이 대부분을 차지하였다. 그간의 대기업 위주의 물량적 산업화정책의 결과 상당한 정도의 경제성장을 이루었지만 동시에 재분배 문제가 사회적으로 대두되기 시작한 시기이다.

1980년대 초반 근로자의 시위와 사회혼란이 극심해지면서 산업복지를 요구하는 목소리가 높아졌고 1981년 노동청이 노동부로 승격되면서 더욱 본격적 산업복지정책이 펼쳐진다. 정부는 1981년부터 1987년 사이 노동복지회관, 근로청소년회관, 근로청소년 임대아파트, 대형구판장 등을 근로복지시설로 건립했다. 이 시기에는 기업복지에서도 큰 변화가 있었다. 우선 1983년 노동부 지침으로 '근로의욕 향상을 위한 사내 근로복지기금 설치·운영 준칙'이 제정되었고 1992년에는 법제화되었다. 이 제도는 기업이 근로복지를 위한 기금을 설립하고 이 기금을 통해 근로복지사업을 시행하도록 하는 제도이다.

기업복지와 관련하여 더 큰 변화의 계기는 1987년 노동자 대투쟁이었다. 대기업을 중심으로 촉발된 노동운동은 기업뿐 아니라 국가의 노동정책과 복지제도의 변화에도 매우 큰 영향을 미쳤다. 전체 노동비용에서 기업복지가 차지하는 비중이 크게 증가했으며 프로그램의 내용 역시 상당히 충실해졌다. 1989년 조사(한국경영자총협회, 1989)에 따르면 법정 외 복지비는 1986년과 비교하여 1987~1988년 두 해 동안 55.1% 증가하였다. 항목별로는 학비보조가 76.6% 주거관련 프로그램이 64.9% 증가한 것으로 조사됐다.

한편, 기업복지지출의 증가는 기업복지의 기업 간 격차 확대라는 현상을 동반하였다. 일반적으로 기업복지는 상대적으로 시장에서 우월한 지위에 있는 기업에 의해 더 많이 제공되기 때문에 빈익빈, 부익부의 결과를 가져와 개별 노동자들 사이에 존재하는 임금이나 여타의 노동조건과 관련된 불평등을 확대시킨다. 따라서 기업복지의 발전은 대체로 기업복지의 기업 간 격차의 확대를 수반한다.

<표 2-1> 기업규모별 근로자 1인당 월평균 법정 외 복리비

(단위: 원)

	1989	1990	1991	1992	1993
300인 이상 (a)	26,710	36,549	50,249	76,449	128,404
30인~299인 (b)	23,180	26,606	36,090	61,730	80,336
격차 (b/a) (%)	86.8	72.8	71.8	80.7	62.6

출처: 송호근(1995).

우리나라에서도 마찬가지로, 300인 미만의 중소기업에서 제공하는 복지 수준은 300인 이상 대기업에서 제공하는 복지수준의 약 2/3정도이다. <표 2-1>은 기업복지의 기업 간 격차를 잘 보여준다. 1993년의 경우 30~299인 규모의 기업체는 300인 이상 규모 기업체의 62.6%만큼 기업복지급여를 제공했다. 즉, 300인 이상 규모 기업체에서 100만원 어치의 기업복지급여를 제공했다면, 30~299인 규모의 기업체는 약 63만 원 어치의 기업복지급여를 제공했다. 이러한 차이는 임금격차의 정도보다 훨씬 큰 것이다.

(4) 산업복지의 변화기: 1998년 이후

1997년 말에 밀어닥친 외환위기는 한국사회를 확연히 바꾸어놓았다. 기업의 고용흡수력은 둔화되었고 노동시장에서의 임금격차 확대와 비정규직 등 취약계층의 증가로 빈부격차가 심화됨에 따라 양극화 문제가 국가적 과제로 대두되었다.

비정규직을 비롯한 비전형근로자, 실업자, 비경제활동인구 등 고용애로 집단과 근로빈곤층의 문제에 대한 정책적 대응의 필요성이 점차 커졌다. 이에 따라 노동시장 프로그램의 참여와 복지급여의 연계를 통해 노동시장 진입 혹은 유지를 용이하게 하려는 고용·복지 연계정책이 등장했다.

2001년 8월에는 국가의 종합적이고 체계적인 산업복지 정책 추진을 위한 〈근로자복지기본법〉이 제정되었다. 이후 몇 차례의 개정을 거쳐서 〈근로복지기본법〉으로 명칭을 바꾸며 노동자의 생활안정과 복지증진을 목적으로 국가와 지방자치단체가 시행하는 주거안정, 생활안정 및 재산형성, 신용보증 지원, 근로자 복지시설 지원 외에도 우리사주조합 제도, 선택적 복지제도, 근로자 지원 프로그램 등과 같은 새로운 형태의 기업복지 프로그램이 포함되었다. 〈표 2-2〉는 〈근로복지기본법〉의 주요 내용을 요약한 것이다.

이 시기 진행된 노동시장의 급격한 변화는 기업복지의 특성도 크게

〈표 2-2〉〈근로복지기본법〉 주요 내용

구분	주요 내용
주거안정	국가 또는 지방자치단체는 근로자의 주택취득 또는 임차 등을 지원하고 근로자주택자금의 융자를 지원
생활안정 및 재산형성	국가는 근로자 및 그 가족의 의료비 · 혼례비 · 장례비 융자, 생계비 융자, 장학금 지급 또는 학자금 융자, 재산형성 지원제도를 운영
신용보증 지원	담보능력이 미약한 근로자가 금융기관에서 생활안정자금 및 학자금 등의 융자를 받음으로써 부담하는 금전채무에 대하여 이를 보증
근로자 복지시설 등 지원	근로자 복지시설 등의 지원, 위탁운영
우리사주조합 제도	우리사주조합의 설립, 자격, 운영
선택적 복지제도 및 근로자 지원 프로그램	· 여러 복지항목 중에서 복지혜택을 선택하는 선택적 복지제도의 설정 · 근로자 보호와 생산성 향상을 위한 근로자 지원 프로그램의 시행
사내 및 공동 근로복지기금	· 근로자의 생활안정과 복지증진을 목적으로 사업 이익의 일부를 재원으로 사내 근로복지기금을 설치 · 둘 이상의 사업주가 공동으로 근로복지기금을 설치
공동 근로복지기금	둘 이상의 사업주가 공동으로 근로자의 생활안정과 복지증진을 목적으로 사업 이익 일부를 재원으로 사내 근로복지기금을 설치
근로복지 진흥기금	국가, 지방자치단체, 기타 기금, 차입금, 수입금 등으로 근로복지사업에 필요한 재원 확보를 위한 기금설치

변화시켰다. 과거에는 기업 간 기업복지의 차이가 주로 내용보다는 지출의 크기에 있었다면 이 시기에는 기업이 추구하는 목표와 전략에 따라 다양한 기업복지 프로그램이 등장하였다.

이에 따라 기업복지는 지출규모뿐 아니라 형태와 내용에서도 기업 간 차이가 나타났다. 이 시기 새롭게 등장한 기업복지 프로그램을 간단하게 설명하면 다음과 같다.

① 퇴직연금

2005년 12월 1일부터 시행된 퇴직연금은 기업이 사내에 적립하던 퇴직금제도를 대체하여 금융기관에 매년 퇴직금 해당액을 적립하여 근로자가 퇴직할 때 연금 또는 일시금을 지급받아 노후보장소득원으로 활용하는 제도이다. 종류로는 확정급여형(DB형), 확정기여형(DC형), 개인퇴직계좌(IRA형) 등이 있다.

② 우리사주조합

우리사주조합은 종업원이 자기 회사의 주식을 보유하여 기업의 경영과 이익분배에 참여하게 함으로써 종업원의 근로의욕 고취와 재산형성 촉진을 위해 종업원 지주제의 일환으로 결성한 조직이다.

③ 사내 근로복지기금

사내 근로복지기금은 기업 이익의 일부를 출연하여 사내복지기금을 설립하고 기금의 운영 수익금으로 주택구입자금 등을 지원함으로써 근로자의 생활안정 및 재산형성을 도모하는 복리후생제도이다. 이 제도는 기업의 이익 일부를 출현한다는 점에서 성과배분제의 기능도 한다.

④ 선택적 근로복지제도

선택적 근로복지제도는 수요자 중심 원칙을 적용하여 기업이 설정한 예산 범위 내에서 근로자 개개인이 자신의 상황이나 욕구에 따라 복지 유형이나 수준을 스스로 선택하여 서비스를 받는 제도이다. 이 제도는 근로자의 자발적 참여를 촉진하고 다양한 복지욕구를 만족시킬 수 있다는 점에서 장점을 가진다고 평가된다.

⑤ 근로자 지원 프로그램

근로자 지원 프로그램은 직무성과에 영향을 미칠 수 있는 개인적 문제를 완화하기 위해 업무조직 내부나 외부의 자원을 이용해서 종업원과 그 가족에게 제공하는 사회심리적 서비스를 말한다.

제 3 장

산업복지의 분류

업무조직이라는 상황 속에 놓인 개인의 기능과 삶의 질을 향상시키고 이를 통해 업무조직의 생존과 발전에 기여하는 산업복지는 여러 가지 방식으로 분류할 수 있다. 우선 조직화 주체에 따라 구분하면 산업복지는 기업복지와 국가복지 그리고 자주복지로 분류할 수 있다. 다음으로 사회복지의 방법에 따라 구분하면 산업복지정책과 산업소셜워크로 구분할 수 있다.

1. 개입주체에 기초한 분류

제 2장에서 살펴보았듯, 산업복지는 업무조직을 초점으로 하는 사회
복지 개입이다. 또한 업무조직이 가지는 내부적 작동원리는 그것을 둘
러싼 정치적-사회적 환경에 의해 지속적으로 변형되고 제한된다. 그러
므로 산업복지는 업무조직에 의해 주도될 뿐 아니라, 정치·사회적 환
경을 대표하는 국가와 노동조합에 의해서도 조직화된다. 결국, 산업복
지를 조직화하는 주체는 업무조직과 국가 그리고 노동조합이다. 이러
한 개입주체에 기초하여 산업복지를 분류한다면 기업복지, 국가복지,
자주복지의 세 분야가 구체화된다.

1) 기업복지

(1) 기업복지의 특성

기업복지는 업무조직이 임의에 따라 고용관계에 있는 노동자와 그의
가족에게 제공하는 복지급여를 말한다. 이러한 개념정의를 통해 기업
복지의 3가지 특성을 살펴볼 수 있는데 그것은 다음과 같다.

첫째, 기업복지의 제공주체는 업무조직이다. 업무조직은 다양한 정
치적 사회적 환경의 영향을 받으면서 작동한다. 따라서 업무조직을 초
점으로 하는 사회복지 개입 역시 여러 주체에 의해 조직화되는데 업무
조직 자체에 의해 조직화되는 사회복지 노력만을 기업복지라고 한다.
따라서 국가나 노동조합 등 다른 주체들에 의해 조직화되는 사회복지
는 비록 초점을 업무조직에 둔다 하여도 기업복지로 분류되지 않는다.

둘째, 기업복지는 업무조직에 고용된 노동자와 그의 가족을 대상으로 한다. 따라서 업무조직이 주체가 된다 할지라도 대상이 고용과 연계되지 않을 경우에는 기업복지라고 볼 수 없다. 오늘날 업무조직은 자원봉사나 기부를 통해 지역사회의 복지증진에 많은 기여를 한다. 흔히 기업의 사회적 책임(*corporate social responsibility*)으로 칭해지는 이러한 노력은 비록 규모가 크고 사회의 복지증진에 중요한 역할을 담당한다고 해도 기업복지는 아니다.

셋째, 기업복지는 업무조직의 임의에 따라 조직화된다. 업무조직에 의해 조직화되는 복지급여라 할지라도 그것에 법률적 강제성이 부과된다면 이는 기업복지로 분류할 수 없다. 업무조직의 임의적 노력의 범위와 관련하여 가장 쟁점이 되는 것은 사회보험이나 노동조건적 법정 지원 급여들이다.

사회보험이나 노동조건적 급여들은 업무조직에 의해 재정이 충당되거나 제공되지만 법률적 강제성이 부과된다. 뒤에서 다시 언급하겠지만 법률적 강제성이 부과되는 복지급여는 업무조직이 임의에 따라 조직한 것으로 보기 어렵다. 그러므로 이런 복지급여들은 기업복지에 속하지 않는다고 보는 것이 더 타당하다. 즉, 기업복지는 법률에 의해 시행이 강제되지는 않지만 업무조직에 의해 임의적으로 조직되는 복지급여만을 포함한다.

(2) 기업복지의 내용

기업복지는 매우 다양한 프로그램으로 구성된다. 기업복지가 업무조직이 임의로 조직화하는 것이기 때문에 업무조직에 따라 매우 다양한 프로그램을 실시할 수 있기 때문이다. 그러므로 기업복지의 내용을 적절하게 분류하는 것은 결코 쉬운 일은 아니다. 일반적으로 기업복지의 내용을 살펴보기 위해서는 표준화된 방식의 〈기업체 노동비용 조사보고서〉의 분류체계를 활용하거나 다양한 프로그램을 목표에 따라 몇 가지의 사업영역으로 구분하는 방법이 활용된다.

먼저 고용노동부가 조사하여 발표하는 〈기업체 노동비용 조사보고서〉는 기업의 노동비용을 여러 항목으로 구분해 기업복지 항목을 쉽게 추출하도록 돕는다. 더욱이 다른 국가의 노동비용과 비교할 수 있도록 항목을 표준화시키기 때문에 우리나라 기업복지의 특성과 수준을 다른 국가와 비교하는 작업에도 활용도가 높다. 이 보고서에서는 노동비용을 ① 임금 ② 퇴직급여 등의 비용 ③ 법정복리비용 ④ 법정 외 복리비용 ⑤ 현물지급 비용 ⑥ 채용관련 비용 ⑦ 교육훈련 비용 ⑧ 기타 노동비용으로 구분한다. 기업복지 개념에 대한 앞선 정의에 따른다면 기업복지는 법정 외 복리비용으로 이해할 수 있다.

업무조직이 임의로 조직하기 때문에 기업복지의 구체적 내용은 매우 다양하지만 대체로 다음의 몇 가지 영역으로 구분한다. 〈기업체 노동비용 조사보고서〉는 법정 외 복리비를 조사하기 위해 몇 개의 하위영역을 설정하는데 이는 ① 주거 ② 건강·보건 ③ 식사 ④ 보육 ⑤ 보험료 지원 ⑥ 학비보조 ⑦ 휴양·문화·체육·오락 ⑧ 우리사주제도 지원 ⑨ 사내 근로복지기금 출연 ⑩ 기타이다.

〈기업체 노동비용 조사보고서〉는 업무조직이 지출하는 기업복지 비용을 쉽게 파악할 수 있게 해주지만 노동비용 중심으로 기업복지 항목을 추출하기 때문에 비물질적 서비스의 내용을 파악하기에는 적절치 않다. 하지만 사회심리적 지원과 같은 비물질적 서비스는 기업복지의 중요한 내용이다. 특히, 산업소셜워크와 관련해서 그 중요성이 매우

<표 3-1> 기업복지의 영역과 프로그램

영역	프로그램
주거지원 사업	기숙사, 사택, 주거비용 융자, 주거관리비용보조, 주택조합결성
생활지원 사업	생활용품 염가제공, 자녀학자금 보조, 탁아, 급식
공제 · 금융지원 사업	공제조직운영지원, 종업원 융자, 보험료 지원, 종업원 지주제
건강 관련 사업	사내의무실, 사내체육시설, 정기건강진단
사회심리적 지원 사업	고충처리제도, 사내상담전문가, 사원휴양소
가족생활지원 사업	보육지원, 자녀교육지원, 배우자교양교육, 부부관계상담

크다. 따라서 기업복지의 내용을 목표에 따라 몇 가지의 사업영역으로 구분하는 방법도 많이 활용된다.

〈표 3-1〉은 기업복지의 사업영역을 목표에 따라 6가지로 구분하고 각 영역에 속하는 기업복지 프로그램을 나열한 것이다. 〈표 3-1〉의 기업복지의 영역 중 ① 주거지원 사업 ② 생활지원 사업 ③ 공제 · 금융지원 사업 ④ 건강 관련 사업 등은 〈기업체 노동비용 조사보고서〉의 분류를 목표에 따라 다시 나눈 것으로 앞의 내용과 큰 차이는 없다. 하지만 ⑤ 사회심리적 지원 사업 ⑥ 가족생활지원 사업은 〈기업체 노동비용 조사보고서〉의 항목에는 없는 영역이지만 실제 몇몇 업무조직에서는 제공하는 비물질적 서비스를 포함한다. 이러한 비물질적 서비스는 산업소셜워크가 아직 발전하지 못한 우리나라의 현실상 일반화되지는 못했지만 앞으로 중요성이 커질 가능성이 있다.

2) 국가복지

(1) 국가복지의 특성

업무조직에 대한 국가의 개입은 매우 다양한 방식으로 조직화된다. 특히, 국가가 제공하는 산업복지의 대부분은 업무조직을 매개로 이루어진다. 이 때문에 그 재정이나 급여의 과정에 업무조직이 참여하는 경우가 많다.

르 그랑과 로빈슨(Le Grand & Robinson, 1985)은 사회복지에 대한 국가의 개입은 공여(*provision*), 보조(*subsidy*) 및 규제(*regulation*)의 3가지 방법을 통해 이루어진다고 주장한다. 공여란 공공재원에 기초하여 사회복지재화와 서비스를 직접 급여하는 방식을 말한다. 오늘날 사회복지제도 중 가장 규모가 큰 것은 공공부조나 직접 공여의 방법을 통한 국가개입이다.

한편, 국가는 민간기관이 급여하는 사회복지재화나 서비스에 대해 공공재원을 통해 보조하는 방법을 통해 개입하기도 한다. 오늘날 수많은 민간 사회복지기관은 국가로부터 보조를 받는다.

국가개입의 세 번째 형태는 민간이 제공하는 사회복지 재화나 서비스의 질, 양, 가격 등을 여러 법률적 장치를 통해 규제하는 것이다.

산업복지의 영역에서도 국가공여나 보조, 규제의 방식을 통해 국가가 개입하는 제도나 프로그램은 다양하게 존재한다. 즉, 국가복지는 매우 다양한 방식을 통해 조직화된다. 그러므로 국가가 직접 공공재원을 사용하지 않거나 직접 급여하지 않는다 할지라도 법률적 강제성이 부과되어 급여의 질, 양, 가격 등이 규제의 대상이 된다면 그것은 국가에 의해 조직화되는 산업복지로 이해할 수 있다.

(2) 국가복지의 내용

이러한 관점에 따라 국가복지를 살펴보면 크게 두 가지의 내용으로 구분할 수 있다. 사회보험제도는 국가가 공여라는 방식으로 조직화하는 산업복지이며 법적 지원은 국가가 보조나 규제라는 방식으로 조직화하는 산업복지이다.

① 사회보험제도

건강보험이나 연금보험, 산재보험, 고용보험, 장기요양보험에 대한 기여의 형태는 국가마다 다양하지만 업무조직에 고용된 노동자가 적용 대상인 경우에는 어느 국가를 막론하고 그 업무조직의 기여가 필수적으로 따른다.

이것은 우리나라도 예외가 아니다. 따라서 업무조직이 부담하는 복리후생비의 항목에는 이러한 부분이 포함된다. 〈기업체 노동비용 조사보고서〉에도 법정복리비가 포함되었다. 그런데 사회보험제도에 대한 업무조직의 기여는 국가의 법률적 장치에 의해 의무화되는 것이지, 결코 업무조직의 임의적 노력 때문에 이루어지는 것이라고는 말할 수 없다. 따라서 사회보험제도는 재정의 일부 혹은 전부를 업무조직이 부담하기는 하지만 국가가 공여하는 산업복지의 핵심을 된다.

② 법적 지원: 국가 규제적 급여

업무조직은 임금 외에도 퇴직금, 휴업보상, 재해보상, 귀향여비 등의 현금급여와 연·월차 휴가, 생리휴가, 산전·후 휴가 등의 각종 휴가와 병가, 직업훈련 따위의 비물질적 급여를 근로자에게 제공한다.

그러나 이러한 급여들은 〈근로기준법〉이나 〈직업훈련기본법〉과 같은 법률로 규제되는 노동조건적 급여들이다. 또한 장애인고용부담금과 같이 별도의 법률에 의해 기업이 부담해야 할 것도 있다. 즉, 이러한 급여들은 기본적 노동조건으로 고용관계를 유지해야 하는 업무조직이 필수적으로 갖추어야 할 기본적 요건인 것이다.

앞에서 언급한 르 그랑과 로빈슨의 분류에 의하면, 이러한 급여는 국가가 급여의 양과 질, 가격 등을 규제하는 것이라고 할 수 있다. 국가가 공여하는 급여인 사회보험과 마찬가지로 법적 지원 급여 역시 국가가 조직화하는 산업복지를 구성한다.

3) 자주복지

(1) 자주복지의 특성

자주복지는 노동조합에 의해 조직화되는 복지급여를 지칭한다. 사실 자주복지는 업무조직과 국가에 의해 조직화되는 기업복지와 국가복지가 거의 전무하였던 시기에는 산업복지를 대표하는 복지영역이었다. 제4장에서 다시 언급하겠지만 노동조합이 자주복지를 제공하였던 배경에는 크게 보아 두 가지가 있다.

우선 노동자의 생계유지의 필요성 때문이다. 자본주의 사회의 논리상 노동력 상품을 적절한 가격에 판매할 수 없는 노동자와 그의 가족은 생계유지가 곤란해진다. 오늘날에는 이러한 상황에 대해 업무조직이나 국가가 조직하는 산업복지가 대응하지만 19세기 중엽만 하더라도 그와 같은 노력은 거의 없었다. 이런 상황에서 노동조합은 스스로 노력하여 조합원 노동자의 생계유지를 위해 복지급여를 제공했다.

노동조합이 자주복지를 제공했던 두 번째 배경은 노동조합 활동의 활성화와 관련된다. 즉, 노동자 간의 연대를 확고히 하기 위한 전략의 하나로 활용한 것인데 이에 대해서는 제 4장에서 자세하게 살펴본다.

기업복지와 국가복지의 비중이 매우 커진 오늘날 노동조합은 직접 자주복지를 수행하기보다 업무조직과 국가가 사회복지를 조직화하도록 압력을 가하는 역할을 더 많이 수행한다. 개별 업무조직이나 사용자 단체, 정부와의 단체협상 혹은 정치세력화를 통한 조직적 선거참여 등을 통해 기업복지나 국가복지가 조직화되고 확장되도록 압력을 가한다. 즉, 노동조합은 복지의 직접적 제공자에서 복지의 옹호자로 변신한 것이다.

(2) 자주복지의 내용

노동조합에 의해 조직화되는 자주복지는 노동조합의 조직에 따라 다양한 내용을 가진다. 대체로 노동조합의 조직은 단위노조 - 산별노조 - 중앙노조의 형태를 가지는데 각각의 조직수준에서 모두 자주복지를 조직화한다.

2. 사회복지학의 접근방법에 기초한 분류

산업복지는 사회복지학의 접근방법에 따라서도 분류할 수 있다. 사회복지학은 두 개의 큰 축에 따라 접근되었다. 그 하나는 흔히 '사회정책' 혹은 '거시복지학'으로 부르는 축이며 다른 하나의 축은 '소셜워크', 혹은 '미시복지학'으로 부르는 축이다.

사회정책의 접근은 제도가 가진 결함으로 인해 발생한 사회문제를 해결하는 것을 사회복지로 파악한다. 사회문제가 구조적 맥락에서 발생하므로 문제에 대한 대응 역시 국가나 사회에 의해 주도되는 것이 바람직하다는 관점이다. 따라서 사회정책은 빈곤문제, 노동문제, 계급 및 계층문제 등에 관심을 두고 거시적 맥락에서 사회복지에 접근한다.

한편, 소셜워크의 접근은 개인의 결함에 대한 인간관계의 조정기술로 사회복지를 파악한다. 즉, 인간의 욕구는 위기나 문제상황으로 파악되며, 위기나 문제상황은 환경에 대한 개인의 부적응이나 욕구불만과 관련된다는 것이다. 그러므로 소셜워크의 접근은 환경조건의 개선과 개인 퍼스낼리티의 개발에 초점을 두며 사회복지 전문직에 의한 사회심리적 서비스를 이 과정에서 활용한다.

산업복지 역시 사회복지학의 접근방식에 따라 산업복지정책과 산업소셜워크로 구분할 수 있다. 이 두 가지의 접근은 다양한 측면에서 서로 다른 가정과 이론체계를 가지지만 가치의 측면에서는 공통점을 가진다. 즉, 사회정책의 접근은 업무조직에서 발생하는 각종 사회문제의 완화나 해결방안에 대해 관심을 가지며 사회사업의 접근은 업무조직에서 제기되는 노동자의 사회적 기능향상을 목표로 하는 사회복지 전문직의 효과적 개입방안에 대해 우선적 관심을 가진다. 이러한 관심은 모두 개인의 욕구충족과 삶의 질 향상이라는 사회복지의 가치에서 비롯된다는 공통점을 가지는 것이다.

1) 산업복지정책

이 접근의 가장 중요한 특성 중의 하나는 '불평등', '비복지' 혹은 '기본욕구' 등으로 표현되는 각종의 문제가 발생하는 장으로서의 업무조직과 거기에 개입하는 국가를 뚜렷하게 구별되는 것으로 파악한다는 점이다. 자본주의 사회에서 시장에서 발생하는 다양한 문제를 국가의 조직화된 노력으로 완화, 해결할 수 있듯이 업무조직에서 발생하는 각종의 문제는 국가의 개입에 의해 대응할 수 있다는 것이다.

(1) 업무조직과 개인적 · 사회적 욕구

제2장에서 살펴보았듯이 통제와 위계로 특징되는 업무조직의 작동 원리는 매우 다양한 개인적 · 사회적 욕구를 산출하게 마련이며 그에 대응하기 위한 사회복지의 개입을 필요로 한다. 업무조직에서 산출되는 개인적 · 사회적 욕구는 이가 발생하는 구체적 지점에 따라 다음과 같이 3가지로 유형화할 수 있다.

① 노동시장에서의 경제적 불평등: 노동력의 판매자인 노동자는 노동 시장에서 자신의 노동력을 구매할 사람을 찾아야 한다. 이 과정은 임금과 노동력의 매칭 과정이라고 볼 수 있는데 이 과정은 분배의 정 의라는 관점에서 볼 때 결코 바람직한 결과를 산출하지 않는다.
② 노동과정에서 제기되는 각종의 개인적 · 사회적 욕구: 노동력을 판매

함으로써 노동자는 노동과정에 편입되는데 이 노동과정에서 각종 개인적·사회적 욕구가 발생한다. 즉, 노동력 상품으로부터 효율적으로 노동을 끌어내기 위한 각종의 통제기제는 인간이 가지는 기본적 욕구의 충족을 저해함은 물론 다양한 심리 사회적 문제를 산출한다.

③ 노동력의 재생산을 저해하는 사회적 위험: 자신과 자신이 부양하는 가족의 생계유지가 노동력의 판매를 통해서만 가능하다는 점 때문에 노동력의 판매가 곤란해질 때 노동자는 개인적·사회적 욕구를 충족할 수 없는 상황에 직면한다. 즉, 질병, 폐질, 노령, 실업, 재해 등으로 인해 노동력 상품을 영구적으로 혹은 일시적으로 판매할 수 없다면 그와 가족의 생계유지는 매우 곤란해질 수밖에 없다.

(2) 문제에 대한 국가의 개입

업무조직에서 발생하는 각종의 문제는 국가개입에 의해 변형되거나 완화된다. 이러한 문제에 대한 국가의 개입은 노동시장에 대한 개입, 노동과정에 대한 개입, 노동력 재생산에 대한 개입으로 구분된다.

이 3가지 영역 중에서 전통적으로 산업복지정책이 관심을 가졌던 것은 노동력 재생산에 대한 개입인데 흔히 소득보장 혹은 사회보험으로 부르는 것이다. 소득보장이나 사회보험은 노동력 재생산 과정과 관련하여 국가가 공공재원을 활용하여 직접 사회복지 재화나 서비스를 공급하는 방식으로 개입하는 것인데 이와는 달리 〈근로기준법〉 등을 통해 간접적으로 규제하는 방식도 널리 활용되었다.

국가는 노동과정에 대해서도 직·간접적으로 개입한다. 근로시간, 산업안전, 보건 등과 관련하여 업무조직이 기본적으로 갖추어야 할 노동조건은 국가가 마련한 〈근로기준법〉, 〈산업안전보건법〉 등의 법률적 장치에 의해 규제된다.

노동력 재생산과 노동과정에 대한 국가개입은 뒤에서 좀더 구체적으로 살펴볼 것이므로, 여기에서는 노동시장에 대한 국가개입만을 살펴보기로 한다.

① 노동시장 정책의 특성

국가는 노동력의 수요자와 판매자가 대면하는 노동시장에 대해 공공재원을 기초로 다양한 사회복지 재화나 서비스를 직접 공급하거나 법률적 장치를 통해 규제한다. 흔히 노동시장 정책이라고 부르는 이러한 개입방식은 일자리 창출과 같은 노동수요 측면의 정책이나 노동력의 질을 향상시키는 노동공급 측면의 정책을 모두 포함하며 다음과 같은 특성을 가진다(김태성, 1994).

첫째, 노동시장 정책의 목표는 임금과 노동력의 매칭 과정에 개입함으로써 노동자의 근로소득을 향상시키는 것이다. 오늘날, 사람들의 소득 중에서 가장 큰 비중을 차지하는 것이 바로 근로소득이다. 따라서 노동시장에서의 불평등 개선을 위해서는 기본적으로 근로소득의 불평등을 줄여야 하는데 노동시장 정책은 이러한 목표를 위해 필요한 것이다.

둘째, 노동시장 정책은 저소득층의 근로소득을 향상시킴으로써 소득의 불평등을 개선할 뿐 아니라, 경제의 효율성도 높일 수 있다. 노동시장 정책은 경제가 불경기일 때 혹은 산업구조조정이 필요한 시기에 노동수요를 창출하거나 노동공급을 조정할 수 있다.

또한 이 정책은 경제가 호황일 때는 물가상승의 압력을 줄이는 효과도 가진다. 노동시장 정책을 통해 노동력이 부족한 곳에 필요한 인력을 적절하게 공급할 수 있기 때문에 호황기에 나타나는 불필요한 고임금 현상을 막을 수 있다.

셋째, 노동시장 정책은 소득보장 정책에도 도움을 준다. 우선, 노동시장 정책은 가능한 한 많은 사람에게 근로소득을 주어 사회적 자원을 증가시켜 소득보장 정책의 역할을 줄일 수 있다. 또, 증대된 사회적 자원은 소득보장 정책을 발전시킬 수 있는 재원의 확보에도 도움을 준다.

② 노동수요 측면 프로그램

노동시장 정책은 국가가 공공재원을 기초로 직접 사회복지 재화나 서비스를 공급하는 국가공여 프로그램과 재화나 서비스의 양과 질, 가격 등을 규제하는 규제 프로그램으로 구분할 수 있다. 여기에서는 국가 공여 프로그램인 노동수요 측면 프로그램, 노동공급 측면 프로그램, 규제 프로그램으로 구분하여 살펴본다.

우선 노동수요 측면 프로그램은 노동시장에서 일자리를 더 많이 창출하기 위한 다양한 프로그램을 포함한다. 중요 프로그램은 다음과 같다.

● 공공부문 일자리 창출

노동시장에서 적절한 일자리를 찾지 못하는 사람에게 공공부문에서 일자리를 만들어 고용하는 방식으로 역사적으로 오래되었고 규모도 크다. 공공부문 일자리 창출 프로그램은 저소득층에 대한 사회복지 프로그램 중 납세자에 의해 비교적 쉽게 받아들여진다. 왜냐하면, 납세자가 일하면서 혜택을 보는 것에 대해서는 상대적으로 더 관대하기 때문이다. 따라서 정책의 실현가능성이 높다는 장점을 가진다. 또한 공공부문 일자리 창출은 효과도 상당히 큰 편이어서 정책 결정자에 의해 선호된다. 하지만 공공부문 일자리 창출 프로그램은 부적합한 일자리의 창출, 민간부문 일자리의 왜곡이나 대체 등과 같은 부정적 효과도 낳는다. 1997년 말에 발생한 외환위기 이후 대규모로 시행된 공공근로는 공

공부문 일자리 창출 프로그램의 전형적인 사례로, 공공근로를 둘러싼
여러 논란은 이 프로그램의 장단점을 잘 보여준다.

● 민간부문 고용 프로그램

공공부문 일자리 창출 프로그램의 단점 때문에 등장한 것으로, 민간기
업이 일자리를 유지하거나 창출하는 것에 대해 다양한 보조금을 지급
하거나 세제상의 혜택을 제공하는 것이다. 민간부문 고용 프로그램은
실질적인 노동의 가격을 낮춤으로써, 상품을 좀더 저렴하게 생산할 수
있고 이는 결국 기업의 경쟁력을 강화시켜서 더욱 많은 일자리 창출로
연결할 수 있다. 또한 공공부문 일자리 창출 프로그램에 의한 시장원리
의 왜곡을 줄일 수 있다. 하지만 현실적으로 단점을 가진다. 가장 큰 단
점은 남용 혹은 오용되어 임금을 낮추거나 기존에 고용관계에 있는 노
동자의 처지를 더 열악하게 만들 수 있다는 점이다. 우리나라의 경우
고용보험을 통해 제공되는 고용유지 지원금이 여기에 해당된다.

● 임금보조금

민간부문 고용 프로그램이 일자리를 유지, 창출하는 업무조직에게 보
조금이나 세제상의 혜택을 제공하는 것이라면, 임금보조금은 노동력
공급자인 노동자에게 보조금을 지급하는 프로그램이다. 임금보조금 제
도는 여러 가지 형태를 취할 수 있지만 기본적 형태는 사회적으로 바람
직하다고 여겨지는 목표임금을 설정한 후(가령, 중위소득의 50%) 이
수준보다 적게 받는 노동자에게 임금의 일정률을 보조하여 저임금 노
동자가 많이 일할수록 유리하게 하는 것이다. 임금보조금 제도는 근로
동기를 약화시키지 않으며 임금을 기준으로 하기 때문에 소득파악의
어려움이 상대적으로 쉽게 극복될 수 있고 스티그마의 문제도 거의 없
다는 등의 장점을 가진다.

③ 노동공급 측면 프로그램

노동공급 측면 프로그램은 노동력 공급자의 인적 자본(기술, 정보, 동기 등)을 향상시켜서 더욱 쉽게 취업할 수 있도록 지원하는 여러 프로그램을 말한다. 중요한 프로그램은 다음과 같다.

● 직업훈련

산업구조가 빠르게 변화하는 오늘날, 새로운 기술을 가진 인력의 필요성은 높지만 저소득·실직 노동자가 이러한 기술을 쉽게 습득하기는 어렵다. 직업훈련 프로그램은 다양한 공공, 민간의 직업훈련기관에서 이들이 무료 혹은 실비로 적절한 기술을 습득하도록 지원하는 프로그램이다.

● 취업정보 제공

노동시장의 상황은 지역이나 직종에 따라 매우 상이하다. 적절한 기술을 가졌다고 해도 일자리에 대한 정보가 없을 수 있고 일자리가 있다고 해도 적절한 사람에 대한 정보가 부족할 수도 있다. 취업정보 제공 프로그램은 취업에 관련된 각종 정보를 제공하여 취업을 원하는 사람과 일자리를 연계하는 프로그램이다.

● 각종 수당

직업훈련 기간 중 생계유지를 위한 훈련수당, 일자리가 있는 지역으로 이주하는 데 필요한 비용을 지원하는 이주수당 등의 지원정책을 말한다.

● 동기강화와 적응을 위한 비물질적 재활 서비스

장기간의 실직이나 노동시장에 방금 진입한 신참 노동자, 노동시장에 참여하거나 일자리를 가지는 것에 대한 동기가 결여된 사람에게는 적절한 사회심리적 상담과 정보제공을 통해 동기를 부여해야 한다. 또한 훈련을 받은 후 실제 취업하는 과정에서도 적응과 관련된 여러 문제가 발생할 수 있다. 이 과정에서는 다양한 비물질적 재활 서비스가 요구된다.

④ 규제 프로그램

규제 프로그램으로는 최저임금제와 장애인, 노인, 여성 등 사회적 약자의 고용을 촉진하는 여러 제도가 있다.

◉ 최저임금제

국가가 일정한 최저임금의 수준을 설정하고 업무조직으로 하여금 그들과 고용관계에 있는 노동자에게 최저임금 수준 이상에서 임금을 지불하도록 규제하는 제도이다. 이 제도는 최소한의 욕구충족에 필요한 임금을 받지 못하는 사람들을 대상으로 하여 그들의 임금수준을 높여 저소득에서 벗어나게 하는 것이 목적이다.

◉ 사회적 약자에 대한 고용촉진 프로그램

장애인, 노인, 여성 등 사회적 약자를 대상으로 하는 고용촉진제도는 업무조직이 이러한 사람들을 특정비율 이상 채용하도록 법률로 규제하는 프로그램이다.

⑤ 고용·복지 연계정책

1970년대 중반 이후 복지국가는 중대한 변화를 겪기 시작했다. 복지국가 위기론이 대두된 것이다. 복지국가 위기론은 정부재정의 확장과 관련한 재정적 위기, 경제성장을 복지가 저해한다는 경제적 위기, 국가기구의 확대에 따른 관료주의의 심화가 복지욕구 충족을 저해한다는 정당성의 위기 등으로 제기되었다.

한편, 산업사회가 후기산업사회로 이행하면서, 전통적 복지국가가 핵심적 문제로 다루었던 전통적 사회위험(*old social risks*)과는 다른 종류의 사회위험이 등장하기 시작했다. 새로운 사회위험(*new social risks*)이라고 부르는 이러한 사회위험은 후기산업사회로의 이행과 결합된 경제, 사회 변화의 결과로서 사회 구성원의 일상생활 중 새롭게 직면하는 위험을 말한다(Taylor-Goodby, 2004).

새로운 사회위험은 저출산 고령화와 같은 인구구조 변화와 여성의 노동시장 참여 확대가 초래한 '노동과 가족생활의 불균'형과 기술의 발전과 노동시장의 변화가 초래한 '고용애로의 증대와 근로빈곤의 심화' 등으로 요약할 수 있다. 이에 따라 비정규직을 비롯한 비정형 근로자, 실업자, 비경제활동인구 등 고용애로집단과 근로빈곤층을 대상으로 노동시장 프로그램의 참여와 복지급여의 연계를 통해 노동시장으로의 진입 혹은 유지를 용이하게 하려는 정책이 점차 주목을 받게 되었다. 이러한 정책들은 전통적 고용정책과 전통적 복지정책을 적절히 혼합하거나 연계하여 정책의 효과성을 제고하려 한다는 점에서 고용 · 복지연계 정책이라고 개념화할 수 있다.

고용 · 복지 연계정책은 각 나라마다 해당 정책의 철학적 기반과 중점 정책수단 그리고 복지 제공의 수준에 따라 다양한 유형으로 나타난다. 적극적 노동시장 정책(Active Labor Market Policy · ALMP, 스웨덴), 근로연계복지정책(Workfare, 영미국가), 근로유인정책(Make Work Pay, OECD), 활성화정책(Activation Policy, 북구) 그리고 이행노동시장 정책(Transitional Labor Market Policy · TLMP) 등이 바로 그것이다.

각 정책은 그 정책이 세워진 국가들의 철학적 기초, 경제사회적 상황, 정책 집행 방식에서 차이가 있지만 최근에는 국가 간 상호학습을 통해 대부분의 정책이 근로능력이 있는 자에 대해 복지수혜자의 취업 촉진 및 국가의 취업지원 강화라는 한 방향으로 수렴되는 상황으로 볼 수 있다(어수봉, 2012).

2) 산업소셜워크

산업소셜워크는 업무조직을 초점으로 사회복지 전문직에 의해 수행되는 사회복지 실천 영역의 하나이다. 산업소셜워크는 19세기 말부터 20세기 초반 사이에 시작되고 1910년 이후 활성화된 복지 자본주의(*welfare capitalism*)의 시대에 업무조직을 초점으로 개입한 사회복지 전문직의 실천활동에서 비롯되었다. 따라서 현재까지는 산업소셜워크가 가장 발전한 국가는 미국이라 할 수 있다. 소셜워크의 접근이 미국에서 발전하여 유입된 것과 마찬가지로, 산업소셜워크 역시 유사한 경로를 통해 한국에 유입되었다.

하지만 우리나라의 경우 아직까지는 업무조직을 초점으로 개입하는 사회복지 실천인 산업소셜워크가 활성화된 것은 아니다. 업무조직 내에서 사회복지 전문직이 담당해야 하는 직무는 여전히 인사, 노무 관리 직무로 인식되며 사회복지 전문직이 그 직무를 대체할 가능성도 현재까지는 별로 크지 않다. 노동조합 역시 마찬가지이다. 현재와 같은 노동조합 체계 내에서 사회복지 전문직이 노동조합에 소속되어 활동할 가능성은 거의 없다. 물론 규모가 큰 노동조합의 경우, 조합의 조직구조상 복리후생 관련 부서가 마련되어 있지만 사회복지 전문직이 그러한 직무를 담당하는 경우는 없다.

하지만 앞으로의 상황은 다른 방향으로 전개될 가능성이 크다. 세계화(*globalization*)의 흐름에 따라 글로벌 거대기업이 우리나라에 기업을 설치하는 경우가 빈번해졌고 미국식 경영기법이나 조직구조가 표준화된 방식으로 직접 소개되는 현실에서 산업소셜워크가 본격적으로 도입될 가능성은 매우 높다. 또한 사회복지문제에 대한 업무조직의 책임이 점차 증가했고 이에 따라 산업소셜워크의 필요성을 기업이 인식할 가능성도 매우 크다. 실제로 산업소셜워크에 해당되는 사회심리적 서비스가 기업복지 차원에서 외국에서 들어온 다국적기업이나 우리나라의 몇몇 기업을 중심으로 제공된다.

산업소셜워크에 대한 정의는 매우 다양하다.

"노동자와 경영진의 주관하에 산업조직이나 노동조직 혹은 그 조직의 구성원이 가진 정당한 사회복지 욕구를 충족시키기 위한 사회복지 전문직의 프로그램과 서비스"라는 정의(Kurzman, 1987)가 있는가 하면, "건전한 개인과 유익한 환경의 창출을 위해 적절한 개입방안을 계획하고 집행함으로써 업무조직에서 발생하는 인간적, 사회적 욕구에 대응하는 사회복지 실천의 한 분야"라는 정의(Googins & Godfrey, 1987)도 있다.

한편, "개인과 그를 둘러싼 환경 사이의 적정한 균형유지를 위해 마련된 다양한 개입방법을 통해 업무조직이 가지는 인간적, 사회적 욕구를 다루는 전문 사회복지 실천의 한 분야"라고 소개하는 다소 광의의 개념정의(Straussner, 1990)도 있다.

산업소셜워크의 범위는 이러한 개념정의로부터 도출된다. 사회복지 전문직은 업무조직에 놓인 개인이 가진 다양한 문제를 개입초점으로 하기 때문에 상당히 광범위한 범위에서 활동한다. 산업소셜워크 실천은 업무조직에서 활동하는 다양한 개인을 표적집단으로 한다. 가장 기본적으로는 업무조직의 근간을 이루는 많은 수의 피용인이 산업소셜워

<표 3-2> 산업소셜워크의 범위

표적집단 \ 문제영역		생애사적 위기(개인, 결혼, 가족, 사망)	건강과 삶의 질	이직과 퇴직	업무조직 에서의 갈등	배우자, 자녀문제	음주 와 약물
일반 피용인	사회심리적 상담	1	2	3	4	5	6
	위탁	7	8	9	10	11	12
중간 관리자	인사-노무 관리 상담	13	14	15	16	17	18
	인간관계 및 상담기법 교육	19	20	21	22	23	24
최고 경영자	복지정책에 대한 자문	25	26	27	28	29	30

출처: Bargal(2000).

크의 표적집단이다. 중간 관리자나 최고 경영자 역시 산업소셜워크의
표적집단이다.

사회복지 전문직이 개입의 초점으로 상정하는 문제의 영역 또한 상
당히 광범위하다. 결혼, 이혼, 출산, 사망 등과 같은 중요한 생애사적
위기뿐 아니라 건강과 삶의 질 문제, 이직과 퇴직, 성희롱과 집단적 학
대와 괴롭힘, 동료와의 부적응 등 업무조직 내에서 발생할 수 있는 각
종의 갈등상황, 배우자와 자녀의 문제, 음주와 약물 남용의 문제 등이
바로 그것이다.

〈표 3-2〉은 산업소셜워크의 범위를 표적집단(target population)과 문
제영역(problem area)을 중심으로 나열한 것이며 사회복지 전문직은 1번
부터 20번까지의 범위 안에서 실천한다. 〈표 3-2〉을 간략하게 기술함
으로써 산업소셜워크의 실천영역을 구체화하여 보자.

우선 사회복지 전문직은 업무조직에 고용된 일반 피용인이 경험하게

되는 생애사적 위기(1)나 그 밖의 문제들(2~6)에 대해 전문적 원조와 개입을 행한다. 산업소셜워크 영역에서 사회복지 전문가가 일반 피용인에게 제공하는 원조와 개입은 직접적 방법에만 국한되지는 않는다. 문제의 완화 및 해결에 상당히 많이 시간이 필요하거나 좀더 광범위한 지역사회 자원의 활용이 요구될 경우, 사회복지 전문직은 대상자를 다른 사회복지 기관에 위탁하기도 한다.

다음으로 산업소셜워크 영역에서 사회복지 전문직은 업무조직의 위계상 일반 피용자를 직접 대면하면서 관리하는 중간 관리자를 표적집단으로 대면하기도 한다. 다양한 문제를 가진 일반 피용자를 직접 관리해야 하는 중간 관리자가 문제를 가진 피용인을 발견하고 사회복지 전문직의 개입을 요청할 수 있도록 하기 위해서는 인사-노무 관리에 대한 적절한 기술을 습득할 수 있도록 원조를 제공해야 한다(13~18). 또한 사회복지 전문직은 중간 관리자가 일반 피용인과 완만하게 관계를 유지할 수 있도록 여러 가지의 인간관계 및 상담 기법에 대한 교육과 정보 제공의 방식으로 개입하기도 한다(19~24).

마지막으로 사회복지 전문직은 최고 경영자를 표적집단으로 상정할 수도 있다. 사회복지 전문직은 건강이나 삶의 질 증진(26) 혹은 해고 및 퇴직(27) 등의 이슈를 다루는 기획-집행 과정에 참여하기도 한다.

산업복지의 논리

산업복지는 업무조직과 거기에 편입된 사람들의 개인적·사회적 욕구에 대응하는 다양한 복지급여와 서비스의 체계이다. 업무조직에 대한 제 2장에서의 논의와 산업복지를 분류한 제 3장의 논의를 통해 산업복지는 ① 업무조직에 의해 주도되는 기업복지 ② 국가에 의해 주도되는 국가복지 ③ 노동자의 집합적 조직인 노동조합에 의해 조직되는 자주복지의 3가지 영역으로 구분되는 사실을 살펴보았다.

제 4장에서는 기업복지와 국가복지 그리고 자주복지로 부르는 사회복지의 개입노력이 왜 일어나게 되는지를 살펴본다. 즉, ① 왜 업무조직은 조직에서 제기되는 개인적·사회적 욕구에 대응하려는 사회복지의 개입노력을 조직화하는가 ② 왜 국가는 업무조직에서 제기되는 개인적·사회적 욕구에 대해 다양한 급여와 서비스를 제공하는가 ③ 왜 노동자의 집합적 조직인 노동조합은 구성원에게 사회복지 급여와 서비스를 제공하는가에 대한 다양한 논리를 살펴볼 것이다.

업무조직과 국가 그리고 노동조합이 사회복지의 개입노력을 조직화하는 나름의 논리 말고도 중요한 것은 바로 사회복지 전문직과 관련된 것이다. 사회복지 전문가는 업무조직이나 노동조합에 고용되어 업무조직에서 제기되는 개인적·사회적 욕구에 대응하는 사회복지 개입방안을 수립하고 직접 실천한다. 사회복지 전문직의 형성과 발전에 따라 사회복지 전문가의 활동영역은 대단히 다양해진다. 윌렌스키와 르보(Wilensky & Lebeaux, 1965)의 표현대로, 인간의 욕구를 통합적으로 파악하는 사회복지의 관점은 사회복지 전문직의 발전에 따라 더욱 일반화될 수 있었다. 그러므로 '충족되지 않은 욕구'가 있는 곳이라면 어떤 곳이든지 거기에 소속되어 전문적 역할을 수행해야 한다는 전문직업적 논리는 업무조직에서 제기되는 개인적·사회적 욕구에 대한 사회복지의 개입노력을 가능케 하는 중요한 동력이다.

결국 산업복지가 조직화되는 배경은 크게 4가지로 구분하여 살펴볼 수 있다. 그것은 산업복지의 3가지 영역을 주도하는 업무조직의 논리와 국가의 논리, 노동조합의 논리와 이 3가지 영역, 그중에서도 업무조직과 노동조합에 소속되어 일하는 사회복지 전문가의 전문직업적 논리이다. 각각의 논리를 차례대로 살펴보자.

1. 업무조직의 논리: 기업복지의 발달요인

업무조직에서 제기되는 개인적·사회적 욕구에 대한 업무조직 자체의 노력은 흔히 기업복지라는 영역으로 전개됐다.[1] 기업복지에 대한 업무조직의 노력 정도는 각각의 업무조직에 따라 판이하게 다르다. 즉, 얼마만큼의 사회복지 개입 노력을 조직화할 것인가는 업무조직의 정책적 고려 정도에 따라 결정된다.

업무조직이 기업복지를 조직화하는 논리는 업무조직에 제기되는 여러 차원의 과제에 따라 다양한 관점으로 제시될 수 있다. 여기에서는 그러한 관점을 살펴보고 이에 기초하여 업무조직이 기업복지를 제공하는 3가지 논리를 제시한다.

1) 업무조직에 제기되는 불확실성

업무조직은 다양한 차원의 불확실성에 직면한다. 제 2장에서 살펴본 것처럼 우선, 업무조직은 구입한 노동력 상품으로부터 노동을 끌어내야 한다. 노동을 효율적으로 끌어내고 그에 기초하여 유용한 재화와 서비스를 생산할 수 있어야만 업무조직은 생존과 발전을 이룰 수 있다. 노동이 집합적으로 사용된다는 점 때문에, 또한 업무조직은 노동자의 집합적 행동을 효과적으로 제어하는 과제에도 직면한다. 노동자의 집합적 행동을 적정한 수준에서 제어하지 못한다면 업무조직은 다른 업

---

[1] 4장 1절의 논의는 홍경준(1996a)의 일부를 요약하였다.

무조직과의 경쟁과정에서 도태될 가능성이 높다.

　이러한 불확실성이 업무조직의 내부에서 제기되는 문제라면 업무조직의 외부에서 제기되는 불확실성도 있다. 업무조직은 환경2)에 개방된 존재이다. 여기서 말하는 환경은 시장 환경뿐 아니라 기업조직이 정당성과 지지를 획득하기 위해 따라야 하는 신념, 역할, 규칙 등의 상징적 요소로 구성된 제도적 환경(institutional environment)까지도 포괄한다(Scott, 1991). 환경에 개방되기 때문에 업무조직은 환경에서 제기되는 다양한 차원의 압력에 순응할 필요가 있다.

　업무조직에 제기되는 다양한 차원의 불확실성은 '원천'과 '속성'을 기준으로 4가지로 유형화할 수 있다. 먼저 불확실성의 '원천'이란 기업조직에 제기되는 불확실성이 어디에 존재하는가에 관한 것으로 조직 내부에서 제기되는 것과 조직 외부의 것으로 구분할 수 있다. 노동력 상품으로부터 노동을 효율적으로 끌어내는 문제는 조직 내부에서 제기되는 불확실성이라 할 수 있지만 국가가 제정하는 법규나 사회가 업무조직에 기대하는 역할을 수용해야 하는 문제는 조직 외부에서 제기되는 불확실성이다.

---

2) 업무조직의 환경은 기술적 환경(task environment)과 제도적 환경(institutional environment)으로 구분할 수 있다(Meyer & Rowan, 1977; Scott, 1991). 기술적 환경은 조직이 산출한 생산물이나 서비스가 생산되거나 교환되는 장으로, 업무조직의 경우에는 시장 환경을 의미하는 것으로 이해할 수 있다. 기술적 환경에 잘 적응하기 위한 조건은 작업과정에 대한 효율적인 통제이다. 한편 개개의 조직이 정당성과 지지를 획득하기 위해 따르고 준수해야 할 규칙이나 조건들의 세트를 제도적 환경이라고 칭할 수 있는데 그중에서도 국가를 중심으로 하는 정치적 환경과 노동조합을 중심으로 하는 사회적 환경은 업무조직의 작동원리를 끊임없이 변경하고 제한한다.

〈표 4-1〉 업무조직이 직면하는 불확실성의 유형

불확실성의 원천 / 불확실성의 속성	조직 내부	조직 외부
경제적 효율성	불확실성 I	불확실성 III
정치적 정당성	불확실성 II	불확실성 IV

한편, 불확실성의 '속성'은 업무조직이 해결해야 할 문제가 경제적 효율성과 관련된 것인지 아니면 정치적 정당성과 관련된 것인지를 구별해 주는 기준이다. 앞서 말한 노동의 효율적 사용은 물론 경제적 효율성과 관련된 것이지만 노동자의 집합적 행동을 효과적으로 제어하는 문제는 정치적 정당성의 문제라고 볼 수 있다.

업무조직에 제기되는 다양한 차원의 불확실성을 '원천'과 '속성'을 기준으로 구분하면 〈표 4-1〉과 같이 4가지로 유형화할 수 있다. 먼저 불확실성 I은 위계적 업무조직이 가지는 비효율성을 말한다. 여기에는 업무조직이 직면하는 노동의 효율적 사용의 문제가 핵심이다. 한편 불확실성 II는 업무조직이 언제나 조직에 편입된 노동자의 집합적 행동이 초래하는 불확실성에 직면함을 말한다. 불확실성 III은 조직 외부의 제도적 환경에서 제기되는 불확실성을 지칭한다. 마지막으로 불확실성 IV는 생산에 필요한 생산요소를 투입하거나 산출된 생산물을 시장에서 처분하는 과정에서 제기될 수 있는 불확실성으로 업무조직이 직면하는 시장 환경을 원천으로 한다.

이러한 분류에서 불확실성 I과 불확실성 II는 업무조직 내부에서 제기된다는 특징을 지니며 불확실성 III과 불확실성 IV는 그 원천이 업무조직 외부에 있다는 특징을 가진다. 한편 불확실성 I과 불확실성 IV는 수익을 극대화해야 하는 업무조직이 우선적으로 직면하는 경제적 효율성의 문제를 나타내며 불확실성 II와 불확실성 III은 업무조직이 경제적 행위주체이면서도 동시에 사회적 행위주체로 정치적 정당성의 확보를 필요로 함을 잘 보여준다.

물론 극단적으로 보면 4가지 유형의 불확실성 중 어느 하나의 불확실성에 대해서만 잘 대응해도 업무조직은 생존할 수 있다. 예컨대, 노동력 상품으로부터 노동을 효율적으로 끌어내는 데 성공한 업무조직은 불확실성 I을 극소화했다고 평가할 수 있다. 그리고 이런 업무조직은 생산성이 대단히 높기 때문에 환경에 대한 정당성을 획득할 필요 없이도 생존할 수 있을 것이다.

한편, 대단히 비효율적이면서도 제도적 환경으로부터 제기되는 압력에 잘 적응하기 때문에 생존할 수 있는 업무조직 또한 존재할 수 있다. 그러나 현실의 차원에서 대부분의 업무조직은 적정한 수준에서 효율성과 정당성 모두를 추구하기 때문에, 여러 차원의 불확실성을 함께 고려하는 것이 더 타당할 것이다. 이제 업무조직이 직면한 다양한 차원의 불확실성을 더욱 구체적으로 살펴보자.

(1) 불확실성 I

현대사회에서 일반화된 복합생산은 협력을 통해 이루어질 때 더 많은 편익을 초래한다. 즉, 사람들이 팀을 구성하여 생산하는 '팀 생산'은 개별적으로 생산하는 것보다는 더 많은 양을 생산할 수 있다는 것이다. 그런데 '팀 생산'은 복잡하게 연계된 분업과 협업을 통해 이루어지기 때문에 참여한 사람들 각자가 기여한 몫을 정확하게 측정할 수 없다는 문제를 일으킨다.

각자의 기여 정도를 정확하게 측정하지 못하기 때문에, 생산물을 각자에게 분배하는 분배기준이 별도로 마련되어야 하는데 모두가 만족할 만한 분배의 기준을 마련하는 일은 대단히 어렵다. 왜냐하면, 자기가 기여한 몫이 정확하게 측정되지 않는 상황이라면, 합리적 행위자는 무임승차하려 할 것이기 때문이다.

즉, '팀 생산'을 통해 함께 만들어낸 생산물에 대한 각자의 기여 정도가 정확하게 측정되지 않는 한 그 생산물은 공공재(public goods)와 유사하다. 편익은 모든 사람에게 배분되지만 그에 대한 비용은 한 사람에게 귀속되는 공공재의 생산이 어렵다는 점이 이 경우에도 그대로 적용된다. '팀 생산'의 경우 노동의 효율적 사용은 매우 어려운 과제인 것이다. 그러므로 이론적으로는 더 우월한 '팀 생산'은 비효율적일 수 있다.

그렇다면 이러한 상황의 비효율성을 최소화하는 방법은 무엇인가? 앞서 제2장에서 알친과 뎀세즈의 논의를 소개하며 살펴본 것처럼 '팀 생산'의 편익이 개별적 생산의 편익을 초과한다는 조건 아래서 합리적 경제 행위자들이 자발적으로 위계 관계를 만드는 것이다.

물론 이러한 관계가 업무조직에서 제기되는 노동의 효율적 사용이라는 문제를 완전히 해결하는 것은 아니다. 만일 완벽한 감시를 통해 각자가 기여한 정도(한계생산성)가 정확히 밝혀지고 그에 기초하여 보상을 제공한다면 노동의 효율적 사용은 쉽게 이루어질 수 있을 것이다. 그러나 각자의 기여 정도에 대한 완벽한 감시는 불가능할뿐더러 그것을 추구하는 과정에서 감시의 한계비용은 커진다. 따라서 업무조직은 직접적 감시를 대신하면서도 거기에 편입된 사람들이 자발적으로 노동을 효율적으로 사용하는 방법을 찾기 위해 애쓰게 된다.

이상과 같은 논리는 기업조직이 직면하는 불확실성을 잘 묘사한다. 요컨대, 기업조직은 효율성의 추구라는 합리적 경제적 행위자의 노력에 의해 성립하는 만큼, 기업의 생존가능성 역시 효율성에 직결된다는 것이다. 그렇다면 기업조직의 상대적 효율성을 저해하는 불확실성은 무엇일까? 태업에 대한 감시의 한계비용이 태업의 감소로 인한 한계편익을 초과하게 되면 기업의 상대적 효율성은 약화될 수 있다.

(2) 불확실성 Ⅱ

뷰라오이(Burawoy, 1985)는 기업조직을 포함한 모든 조직을 분석할 수 있는 통시적 도구는 통제의 개념(concept of control)이라고 주장한다. 이러한 주장은 기업조직이 직면하는 불확실성 Ⅱ의 특성을 잘 요약한다. 이러한 논리에 따르면 자본주의의 발전과정에서 기업조직의 구조나 행동방식은 통제전략의 계속적 수정과 밀접한 관련을 가지며 변화했다. 그렇다면 기업조직은 왜 통제의 문제를 핵심적 과제로 상정했는가?

그것은 노동력 상품의 사용이 집합적으로 이루어지기 때문이다 (Bowles, 1985). 노동력 상품이 가지는 특성 중의 하나는 노동력 상품의 사용이 집합적으로 이루어진다는 점이다. 즉, 자본주의적 생산방식의 특성상, 한 장소에 모여서 생산활동을 수행하는 것이 훨씬 더 효율적이라는 것이다. 노동력 상품이 가지는 이러한 특성은 노동자의 집합적 행동을 가능하게 하는 중요한 조건이 된다.

그런데 노동자의 집합적 행동은 업무조직에게 큰 위협을 줄 수 있다. 노동자의 집합적 행동은 업무조직의 생존과 발전에 많은 도움이 되기도 하지만 실제로 많은 업무조직이 그러한 점을 인식하지는 못한 것이 사실이다. 업무조직은 노동자의 집합적 행동을 업무조직의 생존과 발전을 저해하는 불확실성으로 인식하기 때문에 그것을 통제해야 할 필요성을 가진다.

노동에 대한 통제의 맥락에서 업무조직의 변화를 추적하는 브레이버만(Braverman, 1974)은 독점자본주의하에서 성립된 테일러리즘이 단순한 것에서 복잡한 것에 이르기까지의 모든 노동의 실제 행위양식에 대한 통제를 달성하기 위한 관리의 수단이라고 주장한다.

테일러리즘은 ① 노동과정에서 노동자의 숙련을 분리하고 ② 구상(conception)으로부터 실행(execution)을 분리하며 ③ 일선 노동자의 기술적 지식을 특정 직무로 분리함으로써 '노동의 속물화'(degradation of work)를 초래했다는 것이다. 그리고 '노동의 속물화'는 노동력 상품에 대한 노동자의 통제를 박탈하고 노동자 간의 분리를 촉진하여 궁극적으로 원활한 통제를 가능케 한다는 것이다. 테일러리즘에 대한 이러한 분석을 통해 브레이버만은 기업조직의 구조나 보상정책이 노동통제와 관련됨을 보여주었다.

그러나 업무조직의 변화과정을 보면, '노동의 속물화'와 같은 억압적 통제방식만이 적용되었던 것은 아님을 알 수 있다. 요컨대, 노동자의 집합적 행동에 대한 업무조직의 통제전략은 매우 다양하게 전개될 수 있다는 것이다. 노동자의 집합적 행동에 대해 강압적 통제전략을 사용할 수도 있지만 여러 가지의 보상수단을 매개로 한 포섭적 통제전략도 활용할 수 있다. 특히, 업무조직이 발전하고 노동자의 집합적 행동의 역량이 강화되는 것에 비례하여 억압적 통제방식보다는 인센티브와 보상을 제공하는 포섭적 통제방식이 더 많이 활용된다.

(3) 불확실성 III

업무조직은 내부에서 제기되는 불확실성뿐 아니라 제도적 환경으로부터 제기되는 불확실성에도 직면했다. 생산 효율성을 확보하고도 환경에 대한 정당성을 획득하지 못해서 실패한 업무조직(*failed organization*)의 실례를 찾기란 어려운 일이 아니다.

기업조직이라는 제도적 환경에 제기되는 불확실성 III은 메이어와 로완(Meyer & Rowan, 1977)에 의해 본격적으로 조명되기 시작했다. 이들에 따르면, 현대사회의 공식적 조직형태인 관료제는 통제와 조정을 원활히 할 수 있는 합리적 수단이기 때문에 발전한 것이 아니다. 그러한 문제에 대해 관료제가 효과적 대응수단이라고 사람들이 믿기 때문에 관료제는 현대사회의 공식적 조직형태로 발전했다는 것이다. 요컨대, 효율성을 극대화한다고 믿는 조직의 형태나 구조는 그에 대한 믿음에 따라 채택된다는 것이다.

메이어와 로완은 그러한 믿음을 '합리화된 신화'(*rationalized myths*)로 개념화한다. '합리화된 신화'는 자원의 투입이나 산출 혹은 기술적 조건과는 독립된 제도화된 신념, 규칙, 역할 등의 상징적 요소에 따른 것으로 제도적 환경에서 창출되며 조직은 그를 수용함으로써 정당성과 생존능력 및 자원을 극대화시킬 수 있다. 업무조직이 제도적 환경의 '합리화된 신화'를 수용함으로써 특정한 제도적 기제들을 창출하게 되는 과정을 이들은 제도적 동형화(*institutional isomorphism*)라고 칭한다.

제도적 동형화는 3가지로 유형화할 수 있다(Dimaggio & Powell, 1983). 먼저 강압적(*coercive*) 동형화는 정치적 영향력과 정당성의 문제와 관련된 것으로 업무조직이 의존하는 다른 조직에 의해 혹은 조직을 둘러싼 사회의 문화적 기대 등에 의해 제기되는 공식적, 비공식적 압력의 결과로 나타난다. 여기에서 업무조직에게 강제력을 부과하는 환경은 다양하지만 그중에서도 국가기관이나 법률적 장치가 강압적 동형화를 이끄는 핵심적 환경이다.

물론 모든 제도적 동형화가 강압적 권위로부터 유발되는 것은 아니다. 조직의 목표가 애매하거나 환경에 대한 예측가능성이 낮을 때, 조직은 다른 조직의 정책이나 업무수행 방식을 따른다. 모방적(mimetic) 동형화로 표현되는 이러한 유형은 국내나 국외의 성공적 업무조직을 전형으로 하여 정책이나 업무수행 방식을 모방하는 예들을 통해 관찰할 수 있다.

마지막의 유형인 규범적(normative) 동형화는 전문화의 진전에 따라 조직 내에서 특정 업무에 종사하는 구성원이 기업조직의 목표나 이해관계와는 구분될 수 있는 사회적 규범에 입각해서 행위할 수 있다는 점에서 제기된다. 이들의 행위는 사회적 규범과 관련된 정당성을 가지기 때문에 '합리화된 신화'로써 기업조직에 수용된다.

가령, 사회복지 전문직이 업무조직에 채용되면 이들은 기업조직의 목표와 이해관계와는 구분되는 사회복지의 전문적 지식과 가치, 규범에 기초하여 행동한다. 그리고 그러한 행동은 사회적으로 정당성을 확보한 것이기 때문에 기업조직에 수용된다.

(4) 불확실성 Ⅳ

업무조직은 생산에 필요한 생산 요소를 투입하거나 산출된 생산물을 처분하는 과정에서도 불확실성에 직면한다. 먼저 업무조직은 생산에 필요한 원재료를 안정적으로 공급받아야 원활한 생산활동을 지속적으로 수행할 수 있다. 업무조직은 생산된 산출물의 안정적 수요와 관련해서도 불확실성에 직면한다.

하지만 불확실성 IV는 생산에 필요한 물적 요소의 투입이나 생산의 결과로 만들어지는 생산품의 산출과 관련해서 제기되는 불확실성이므로 기업복지와 직접적 관련이 없다.

2) 업무조직이 기업복지를 제공하는 논리

업무조직은 제기되는 여러 차원의 불확실성에 대응하기 위한 수단으로 기업복지를 조직화한다. 즉, 업무조직에 제기되는 다양한 차원의 불확실성에 대응하는 과정에서 기업복지를 제도화하는 것이 다른 방법보다 더 합리적이라고 업무조직이 판단하면 이에 따라 기업복지가 현실화된다.

(1) 생산 효율성의 증진

생산 효율성의 문제는 업무조직과 노동자들 사이의 계약이 정보의 비대칭성으로 인해 불완전하다는 점에서 비롯된다. 이 문제에 대해서는 위탁인과 대리인(*principal-agent*)의 관계를 통해 잘 설명할 수 있다 (Jensen & Meckling, 1986; Putterman, 1995).

위탁인(업무조직)과 대리인(노동자) 사이의 계약에서 위탁인은 자신의 기대에 걸맞게 대리인이 성실하게 근무할 것을 기대하지만 실제의 작업과정에서 대리인은 근로의욕을 덜 가진다거나 태업을 할 수도 있다. 만일 대리인의 근무태도와 성과가 정확하게 측정되고 위탁인은 그러한 측정에 기초하여 대리인에게 임금이나 봉급을 줄 수 있다면 계약의 불완전성은 극복될 수 있을 것이다.

그러나 실제로 대리인의 근무태도와 성과를 정확히 측정하는 것은 매우 어려운 문제이며 가능하다 해도 많은 비용이 소요될 수 있다. 따라서 완전한 계약은 사실상 불가능하다. 위탁인과 대리인의 계약에서 제기되는 정보의 비대칭성은 역선택(*adverse selection*)과 도덕적 해이 (*moral hazard*)로 구분하여 살펴볼 수 있다(Putterman, 1995).

먼저 역선택의 문제를 살펴보자. 위탁인과 대리인간의 계약에서 발생하는 역선택의 문제는 대리인의 능력에 대한 정보를 위탁인이 정확히 알 수 없다는 사실에서 비롯된다. 즉, 생산에 필요한 대리인의 능력에 대해 위탁인과 대리인은 서로 상이한 수준의 정보를 소유한다.

영희와 철수라는 두 사람(대리인)이 A라는 기업에 취업하려고 하는데 생산에 필요한 지적, 신체적 능력 면에서 영희는 철수보다 우수하다고 가정해 보자. A기업(위탁인)이 두 사람의 능력 차이를 잘 안다면 영희에게는 많은 보수를 주고 철수에게는 그보다 적은 보수를 줄 것이다. 하지만 A기업은 두 사람의 능력에 대한 정확한 정보가 없기 때문에 차별적 보수보다는 동등한 수준의 보수를 제시한다.

그런데 이 보상 수준은 영희의 능력에 대한 적절한 보상 수준보다는 적을 것이며 철수의 능력에 대한 적절한 보상 수준보다는 많을 것이다. 결국, 영희는 A기업이 제시하는 보상 수준이 자신의 능력에 대한 충분한 보상이 되지 못한다고 생각하여 입사를 꺼려할 것이며 철수는 이 보상 수준이 자신의 능력에 대한 충분한 보상이 된다고 생각하여 입사하려 할 것이다. A기업의 관점에서 보면 철수보다는 영희가 입사하는 것이 더 바람직하지만 정보의 비대칭성 때문에 그럴 수 없다. 이것은 역선택의 문제를 발생시킨다.

한편, 역선택의 문제를 해결하고 대리인이 생산과정에 참여할 때도 정보의 비대칭성 문제는 여전히 남는다. 여기에서의 문제는 산출물의 생산에 대한 대리인의 실제 노력정도에 대한 정보가 위탁인과 대리인 사이에서 불균등하게 분배된다는 데서 발생한다. 왜냐하면 실제로 산출물을 생산하는 주체는 대리인이며 대리인이 얼마나 열심히 산출물을 생산하는가에 관한 정확한 정보는 자신만이 가졌기 때문이다.

따라서 위탁인이 이 문제를 최소화할 방안을 고안하지 않는 한 대리인은 자신의 입장에서는 비효용인 노력을 최소화하고 여가를 최대화하려 할 것이다. 요컨대, 노력정도에 대한 정보를 대리인이 위탁인에게 자발적으로 공개하지 않는 한 도덕적 해이의 문제는 항상 존재한다.

역선택과 도덕적 해이라는 비효율에 직면한 위탁인은 이 문제들을 해결할 수 있는 제도를 고안하게 되는데 그것은 기업조직의 다양한 제도적 기제로 표현된다. 먼저 역선택의 문제는 신호 보내기(signaling)와 선별(screening)을 통해 대응된다(Spence, 1974). 위탁인은 산출물을 효율적으로 생산할 대리인의 능력을 파악하기 위해 대리인의 특성을 관찰하는데 그 관찰의 척도가 지표(index)와 신호(signal)이다.

지표는 대리인이 자신의 의지에 따라 바꿀 수 없는 성별, 인종, 연령과 같은 것이며 신호는 대리인이 자신의 의지에 따라 바꿀 수 있는 교육이나 건강과 같은 것이다. 위탁인은 이러한 척도를 통해 대리인의 능력을 판단한다. 위탁인은 또한 대리인이 선호하는 보상정책을 제시한다. 직급의 상승이나 근속연수의 증가에 비례하여 임금이나 봉급 외의 다양한 부가급여를 제공하는 것이다.

도덕적 해이의 문제 또한 기업복지를 통해 완화될 수 있다. 만일 노동자의 근무태도와 성과가 정확하게 측정되고 업무조직이 노동자에게 그에 상응한 보상을 줄 수 있다면, 도덕적 해이는 완전히 극복될 수 있다. 그 경우 업무조직이 당면하는 생산의 효율성 문제는 해결될 수 있을 것이다.

그러나 실제로 노동자의 근무태도와 그 성과를 정확히 감시하는 것은 매우 어려운 문제이며 가능하다 해도 너무 많은 비용이 소요될 수 있기 때문에 생산의 효율성 문제를 해결하는 것은 사실상 불가능하다. 그러므로 기업은 기업 내부에 유인체계를 만들어서 이 문제에 대응하려 하는데 이러한 유인체계가 바로 기업복지이다. 요컨대, 기업복지는 생산의 효율성을 증진시키기 위한 정책적 수단의 하나로 조직된다.

기업복지가 생산의 효율성을 증진시키는 이유는 그것이 대체로 연령이나 근속연수가 낮은 노동자보다는 높은 노동자에게 더 많은 혜택을 주는 방식으로 조직화되기 때문이다(Oi, 1983). 기업복지가 잘 갖추어진 업무조직에 입사하려는 노동자는 장기근속의 동기를 가진 노동자일 가능성이 높기 때문에, 기업복지는 결국 자신이 가진 정보를 기업에 스스로 공개하게 하는 기능을 수행한다. 또한 기업복지는 해고 시의 기회비용에 미래의 높은 수준의 복지급여를 포함하도록 하기 때문에 불성실의 가능성을 줄인다.

(2) 집합적 행동에 대한 통제

업무조직은 노동자의 집합적 행동에 따른 위협에도 직면한다. 물론 모든 업무조직에서 노동자의 집합적 행동이 존재하는 것은 아니다. 집합적 행동은 개별 노동자에게 많은 비용부담을 요구한다. 노동자들은 집합적 행동을 조직하기 위해 조합비를 지출해야 하며 집합적 행동에 직접 참여해야 한다. 또한 그 과정에서 해고 위협에도 시달릴 수 있다.

물론 개별 노동자는 이런 비용을 지불함으로써 임금인상이나 고용의 안정성 혹은 노동조건 개선 등의 편익을 얻는다. 하지만, 집합적 행동에 필요한 비용은 거기에 참여하는 성원에게만 부과되는 데 비해 편익은 결코 성원에게만 주어지지 않는다는 문제가 여기에서 발생한다.

집합적 행동이 가져오는 편익 역시 앞에서 언급한 '팀 생산'의 편익처럼 공공재적 성격을 가진다. 이 문제 때문에 기업조직이 직면하는 집합적 행동의 위협은 잠재적이라고 할 수 있다. 하지만 개별 노동자는 이러한 딜레마를 해결하고 집합적 행동에 참여하기도 한다. 이 딜레마를 해결하는 방법은 노동조합이 자주복지를 제공하는 논리와 관련되기 때문에 뒤에서 살펴볼 것이다.

개별 노동자는 노동력 상품을 팔아야 하는 처지이기 때문에 업무조직에서 자본보다 약한 처지일 수밖에 없다. 순수하게 시장원리에 따라 노동력의 교환이 일어난다면, 노동력을 사는 자본은 무제한적으로 고용관계와 임금체계를 조정할 수 있다. 또한 작업과정에서도 노동자는 업무조직의 내부적 작동원리에 순응해야 한다. 그러한 처지가 내키지 않는다면 노동력 상품을 팔지 않으면 되지만 노동력 상품을 팔지 않으면 자신과 가족의 생계를 꾸려나가기는 매우 어려워진다.

노동자의 집합적 행동은 개별노동자의 이러한 약한 처지를 극복할 수 있다. 가령, 임금이나 봉급을 시장에서의 '경쟁'을 통해 결정하는 대신, 자본의 대표와 노동조합 대표 사이의 '교섭'에 의해 결정할 수 있다. 조합원 철수 전략을 통해 해고의 위협에도 대응할 수 있으며 조직화된 유권자로 업무조직에 대한 국가개입의 강도와 폭을 좌우할 수도 있다. 노동자의 집합적 행동이 초래하는 다양한 결과는 업무조직의 성패를 결정지을 만큼 중요하기 때문에, 업무조직은 노동자의 집합적 행동을 적정한 수준에서 제어하려 하기 마련이다.

노동자의 집합적 행동을 제어하기 위한 업무조직의 노력은 매우 다양한 형태로 나타난다. 노동조합의 결성을 금지하고 단체행동을 허용하지 않는 식의 억압적 통제방식이 있는 반면 다양한 보상수단을 통해 노동자의 집합적 행동을 특정한 수준에 묶어두는 포섭적 통제방식도 활용된다.

　특히, 기업복지는 다음과 같은 3가지의 측면에서 집합적 행동의 위협을 억제하는 효율적 통제수단이다. 첫째로, 기업복지의 주체인 기업은 시장의 핵심적 행위자이기 때문에 이는 시장경쟁의 원리를 지속적으로 재생산한다. 둘째로, 기업복지는 특정기업에 고용된다는 조건에서만 제공되기 때문에 집합적 행동의 범위를 제한하는 효과를 가진다. 셋째로, 기업복지는 우월한 지위에 있는 기업에 의해 더 많이 제공되기 때문에 개별 노동자들 사이의 임금이나 노동조건과 관련된 불평등을 확대시킨다.

　결국 기업복지는 노동자들의 집합적 행동의 가능성을 줄이거나 특정한 수준에 묶어두는 장치로 활용된다. 기업복지는 대체로 ① 노동시장이 분절되었고 ② 탈중앙화된 노동조합운동과 노사관계가 지배적이며 ③ 사무직 노동자와 중간계층 집단이 생산직 노동자와 현격하게 분리되고 ④ 노동시장이 차별화된 사회에서 발전한다는 에스핑 안데르센(Esping-Andersen, 1992)의 지적은 기업조직이 직면하는 집합적 행동에 대한 포섭적 통제수단으로 기업복지가 활용됨을 잘 보여준다.

(3) 환경의 압력에 대한 적응

기업복지는 조직 외부의 제도적 환경에서 제기되는 압력을 기업조직이 따르거나 준수하는 과정에서 제도화될 수도 있다. 특히, 제도적 환경을 구성하는 국가의 압력이나 모방 혹은 사회복지 전문직의 규범적 압력이 기업복지의 제도화 정도와 관련을 가질 것이라는 점은 여러 연구에서 강조됐다.

먼저 기업복지가 국가에 의해 요구되거나 법률적 장치로 유인될 때, 국가에 의존하는 기업조직은 환경으로부터의 압력을 수용하여 기업복지를 제도화시킬 수 있다. 미국의 기업복지가 국가의 압력에 의해 발전했다는 주장도 여러 학자에 의해 제시되었다(Stevens, 1988; Quadagno, 1988). 국가는 직접 복지를 제공하기도 하지만 기업에 대해서도 규제와 압력을 행사하여 기업복지의 성장을 유도하기도 한다.

2차 세계대전 기간 중 연방정부에 의해 행해진 세 가지 정책인 초과이윤에 대한 과세, 임금동결, 기업복지 급여에 대한 세금공제가 기업과 노동자로 하여금 기업복지의 선호도를 높였고 그 결과로 기업복지가 점차 성장했다는 주장 역시 국가의 압력에 의해 기업복지가 발전함을 잘 보여준다.

우리나라의 사회복지 발전에 대한 노동정치적 관점(최균, 1992) 역시 기업복지의 발전을 국가의 압력에 의한 것으로 파악한다. 이 관점에 따르면 산업화를 주도한 우리나라는 자본과 노동보다 우위에 설 수 있었고 그런 힘의 구도에서 시장기구 활성화라는 정책적 지향을 관철시켰다. 이 정책적 지향은 결과적으로 복지문제에 대한 책임을 시장과 민간으로 전가시키는 것이었다.

국가의 정책적 지향은 사회복지의 발전에 매우 중요한 영향을 미치는데 이는 정책적 지향의 방향에 따라 사회복지에 대한 국가역할이 달라지기 때문이다. 가령, 국가가 시장을 대체하는 시장대체전략을 정책적 지향으로 할 경우, 사회복지는 시장기구의 한계를 극복하는 전략적 거점으로 활용되며 그 결과로 국가의 역할이 강조된다.

반대로 시장기구를 활성화하는 시장순응 전략이나 시장형성 전략을 정책적 지향으로 하면 사회복지에 대한 국가의 역할보다는 기업의 역할이 강조된다. 노동계급의 요구를 억압하면서 자본축적을 적극적으로 지원해온 우리나라는 복지에 대한 적극적 역할을 수행하기보다는 시장활성화를 위한 정책을 지향하면서, 제기되는 복지요구를 기업에게 거의 전적으로 위임해왔다는 것이다.

모방과정 역시 기업복지의 성장을 설명하는 데 유용하다. 1970년대 이후 경제 상황의 불확실성에 직면한 여러 나라의 기업조직은 일본기업의 성공을 목격하면서, 일본식 기업조직이나 노무관리 기제를 모방했다. 이러한 과정은 흔히 일본화(Japanization)로 표현됐는데 일본식 기업조직이나 노무관리 기제를 모방하면서 기업복지 역시 확산되었다 (Russell, 1991). 왜냐하면 기업복지는 일본의 기업조직 혹은 노사관계에서 핵심적 사항으로 간주하기 때문이다. 고딘(Gordon, 1985)은 기업복지, 종신고용제, 연공급(年功給) 및 기업노조주의는 일본 노사관계를 유지하는 4개의 기둥이라고 한다.

기업복지의 성장은 또한 전문화의 과정과 밀접한 관련을 가진다. 경험적 연구들(Brandes, 1976; Sutton et al., 1994)에 따르면, 사회복지 전문직의 형성과 발전이 인사노무의 업무와 결합하면서 기업복지의 성장과정에서 중요한 역할을 했다.

2. 국가의 논리: 국가복지의 발달요인

평등, 사회적 연대와 같은 탈시장적 가치를 앞세운 국가복지의 발전은 2차 세계대전 이후 복지국가(welfare state)를 유행시키는 계기가 되었다. 더욱 정확하게는 서구 복지국가(western welfare state)라고 부르는 이 현상은 서유럽의 여러 국가에서 크게 부각되었지만 산업화가 진전된 다른 대륙의 국가에서도 마찬가지로 나타났다. 사회복지에 대한 국가의 개입이 점차 확대되면서 업무조직에서 제기되는 개인적·사회적 욕구에 대한 국가의 사회복지 개입 역시 크게 증가했다.

국가복지의 발전을 설명하는 논리는 매우 다양하지만 일반화된 논의를 중심으로 분류하면 ① 산업화 이론 ② 사회민주주의 이론 ③ 국가중심 이론의 3가지로 구분된다. 이외에도 독점자본 이론이나 이익집단 정치이론, 시민권 이론 등이 있지만 그러한 논리들은 '사회복지개론'이나 '사회복지정책론' 강좌에서도 다루기 때문에 생략한다. 여기에서 제시하는 세 가지의 이론 역시 간략한 수준에서만 언급한다.

1) 산업화 이론

'산업화 이론'에 따르면, 국가복지의 발전은 주로 경제적 발전과 그에 수반하는 인구학적, 사회조직적 결과와 관련된다. 산업화 이론에 따르면 경제적 발전은 복지국가의 발전에 필요한 능력과 욕구를 증대시킨다. 우선 경제적 발전이 초래하는 산업, 인구 및 가족구조의 변화는 사회복지에 대한 국가책임의 필요성을 높인다.

산업구조의 변화는 과거에 존재하지 않았던 다양한 사회문제를 양산하며 인구 및 가족구조의 변화는 인구의 고령화 현상을 낳았다. 하지만 변화된 가족구조는 이러한 문제들을 가족 내에서 해결하기 어렵게 한다. 산업화된 사회에서는 국가가 이러한 문제들에 대응해야 할 필요성이 높아진다.

한편 경제적 발전에 따라 국가가 사회복지에 사용할 수 있는 자원의 양 또한 늘어난다는 점이 이 이론에서는 중시된다. 즉, 경제성장에 의해 국민의 실질소득이 높아지면 국민의 조세부담 능력도 커지고 세금을 낼 의도도 증가하여 사회복지에 사용할 자원이 커진다고 본다.

2) 사회민주주의 이론

'사회민주주의 이론' 혹은 '정치적 계급투쟁 이론'은 노동계급의 정치적 동원 수준과 좌파정당의 역량 정도가 국가복지의 발전 정도를 결정하는 핵심적 요인임을 강조한다. 사회민주주의 이론에 따르면 국가복지는 노동계급의 조직적 역량과 이 역량에 연계된 강력한 좌파정당의 산물이다. 다시 말해 국가복지는 노동계급을 대변하는 정치적 집단의 세력이 커질수록 발전한다. 즉, 이 이론에 따르면 국가복지는 자본과 노동의 계급투쟁에서 노동계급 승리의 전리품인 것이다.

한편, 사회민주주의 이론과는 구별되지만 대중민주주의와 정당정치의 중요성을 강조하는 논의들도 있다. 이러한 논의들은 종교적 색채를 강하게 가진 중도파 정당 역시 좌파 정당과의 경쟁이나 협력의 기반을 통해 국가복지 발전을 위한 중요한 역할을 수행한다고 본다(Wilensky, 1981; Castles, 1982). 즉, 좌파 정당의 역량 그 자체보다는 범우파 블록의 정치적 균열이 국가복지의 발전에 큰 영향을 미친다는 것이다.

다시 말하면 범우파 블록이 통합된 국가에서는 복지국가 확대에 대한 노동부문의 요구가 봉쇄되지만 범우파 블록에 균열이 일어날 경우 중도파 정당이나 좌파 정당의 활동영역이 그만큼 넓어지며 그것이 국가복지를 발전시킨다고 볼 수 있다.

3) 국가중심 이론

이 이론은 산업화 이론에서 제시하는 경제발전 정도나 사회민주주의 이론의 좌파정당 역량의 효과를 인정하면서도 복지국가 발전의 편차를 설명하는 가장 중요한 원인은 국가의 구조와 능력, 담당 관료의 이해관계, 과거의 정책적 유산임을 강조한다. 즉, 산업화나 노동계급의 역량과 같은 요인이 독립적 국가조직에 의해 매개된다는 점을 중시한다.

국가중심 이론에 따르면, 사회의 여러 힘으로부터 상대적으로 독립된 국가의 구조와 국가관료의 정책형성 활동이 국가복지의 발전을 가능케 하는 1차적 원천이다. 즉, 국가복지는 국가관료기구를 맡는 개혁적 정치가나 전문관료에 의해 국가발전의 장기적 안목에서 전문화된 관료기구를 바탕으로 이루어진다는 것이다. 중앙집권적이며 조합주의적 구조를 가진 국가에서 국가복지가 더 발전한 이유도 바로 거기에 있다고 본다.

3. 노동조합의 논리: 자주복지의 발달요인

업무조직에 편입된 사람들이 개별적으로 행동할 때보다 집합적으로 행동할 때 더 많은 이득을 얻는다는 점은 이미 앞에서 살펴보았다. 하지만 노동자들이 노동조합을 결성하여 집합적 행동을 하는 것은 쉬운 일이 아니다.

흔히 노동자들은 경제적 조건의 측면에서 같은 처지에 있기 때문에 노동조합을 결성하는 일이 별로 어렵지 않을 것이라고 생각한다. 즉, 노동자들은 생산수단을 소유하지 않는다는 공통의 특성을 가진 계급이기 때문에 당연히 노동조합을 통해 스스로의 연대성을 확보하고 공통의 이익을 위해 헌신적으로 활동할 것이라고 생각한다.

하지만 이는 너무도 안이한 생각이다. 역사를 되돌아보거나 우리 현실을 돌아보면 노동조합을 결성하거나 특정한 사안에 대해 연대해 투쟁하는 것이 얼마나 어려운 일인가를 잘 알 수 있다. 왜 그럴까? 그에 대한 답은 사실 매우 상식적인데 생산수단을 소유하지 못하며 노동력을 판매한다는 객관적 조건만으로 개별 노동자들이 노동조합을 결성해서 연대하는 것은 아니기 때문이다. 노동조합이 결성되고 노동자들이 연대하는 데는 '우리는 비슷한 면이 많다'라는 느낌과 그에 기반을 둔 행동이 매우 중요하기 때문이다.

그렇다면 노동자들이 '우리는 비슷한 면이 많다'라는 느낌을 가지고 그에 기반을 둬 행동하기까지의 과정에서 중요한 것은 무엇일까? 이에 대해서는 여러 가지 의견이 있지만 주로 공통의 생활경험, 지역적 정체성, 사회문화적 조건의 일치정도와 생산현장의 경험과 같은 경험의 공유, 생활과 관련된 다양한 욕구를 해결하는 방식 등이 중요하다고 본다(Marks, 1989).

노동조합이 자주복지를 조직하는 논리는 바로 개별 노동자들이 집합적 행동을 조직화할 수 있도록 유인하는 것과 밀접히 관련된다(홍경준, 1996b). 여기에서는 왜 개별 노동자들이 집합적으로 행동하기 어려운 지에 대해 알아보고 노동조합이 자주복지를 조직하는 이유를 그와 관련하여 살펴본다.

1) 집합적 행동의 어려움

노동자 개개인의 관점에서 볼 때 집합적 행동이나 연대를 위해 노동조합을 결성하는 일은 여러 가지 손해를 감수하는 일이다. 노동조합에 가입하면 조합활동에 필요한 조합비를 내야 하며 피케팅이나 파업에도 참여해야 한다. 또한 그 과정에서 적지 않은 위협에 시달릴 수도 있다.

물론 노동조합을 통해 노동자가 얻는 이익은 매우 많다. 우선 임금을 인상시킬 수 있으며, 고용의 안정성을 획득할 수 있고, 노동조건을 개선할 수 있다. 노동조합이 조직된 업무조직이 노동조합이 조직되지 않은 업무조직보다 임금 불평등도가 적다는 점은 여러 경험적 연구를 통해 입증된다. 즉, 노동조합이 조직화된 업무조직에서는 개별 노동자 간의 임금 불평등 정도가 낮다는 것이다.

따라서 노동조합을 결성해서 노동자들이 연대하면 손해보다는 이익이 확실히 더 크다. 하지만 여기에서 손해와 이익의 성격이 전혀 다르다는 점이 매우 중요하다. 즉, 노동조합 활동으로 말미암아 발생할 수 있는 손해는 주로 거기에 참여하는 조합원에게만 부과되는 데 노동조합 활동으로 얻는 다양한 이익은 결코 조합원에게만 돌아가지 않는다.

예를 들어, 노동조합의 조합원으로 활동하는 영미 씨와 노동조합의 조합원이 아닌 순길 씨가 있다고 가정해 보자. 영미 씨는 노동조합의 임금인상 투쟁에 열심히 참여하기 때문에 퇴근 후에 곧장 집에 가지도 못했고 친구들과 어울릴 시간도 많이 가지지를 못했다. 또한 그 과정에서 직장의 상사에게 찍히기도 했다.

반면, 조합원이 아닌 순길 씨는 파업기간 중에 집에서 프로야구 TV 중계만 열심히 봤다. 임금인상 투쟁이 우여곡절 끝에 성공해서 임금이 15% 인상되었다. 그런데 이 15%의 임금인상은 임금인상 투쟁에 열심히 참여한 영미 씨에게만 적용되는 것은 아니다. 순길 씨 역시 15% 임금인상의 이익을 얻는다.

물론 이 예가 극단적일 수는 있지만 우리 주위에서 일어날 수 있는 일임에는 틀림없다. 즉, 노동조합의 협상 파트너가 특정 기업이라면 이익은 기업의 모든 노동자에게 그것이 특정 산업을 대표하는 조직이라면 그 이익은 그 산업에 속한 모든 노동자에게, 전국을 포괄하는 기업단체라면 그 이익은 전국의 모든 노동자에게 돌아간다.

노동조합 활동에 필요한 비용은 조합원에게만 부과되는 데 비해 활동을 통해 획득하는 이익은 결코 조합원에게만 돌아가지 않는다는 점은 노동조합과 같은 집합적 행동을 조직할 때 항상 문제가 된다. 즉, 노동자의 집합적 행동이 가져오는 이익은 공공재이다. 따라서 합리적 노동자라면 노동조합과 같은 집합적 행동에 참여하지 않고 다만 무임승차할 것이다.

집합적 행동의 이 딜레마는 게임 이론(game theory)에 기초하여 잘 설명할 수 있다(Elster, 1985). 집합적 행동에 참여할 것인가에 대해 선

〈표 4-2〉 집합적 행동 게임에서의 개인들의 행동방식

		'나 이외의 모든 사람들'	
		참여	불참
'나'	참여	ⓐ	ⓑ
	불참	ⓒ	ⓓ

택해야 하는 '나' 와 '나 외의 모든 사람들'이 있다고 가정하면, 가능한 행동방식은 〈표 4-2〉와 같다. ⓐ는 모두가 협력하여 집합적 행동을 하는 것이며, ⓓ는 모두가 집합적 행동에 참여하지 않은 채 개별적으로 행동하는 것이다. 한편, ⓑ는 내가 일방적으로 희생하는 경우를 가리키며, ⓒ는 내가 무임승차의 이익을 얻을 수 있는 경우이다.

합리적이라면, '나'는 집합적 행동에 참여하지 않을 것이다. 왜냐하면 '나 외의 모든 사람들'이 참여한다면 '나'는 무임승차의 이익을 얻을 수 있고, '나 외의 모든 사람들'이 참여하지 않는다면 일방적 희생을 회피할 수 있기 때문이다. 하지만 우리 모두의 관점에서 보면 모든 사람이 '나' 와 같은 입장에서 행동할 것이므로 결코 집합적 행동은 없다.

결국 모든 노동자들이 노동조합 활동의 이익과 손해의 이런 특성을 계산하고 그 계산의 결과에 따라 행동한다면 노동조합 활동은 결코 이루어질 수 없다. 왜냐하면 이익과 손실의 크기를 계산했을 때 최선의 선택은 노동조합 활동에 참여하지 않으면서 그로부터 얻는 이익을 가지는 것이기 때문이다. 이런 딜레마 때문에 사실 노동조합을 결성하고 노동자들이 연대하는 것은 매우 어렵다. 하지만 현실에서는 이런 딜레마를 극복하고 노동자들이 노동조합을 결성하여 연대하기도 한다. 그 이유는 대략 3가지 정도이다.

첫 번째는 사회적 규범이다. 우리 모두는 순길 씨의 행동이 결코 옳은

것이 아님을 잘 안다. 순길 씨는 자신의 행동에 대해 양심의 가책을 느끼고 노동조합에 가입해 영미 씨처럼 열심히 활동에 참여할 수도 있다.

두 번째는 노동조합 활동이 계속 진행되면서 노동자들이 순길 씨와 같은 행동이 처음 몇 번은 자신에게 유리할 수 있지만 궁극적으로는 손해가 된다는 사실을 점차 깨닫기 때문이다. 즉, 순길 씨는 처음 몇 번은 다른 노동자 덕분에 임금인상의 이익을 얻게 되지만 점차로 많은 사람들이 자기처럼 행동한 결과 임금인상 투쟁 자체가 불가능한 상황을 맞이한다. 따라서 순길 씨는 자신의 행동이 결코 자신의 이익을 위한 행동이 아님을 알고 노동조합 활동에 참여한다.

세 번째는 노동조합이 가입하지 않은 노동자와 노동조합에 가입한 노동자를 차별하는 정책을 펼치는 경우가 있기 때문이다. 이 정책은 소극적 차별과 적극적 차별로 나눌 수 있다. 소극적 차별은 노동조합의 가입을 의무화하는 것이다. 이런 제도는 교섭 파트너와의 협상을 전제로 하기 때문에 소극적 차별로 분류된다. 적극적 차별은 노동자들에게 주는 이익의 크기를 다르게 하는 것이다. 즉, 영미 씨가 얻게 되는 이익이 순길 씨가 얻는 이익보다 더 많게 하는 것이다. 물론 임금인상과 같은 사항은 여기에 포함되지 않는다.

2) 자주복지의 논리

역사적으로 노동조합은 노동자들의 연대를 확고히 하기 위해 적극적 차별 방법을 모색했다. 복지급여는 그러한 적극적 차별의 대표적 방법이었다. 노동조합이 노동자들의 연대를 확고히 하기 위해 복지급여를 사용하는 전략을 '상호보험의 전략'(the method of mutual insurance) 이라고 한다(Webb & Webb, 1920).

노동조합 역사의 초기에 노동조합은 조합원의 질병, 재해, 노령, 실업 등에 대해 급여를 제공하는 각종 복지 프로그램을 조직화했다. 발전과정을 보면 초기 노동조합이 스스로를 우애조합(*friendly society*), 상호부조협회(*mutual association*) 등으로 칭한 경우를 많이 발견할 수 있는데 이러한 점이 바로 노동조합과 복지급여의 밀접한 관련성을 말해준다. 노동조합이 제공하는 복지급여는 크게 두 가지의 기능을 수행하는데 그것은 다음과 같다.

첫 번째는 노동자들의 생계유지 기능이다. 노동력이 상품으로 사고 팔리면서 발생한 많은 문제 중의 하나는 노동력이 상품으로 팔릴 수 없는 상황이 오면 노동자들은 생계유지를 제대로 할 수 없었다는 점이다. 노동력이 상품으로 팔릴 수 없는 대표적 상황은 노령, 산업재해, 질병 그리고 실업이다. 노동조합은 이런 상황에 처한 조합원이 생계를 당분간 유지할 수 있도록 각종의 복지급여를 제공했다.

두 번째는 노동조합 활동의 활성화 기능이다. 노동조합은 파업기간 중에 임금을 받지 못하는 조합원에게 급여를 제공하기도 했으며 노동조합이 설정한 표준임금률에 미치지 못하는 임금을 제공하는 경영주에 대한 조합원 철수전략을 사용하면서 급여를 제공했다.

이러한 안전판을 마련함으로써 조합원은 노동조합의 활동에 좀더 적극적으로 참여할 수 있었고 비조합원과 조합원이 얻는 이익의 크기도 달라졌다. 이렇게 노동조합에 의해 조직화된 복지급여가 자주복지이다. 자주복지는 노동조합의 활동을 가능케 함과 동시에 노동자의 연대를 증진시킨다는 점 때문에 노동조합에 의해 조직된다.

4. 전문직업적 논리

업무조직에서 제기되는 개인적·사회적 욕구에 대한 산업복지의 개입노력을 가능케 하는 또 다른 논리는 바로 업무조직에서 개입방안을 수립하고 실천하는 사회복지 전문가의 전문직업적 동기와 관련된다. 산업복지의 개입을 행하는 사회복지 전문가는 업무조직이나 노동조합에 고용되어 일하지만 그들의 개입노력이 전적으로 업무조직이나 노동조합의 논리에 의해서만 수행되는 것은 아니다.

사회복지 전문가는 나름의 전문적 지식과 기술, 가치를 가졌으며 이는 사회에 의해 공인된 것이다. 즉, 사회복지 전문가는 사회에 대한 책무성을 가짐과 동시에 사회의 후원을 받는다. 사회복지 전문직의 전문직업적 논리가 별개로 존재한다는 것이다. 앞서 업무조직에 제기되는 환경의 압력을 살펴보면서도 언급했지만 전문직의 논리는 사회적으로 정당성을 확보한 것이기 때문에 업무조직에 의해 수용된다.

전문직은 독자적 지식과 기술 그리고 가치를 가져야 하며 그 독자성이 사회로부터 공인되어야 한다. 사회복지 실천은 그 나름의 지식과 기술 그리고 가치의 체계를 발전시켰다. 우선, 사회복지 실천은 검증된 지식의 틀 내에서 이루어진다. 사회복지 실천의 이론들은 원조대상인 클라이언트와 클라이언트를 둘러싼 사회환경의 속성에 대한 설명을 제공하는 이론들, 그러한 속성들의 변화가능성 및 변화원리에 대한 설명을 제공하는 각종 실천의 관점들, 클라이언트와 사회환경의 변화를 위해 사회복지 전문가가 어떻게 개입해야 하는지를 설명하는 개입이론이나 모델들로 구성된다.

또한 사회복지 실천은 계획적 방법에 기초하여 일련의 과정에 준하여 이루어지며 그 과정에서 관계형성, 의사소통, 면접, 사정의 적절한 기술이 활용된다. 또한 인간의 존엄성, 클라이언트의 자기결정권, 비밀보장, 가치중립 등과 같은 나름의 가치들에 기초하여 이루어진다.

그 나름의 지식과 기술 그리고 가치의 체계에 기초한 사회복지 실천은 사회에 의해 공인받았다. 우리나라의 경우에도 〈사회복지사업법〉은 사회복지사의 존재와 사회복지사의 자격, 활동사항, 사회복지법인에 의한 의무채용 등을 규정한다. 사회복지 실천활동이 다른 인간 서비스 전문직과 구별되는 점은 여러 개가 있지만 그중에서도 가장 기본적 시각은 '상황 속에 놓인 개인'이라는 표현으로 요약된다.

업무조직의 중요성과 비중이 점차 커짐에 따라, 개인의 삶의 질과 개인적·사회적 욕구에 업무조직이 미치는 영향력은 더욱 강해졌다. 개인의 문제를 해결하기 위한 사회복지 실천은 자연스럽게 그 개인이 놓인 상황인 업무조직에 관심을 가지게 된다. 사회복지 실천의 전문성이 사회에 의해 공인되고 사회복지 전문직이 수행해야 할 역할의 확대 또한 자연스럽게 업무조직에의 개입을 가능케 했다. 그리고 일단 그 장에 들어선 사회복지 전문가는 전문직업적 동기에 기초하여 산업복지의 발전을 주도한다.

결국 산업복지는 업무조직이나 국가 혹은 노동조합이 나름의 논리에 기초하여 조직하기도 하지만 전문적 실천의 이론과 가치에 기초한 사회복지 전문직의 개입 노력 때문에 발전하기도 한다.

제5장

근로자에 대한
법적 보장과 지원

1. 헌법과 근로자 보장

1) 헌법과 근로권 그리고 산업복지

산업복지와 관련하여 근로자의 법적 권리 보장이 헌법에 명시되었는가의 여부는 매우 중요하다. 얼핏 생각해 보면 근로권이라는 근로자 고유의 권리와 산업복지는 뚜렷한 상관관계가 없는 것이 아닌가 하는 의구심이 들 수도 있다.

하지만 헌법에 복지 관련 법률의 근거가 마련되었고 이를 시작으로 각종 복지제도가 실현가능성을 가진다는 것을 상기해 보면 근로자가 주체가 되어 실현해야 하는 산업복지 영역은 근로권과 밀접한 관련성을 가질 수밖에 없다. 이에 헌법에 근로자 보장이 어떠한 형태로 실현되는지, 근로자 보장에 대한 어떤 법적 근거가 존재하는지 살피는 것은 근로자에 대한 법적 지원 구조를 살피기 전에 먼저 확인할 부분이다.

우리나라는 헌법이라는 국가의 최고 법규에 의해 근로자에 대한 보장이 법적으로 명시되었다. 헌법은 법률 체계상 국가의 존립근거, 국민의 기본권 보장 근거가 되는 국가의 최고 법규범이다. 따라서 헌법 내 근로자의 법적 보장과 관련한 영역은 하위 법률에서 이를 구체적으로 실현할 수 있는 근거를 마련해준다 할 수 있다.

구체적으로 헌법 제 32조 1항부터 6항은 근로의 권리를 명시하고 근로조건 법정주의, 근로자의 단결활동권 보장 등을 통해 근로자의 권리를 헌법상 보장한다. 이는 인간다운 생활을 할 권리(34조 1항)를 중심으로 구성되는 생존권적 기본권으로 분류할 수 있는데 복지국가의 이념에 근거하여 근로자의 인간다운 생활을 실질적으로 보장하기 위한 규정으로 분류된다.

이러한 생존권적 기본권은 국가의 개입을 요구하는 적극적 권리라는 점에서 산업복지 영역에서도 국가의 적극적 역할을 기대할 수 있는 근로자가 가지는 기본권이다. 즉, 국가는 헌법에 의해 근로자의 인간다운 생활을 위한 적극적 의무를 가지게 되고 이를 실현할 수 있는 정책을 마련할 근거를 가지게 되는 것이다.

2) 개요

헌법은 '모든 국민은 근로의 권리를 가진다'라고 규정하여 노동시장에서 근로관계에 대한 기본 원칙을 제시한다. 이는 노동의 의사와 능력을 가진 국민이라면 국가에 대하여 근로의 기회를 요구할 권리를 가진다는 것으로 국가는 최대한 근로의 기회를 가질 수 있도록 적극적으로 노동시장 정책을 펼치고 근로의 기회를 가지지 못하여 생계에 어려움을 가지는 자에 대한 사회적 보장을 할 수 있음을 포함한다.

헌법은 실업 상태의 근로자가 근로의 기회를 가질 수 있도록 정책적으로 노력할 의무에 대해 명시한다. 또한 근로의 기회를 가지지 못한 자의 생계를 보장하기 위해 각종 법률을 제정할 의무에 대해서도 명시한다. 이에 〈고용보험법〉, 〈근로기준법〉 및 기타 고용촉진과 관련 법 등을 제정할 수 있다. 한편 '모든 국민은 근로의 의무를 진다'라고 규정하여 국가는 근로의 의무를 부과한다. 즉, 노동의 의사가 없는 자를 위한 정책은 강구할 필요가 없다고도 해석할 수 있다.

한편, 헌법은 '근로조건의 기준은 인간의 존엄성을 보장하도록 법률로 정한다'고 규정한다(32조 3항). 인간의 존엄성을 보장한다는 것은 인간다운 생활을 보장한다는 것과 같은 의미로 파악할 수 있는데 결국 복지권이라는 국가의 복지 실현 의무 및 국민의 권리를 통칭하는 권리 개념을 상정할 때 근로자라는 대상으로 한 국가의 산업복지 실현의무는 헌법에 의해 존재하는 것이다.

따라서 국가는 문화적이며 건강한 생활을 할 수 있을 정도의 산업복지를 실시할 의무를 지며 이 수준은 각종 법률에 의해 실현된다고 볼 수 있다. 결국 〈근로기준법〉, 〈퇴직급여법〉, 〈산업안전보건법〉, 〈산재보험법〉, 〈근로자복지기본법〉 등의 입법을 통해 근로자를 적용대상으로 하는 산업복지가 실현되는 것이다.

또한 헌법 32조는 국가가 근로조건을 법률로 정할 경우 적정임금의 보장에 노력할 것, 법률이 정하는 바에 따라 최저임금제를 시행할 것, 여성과 연소자의 근로는 특별한 보호를 받을 것, 여성이 고용과 임금 및 근로조건에 관하여 부당한 차별을 받지 않도록 할 것을 명시한다.

이는 근로자가 인간다운 생활을 하기 위해 적정한 임금이 필요하고 여성과 연소자는 사회적 약자로 이들의 근로를 특별히 보호할 것을 헌법 자체에서 규정하는 것인데 이는 근로 현장에서 근로조건, 근로환경 설정 시 대표적 취약계층인 여성과 근로자는 더욱 특별히 보호하여야 함을 유념하여야 한다. 이에 근거하여 〈근로기준법〉, 〈남녀고용평등법〉 등이 제정되었고 국가는 적극적으로 관련 상황에 개입할 수 있다.

종합하면 헌법에 근거하여 근로자의 근로권이 발생하고 이러한 근로권은 산업복지의 영역과 무관하지 않다. 또한 이러한 근로권은 근로3권으로 구체화되는데 근로자의 적극적 권리 보장을 위한 집단적 행동을 할 권리로 근로3권을 인식할 수 있다.

또한 산업복지 영역에서 근로자에 대한 법적 보장은 헌법의 근로자의 근로조건을 보장할 권리에 근거하여 크게 집단적 노사관계법, 개별적 근로계약법으로 구분되고 〈고용보험법〉 및 고용촉진 관련 법, 더욱 구체적으로는 기업에서의 복지를 실현할 수 있는 근거법인 〈근로자복지기본법〉, 기타 취약계층 근로자를 보호하기 위한 법률인 〈파견근로자 보호 등에 관한 법률〉, 〈기간제 및 단시간근로자 보호 등에 관한 법률〉 등으로 분류할 수 있다.

2. 집단적 노사관계법과 근로자 법적 보장

1) 근로3권: 단결활동권

헌법은 '근로자는 근로조건의 향상을 위하여 자주적 단결권, 단체교섭권 및 단체행동권을 가진다'라고 규정하면서 집단적 노동관계의 법적 규율에 관한 기본원칙을 명시한다. 그 결과 근로자는 생존권적 기본권으로서 근로3권이 근거를 가질 수 있는 것을 의미한다.

이 권리에 근거하여 근로자는 국가의 부당한 방해나 간섭을 받지 않는다. 이를 근거로 제정된 법률이 노동조합 관련법이라 할 수 있다. 또한 단결활동권에 근거하여 사회적 질서의 형성도 가능한데 이러한 근로자의 권리가 침해되면 불법행위로 간주되어 처벌을 받을 수 있다는 점을 유념하여야 한다.

우선 단결권은 근로조건의 향상을 위하여 근로자가 자주적으로 노동조합이나 그 밖의 단결체를 조직 및 가입하거나 운영할 권리를 일컫는다. 단결권은 근로조건의 향상을 위하여 보장된 권리로 노동조합을 자유롭게 조직하고 운영할 수 있다.

단체교섭권은 근로자가 사용자와 대등하게 교섭할 권리를 일컫는데 권리 자체는 근로자가 보유하나 이를 실현하기 위해서는 단결권에 의해 조직을 조성하는 것이 일반적이다. 단체교섭권을 바탕으로 근로자는 사용자와 근로조건과 관련한 협상을 할 수 있다. 따라서 이에 불응하는 사용자는 헌법상 질서에 반하는 위법행위로 처벌받는다.

마지막으로 단체행동권은 근로자가 파업과 태업 등의 주장을 관철할 목적으로 업무를 저해하는 쟁의행위를 할 권리를 말한다. 본래 다른 영역에서는 위법으로 볼 수도 있는 행위이나 근로자의 경우 특별히 보장되는 것으로 위법성이 조각되는 행위로 간주되며 근로자의 단결권에 의해 이 권리는 보장된다. 결국 단체행동권은 근로자의 인간다운 생활을 보장하고 적극적으로 실현하기 위한 권리로 자리매김한다.

2) 노동조합 관련법

(1) 노동조합

전술한 단결권과 단체교섭권, 단체행동권은 근로자의 집단적 노사관계와 관련한 권리로 헌법에 근거한다. 우선 이와 같은 권리를 구체화하기 전에 노동조합에 대하여 살펴볼 필요가 있다. 근로자는 노동조합을 통하여 근로3권을 행사함이 일반적이기 때문이다.

노동조합은 헌법상 단체활동권을 보장하는 기본적 단위로 사용자와의 교섭을 통해 근로자의 권리를 향상시키는 기능을 하는 것이 일반적이다. 산업복지와 관련하여 여러 가지 근로자의 법적 보장 형태가 설명될 수 있으나 근로자의 단결활동권은 근로자 권리 실현과 더불어 기업 내에서의 복지를 향상시킬 수 있는 중요한 매개체가 되므로 노조는 중요하다.

노동조합이란 근로자가 주체가 되어 자주적으로 단결하여 근로조건의 유지, 개선, 그 밖에 근로자의 경제적 사회적 지위 향상을 도모할 것을 목적으로 조직하는 단체 또는 그 연합단체를 말한다(〈노동조합법〉 제2조 4항). 즉, 노동조합은 근로자가 단체를 구성하여야 하며 운영 및 활동을 주도하여야 한다. 따라서 근로자가 아닌 자가 노동조합을 구성하여 활동할 수 없다.

　노동조합은 근로자의 근로조건과 관련하여 사용자와의 대등한 관계를 유지하는 데 근본적 목적이 있으므로 노동조합을 이용하여 정치 운동을 하거나 노동조합이 활동하고 운영하는 비용을 사용자로부터 지급받은 경우는 성립할 수 없다(〈노동조합법〉 제2조 4호). 이때는 근로자의 권리를 실현하기 위한 목적 달성이 어렵고 자주적 역할을 할 수 없기 때문이다.

　이는 근로자가 아닌 자는 노조에 가입할 수 없다는 것과도 같은 맥락에서 이해할 수 있다. 하지만 해고된 자 역시 일정한 조건을 충족하면 노조에 가입할 수 있음을 유의하여야 하는데 해고자가 노동위원회에 부당노동행위 구제 신청을 한 경우에는 노조원으로서의 자격이 유지된다고 봐야 한다.

　한편, 노동조합의 운영은 민주적이어야 한다. 가입에도 자율성과 민주성을 요하는데 규약상 조합원의 자격을 가지는 자이더라도 조합원으로서의 지위를 취득하기 위해서는 조합에의 '가입'이라는 자발적 행위가 필요하다. 하지만 노동조합은 근로자의 법적 지위 보장 그리고 근로조건의 규제에 대한 임무를 수행하기 위해 조직을 확대하려 한다. 이때 노조는 노조에 가입한 것을 전제로 채용을 요구하거나(클로즈드 숍, closed shop) 노조에 가입하지 않거나 노조에서 탈퇴한 자를 해고(유니온 숍, union shop)하기로 단체협약에 조항을 마련할 수 있다.

　노동조합은 노조의 활동을 원활하게 하기 위하여 노조 업무에 전념하는 자를 마련할 수 있다. 이를 노조전임자라고 한다. 노조전임자는 사용자와의 근로계약관계는 유효하게 유지하면서 근로계약상의 근로를 제공하지 않고 노동조합의 업무에만 종사하는 자를 말한다. 노조전임자는 근로계약을 체결한 바와 같이 사업장에 출퇴근 의무를 지니나 사용자로부터 급여를 받을 수 없다.

노동조합의 활동은 근로자가 노동조합의 업무를 위한 행위를 하는 것을 의미한다(〈노동조합법〉제81조 1호). 이러한 활동은 집회를 개최하고 참가하는 행위, 유인물을 배포·연설하는 행위 등이 해당된다. 이러한 조합 활동권은 단결권 또는 단체행동권을 통해 보장되므로 정당하게 조합활동을 할 경우 참여한 근로자에 대한 해고, 그 밖의 불이익 취급은 금지되고 형사 책임 또한 면제된다.

정당한 조합활동이 되려면 해당 근로자는 노동조합의 지시나 승인에 근거한 활동이어야 하고 근로조건의 유지 및 개선 등 정당한 목적을 추구하기 위한 것이어야 한다. 근무시간 중에 조합활동을 하려면 사용자의 승낙을 요하고 사업장 내에서 조합활동을 하기 위해서는 사용자의 시설관리권에 바탕을 둔 합리적 규율이나 제약에 따를 경우 그 정당성이 인정된다.

(2) 단체교섭과 단체협약

근로자의 단체교섭과 단체협약권은 노동조합이 주체가 되어 사용자와의 관계에서 대등한 관계를 유지할 수 있는 실질적 권리가 된다. 따라서 노동조합을 바탕으로 한 근로자의 대표적 권리이다.

우선 단체교섭이란 노동조합 또는 노동 단체가 교섭 대표자를 통하여 사용자 측과 근로조건 등에 관하여 합의에 도달할 것을 목적으로 교섭 활동을 하는 것을 말한다. 즉, 근로자 측인 노동조합과 사용자 측이 대등한 관계에서 진행한다.

근로조건이란 구체적으로 근로계약상의 조건 내지는 사항, 근로관계에서 근로자에 대한 대우, 임금, 근로시간, 휴식, 안전과 보건, 복리후생 등의 사항이 속한다. 즉, 근로자는 단체교섭을 통하여 본인의 근로환경을 개선하고 근로자 복지를 증진시킨다.

단체협약이란 단체교섭에서 정한 합의 사항을 문서화한 것으로 근로조건의 기능 수행, 노사관계의 안정, 사용자의 경영권 행사에 대한 민주화 등의 기능을 한다. 따라서 단체협약은 단체교섭을 전제로 할 때 발생이 가능하다. 같은 맥락에서 단체협약의 당사자는 근로자와 사용자가 되고 합의 내용을 문서화하여야 기능을 발휘할 수 있다.

단체협약은 당사자인 사용자와 근로자 사이의 계약에 해당하므로 위반할 경우 강제이행을 청구하거나 이로 인해 손해가 발생했을 경우 손해배상을 청구할 수 있다.

(3) 쟁의행위와 부당노동행위

쟁의행위란 파업, 태업, 직장폐쇄, 그 밖에 노동관계 당사자가 그 주장을 관철할 목적으로 하는 행위를 말한다. 쟁의행위는 주로 근로자 측의 행동을 일컬으며 사용자 역시 직장폐쇄라는 쟁의행위를 할 수 있다. 이때 쟁의행위란 근로자 개인이 하는 행위가 아닌 노동조합 또는 그 밖의 단결체가 하는 행위이다.

사용자는 이러한 근로자의 정당한 쟁의행위로 인해 손해를 입을 경우 근로자에 대해 배상을 청구할 수 없다. 따라서 정당한 쟁의행위에 해당하는지 여부는 법률상의 책임 여하를 판단하는 기준이 되므로 매우 중요하다 할 수 있다. 정당한 쟁의행위로 판명이 된 경우 민사상 책임은 물론 형사상 책임까지 면책하고 사용자는 근로자의 쟁의행위에 대해 불이익을 줄 수 없다.

한편, 쟁의행위 기간 동안 사용자는 그 쟁의행위로 인해 중단된 업무의 수행을 위하여 사업과 관계없는 다른 자를 채용하거나 대체할 수 없으며 업무에 대한 하도급 역시 불가하다. 그러나 필수공익사업의 경우는 예외적으로 근로자 대체를 허용하여 쟁의행위 때문에 일반 시민이 피해를 입는 상황을 방지한다. 또한 쟁의행위를 통해 근로자가 본인의 근로조건 향상 대신 정치적 목적을 관철하려고 하거나, 단체협약의 유리한 타결이 아닌 경영권 침해를 주된 목적으로 둘 경우에는 정당성이 부정되어 민형사상 면책 등이 적용되지 않는다.

파업 등의 쟁의행위에 참가하는 근로자에 대해서는 무노동무임금 원칙에 따라 사용자가 임금을 지급할 의무가 없으며 임금지급 시에는 파업참가 기간에 상응하여 임금을 삭감할 수 있다. 한편, 모든 근로자가 파업에 참가하여야 하는 것은 아니므로 파업에 참가하지 않는 자는 당연히 임금을 청구할 권리를 가진다.

3. 개별적 근로계약법과 근로자 법적 보장

1) 개별적 근로계약법과 〈근로기준법〉 개요

근로자가 사용자와 근로관계를 맺으면 이때부터 법률관계에 들어오는데 기본적으로는 민법으로 규율하지만 〈근로기준법〉 등의 노동보호 관련법에 의해 근로관계가 규율되기도 한다. 이렇듯 노동관계는 〈근로기준법〉과 민법에 의해 전반적으로 규율되는데 약자의 위치에 있는 근로자 보호를 위하여 〈근로기준법〉을 적용한다. 근로계약과 취업규칙, 단체협약은 모두 근로관계에 대하여 규정하지만 근로계약의 내용이 우선하며 이 내용보다 불리한 취업규칙이나 단체협약은 무효가 된다.

〈근로기준법〉은 상시 5인 이상의 근로자를 사용하는 모든 사업 또는 사업장에 적용되는 법으로 대부분의 사업장에 소속된 근로자에 대해 적용된다. 상시 4인 이하의 근로자를 사용하는 사업 또는 사업장에 대하여도 〈근로기준법〉의 규정을 일부 적용할 수 있는데 평등대우원칙, 근로조건 명시 원칙, 임금 지급방법, 주휴일 및 산전후 휴가, 해고 예고 등은 4인 이하의 영세 사업장에 대하여도 적용된다.

2) 노동관계의 기초

〈근로기준법〉은 근로계약에 근거하여 근로관계가 성립함을 규정한다. 근로계약이란 근로자가 사용자에게 근로를 제공하고 사용자는 이에 대해 임금을 지급하는 것을 목적으로 체결된 계약을 말한다(〈근로기준법〉제2조).

근로계약상 근로자는 사용자에게 성실하게 근로를 제공해야 한다. 사용자는 근로제공에 대한 대가로 임금을 지급할 의무를 지는데 임금의 액수나 산출방법, 지급방법 등은 근로계약에 따르거나 취업규칙에 의한다. 즉, 임금은 근로에 대한 대가의 의미를 지닌다.

한편, 취업규칙은 사용자가 다수의 근로자에게 획일적으로 적용할 수 있도록 상세 근로조건을 설정한 것으로 정의할 수 있다. 근로조건은 근로계약보다 취업규칙에 의하여 결정되는 경우가 많다. 따라서 사용자는 취업규칙을 작성하거나 변경할 때 근로자 집단의 의견을 들어야 하고 근로자에게 불리하게 취업규칙을 변경하는 경우에는 근로자 집단의 동의를 얻어야 한다.

또한 취업규칙에 정한 기준에 미달하는 근로계약을 정했을 시 그 부분은 무효가 되고 상대적으로 개선된 기준을 적용한 취업규칙에 따른다. 이는 취업규칙과 근로계약 간의 관계를 따져볼 때 근로자 법적 보장과 관련하여 유의하여야 할 점이다. 〈근로기준법〉은 근로자와 사용자 간 노동관계의 기본 원칙을 제시하는데 기본적으로 근로조건은 근로자와 사용자가 동등한 지위에서 자유의사에 의해 결정하여야 하고 근로조건은 최소한의 조건이므로 이보다 더 낮게 협의를 할 수는 없다.

〈근로기준법〉에 의해 사용자는 성, 국적, 신앙, 또는 사회적 신분을 이유로 근로조건에 대한 차별적 처우를 할 수 없다. 즉, 이를 이유로 임금, 복리후생, 교육, 배치, 승진, 해고, 퇴직 등에 대해 차별을 할 경우 〈근로기준법〉 위반이 된다. 또한 근로를 강제적으로 시키지 못하고 폭행을 금지하며 근로시간 중의 공민권 행사를 보장한다. 그 밖에 법률에 의하지 않고 다른 사람의 취업에 개입하거나 중간인으로서 이익을 취득하는 것은 금지하며 누구라도 근로자의 취업을 방해할 목적으로 비밀의 의무를 위반할 수 없다.

3) 임금과 근로시간, 휴가

(1) 임금

임금이란 근로자가 생계를 유지하기 위한 필수불가결한 수단으로 근로자의 최저 근로조건 규정의 가장 중요한 보호대상이라 할 수 있다. 근로자는 근로를 제공하는 대가로 임금을 받는 것이 일반적이다.

우리나라는 최저임금을 헌법상 보장하는데 임금액은 본래 사용자와 근로자의 자유로운 계약에 의하여 정할 수 있으나 사용자와 근로자 간의 힘의 균형 관계상 일정 정도의 금액을 보장할 필요성이 발생한다. 최저임금은 근로자를 사용하는 모든 사업 또는 사업장에 적용하게 되며 동거하는 친족만을 사용하는 사업, 가사사용인, 선원법의 적용을 받는 선원이나 선원을 사용하는 선박소유자에게는 적용하지 않는다.

한편, 사용자의 책임 있는 사유로 인하여 휴업을 하는 경우에 사용자는 이 기간 동안 해당 근로자에게 평균임금의 70% 이상의 수당을 지급하여야 한다.

근로자의 임금은 통화로 지급해야 하며 근로자에게 직접 전액을 지급해야 한다. 또한 매월 1회 이상 일정한 날짜를 정하여 지급해야 한다. 또한 긴급한 사정으로 사용자에게 임금지급을 청구할 경우 임금지급기일 전이라도 이미 제공한 근로에 대해 임금을 지급해야 한다.

(2) 근로시간

근로자는 근로를 제공하는 주체이기 이전에 인간으로서의 생활을 할 권리를 가진다. 이는 인간의 존엄성에 근거한다고 할 수 있는데 이와 관련하여 근로시간은 근로자에게 매우 중요한 의미를 가진다. 이에 근로시간은 법적으로 정해질 것을 요하는데 휴게시간을 제외하고 1주에 40시간을 초과할 수 없고 1일에 8시간을 초과할 수 없다. 이를 법정근로시간이라고 하는데 실근로시간이 이를 초과하더라도 법에 근거가 있는 경우 가능하다.

다만 연소자의 경우는 15세 이상 18세 미만인 경우 1일 7시간, 1주 40시간을 초과하지 못하며 유해 또는 위험한 작업으로서 대통령령으로 정하는 작업에 종사하는 근로자의 경우 1일 6시간, 1주 34시간을 초과하여 근로하게 해서는 안 된다.

언급한 법정 근로시간을 유연하게 사용할 수 있는 제도로 탄력적 근로시간제와 선택적 근로시간제가 활용되는데 이를 통해 근로자는 다양한 개개인의 생활을 계획하고 설정할 수 있다.

탄력적 근로시간제는 미리 사용자 측과 정한 바에 의하여 특정한 주 또는 날에 법정근로시간을 초과하여 근로하더라도 일정한 기간 동안의 평균 근로시간이 1주 법정근로시간을 초과하지 않으면 법정근로시간을 초과하지 않은 것으로 취급하는 제도를 말한다.

선택적 근로시간제는 근로자가 정산기간 동안 일정한 시간에 근로할 것을 조건으로 1일의 근로시간을 본인이 선택하는 제도를 말한다. 탄력적 근로시간제는 업무의 특성에 따라 사용자가 유연하게 사용할 수 있는 제도임에 반하여 선택적 근로시간제는 해당 근로자의 편의에 따라 자유롭게 출퇴근을 허용한다는 점에서 구별이 가능하다. 즉, 근로자의 선택에 따라 정산기간 동안 실근로시간을 정할 수 있는 제도로 근로자의 여가 생활 및 일·가정의 양립을 용이하게 하는 제도라 할 수 있다.

그 밖에 근로시간과 관련하여 연장근로가 가능한데 당사자 사이의 합의에 의해 1주간 12시간을 한도로 1주 40시간, 1일 8시간 법정근로시간을 초과하여 연장근로가 가능하다. 그러나 연소자의 경우 당사자 합의에 의할 경우라도 1일 7시간, 1주 40시간 기준에 맞추어 연장근로가 정해진다고 할 수 있다.

(3) 휴게, 휴일, 휴가

사용자는 근로시간이 4시간인 경우 30분 이상 휴게시간을 부여해야 한다. 즉, 휴게란 1일의 근로시간을 기준으로 볼 때 1시간 이상 사용자의 지휘감독에서 벗어나는 것을 의미하는데 반드시 근로시간 도중에 사용자로부터 부여받아야 한다. 근로자는 이러한 휴게시간에 대해 아무런 간섭 없이 자유로이 생활할 수 있고 특정 사업의 경우에는 휴게시간의 변경도 가능하다.

또한 사용자는 근로자에게 1주에 평균 1회 이상의 유급휴일을 줄 의무를 가진다. 이는 주휴일을 의미하는 것으로 근로자의 안정되고 문화적이며 건강한 생활을 보장하기 위해 주휴일은 활용되는 것이 일반적이다. 따라서 반드시 1주 1회 이상이라는 요건을 충족시켜야 하고 이것이 일요일일 필요는 없다. 또한 이를 이유로 임금을 삭감할 수는 없어서 '유급 주휴일'이라고 불린다.

한편 근로자의 휴가와 관련해서는 연차휴가제도를 숙지할 필요가 있다. 이는 근로자가 일정 시간 근로관계로부터 벗어나 자유로이 본인의 생활을 즐기는 제도로 반드시 필요하다.

연차휴가제도란 근로자의 건강하고 문화적인 생활을 충족시키기 위한 목적으로 유급 주휴일 이외 일정한 기간의 휴가를 보장하는 제도인데 우리나라는 1년 동안 8할 이상 출근한 근로자에게 15일의 유급휴가를 보장한다. 이때 계속 근로하는 기간이 1년 미만인 근로자인 경우 1개월 근무 시 1일의 유급휴가를 주어야 하고 3년 이상 계속 근무 시에는 15일의 기본휴가 일수에 최초 1년 초과 시 2년에 대해 1년을 가산하여 총 25일까지 연차휴가가 지급될 수 있다.

이러한 연차휴가는 근로자가 청구한 시기에 주어야 하며 근로자가 청구한 시기에 휴가를 주는 것이 사업의 운영에 막대한 지장을 주는 경우에는 그 시기를 변경할 수 있다.

한편, 연차휴가는 근로자가 1년 동안 행사하지 않을 경우 소멸하므로 사용자는 이러한 미사용 휴가 일수에 대하여 근로자에게 보상할 의무가 없다.

4) 근로관계의 종료

사용자와 근로자의 근로관계는 해고, 사직 또는 계약기간 만료, 정년에의 도달, 당사자의 소멸 등으로 종료된다. 이러한 근로관계의 종료는 근로자의 입장에서 보면 생활에 막대한 지장을 미치게 되므로 산업복지의 현장에서 무엇보다 중요한 영역을 담당한다.

해고는 근로관계의 대표적 종료사유이다. 생활에 직접적 영향을 받게 되므로 근로자에게 해고는 민감한 사항이다. 사용자가 해고할 자유를 가지는 것은 이에 대응하여 근로자도 사직을 할 자유를 가지기 때문이다. 그러나 기본적으로 경제적 약자의 지위에 있는 근로자를 보호하기 위해 해고의 자유는 일정한 범위 내에서 제한된다.

현재 노사관계는 유연성과 안정성 그리고 유연안정성의 측면에서 대립이 발생한다. 기업의 자율성을 높이기 위해 해고에 대한 유연성을 강조하는 측, 근로자의 생활 영위를 위한 안정성을 강조하는 측, 양측의 절충안인 유연안정성을 제시하는 측이 서로 얽혀있다. 그러나 해고 이후 근로자의 생활보장 문제를 생각해본다면 간단치만은 않은 이슈라고 할 수 있다.

〈근로기준법〉에 의할 때 사용자는 근로자에 대하여 정당한 이유 없는 해고의 자유를 가지지는 못한다(〈근로기준법〉 제23조 1항). 따라서 정당한 이유 없는 해고의 경우 근로자는 이에 대응하여 법적 절차를 통해 해고가 부당하다고 주장할 수 있다. 그렇다면 사용자 측의 정당한 이유란 무엇일까? 근로자 측 사정에 따른 해고의 경우 근로자가 노동능력을 상실하였거나 계약상의 의무를 위반하였을 경우 등이 대표적으로 사용자가 근로자를 해고할 수 있는 경우이다.

한편, 정리해고가 문제가 되는 경우가 다수 있는데 이는 근로자가 아닌 사용자 측 사유로 인한 해고로 주로 경영상 이유 때문에 근로자를 해고하는 경우를 일컫는다. 이러한 정리해고의 경우는 일반적 해고와 동일하지만 별도로 긴박한 경영상의 필요가 있어야 한다. 사용자는 우선적으로 해고가 아닌 다른 방법을 통하여 경영상의 문제를 해결하려는 시도를 한 후 도저히 방법을 못 찾을 경우 근로자 해고를 택하여야 한다. 또한 정리해고 대상자를 선정함에 합리적이고 공정한 방법으로 선별하여야 한다.

이러한 해고는 근로자 보호의 차원에서 일정한 제한을 가진다. 우선, 사용자는 근로자가 업무상 부상 또는 질병을 위해 휴업한 기간과 그 후 30일간, 산전산후 기간과 그 후 30일간 해고를 하지 못한다. 마찬가지로 육아휴직 기간 동안 해고를 하였다면 이의 효력은 인정되지 못한다. 이는 근로자가 기본적으로 구직활동을 할 수 없는 기간으로 근로자가 예상치 못하게 일자리를 잃게 되는 것을 방지하고자 마련한 규정이다.

해고를 하기 위해서는 적어도 30일 전에 해고에 대하여 근로자에게 예고를 하여야 하며 이를 위반하였을 시 이에 상응하는 통상임금을 지급하여야 한다.

근로관계의 종료 사유에는 해고 이외에도 근로자의 자발적 사직 혹은 사용자와의 근로관계 합의 해지 등이 존재한다. 위에서 살펴본 해고와 달리 자발적 사직이나 근로관계 합의 해지는 여타의 조건이 부가되지 않는데 이는 근로자의 의사를 우선하기 때문인 것으로 보인다.

그 외에도 계약 기간을 정한 근로자의 경우는 계약 기간의 만료로 근로관계가 종료됨이 일반적이고 정년에 도달했을 경우 근로관계가 종료되기도 한다. 계약기간의 만료로 인한 근로관계 종료의 경우에는 해고의 사유를 불문하고 근로자는 실업수당을 받으면서 구직활동을 할 수 있도록 고용보험에서 보호한다.

제 6 장
취약근로자에 대한
법적 보장과 지원

산업복지의 대상은 근로자와 그 가족이라고 할 수 있다. 그러나 산업구조상, 노동시장 여건상 간과되는 근로자 집단이 존재한다. 대표적으로 이중적 노동시장의 결과, 노동시장 외부에 존재하는 비전형근로자가 이에 속한다. 이외에도 사회적 취약계층이 산업현장에서 일을 하게 될 경우 겪는 여러 가지 문제점은 법적 지원체계와 연결된다.

따라서 이 장에서는 노동시장에서 특별히 간과되는 영역에 있는 취약근로자를 비전형근로자 및 사회적 취약계층인 연소, 여성, 장애인 근로자로 분류하고 이들에 대한 법적 보장과 지원체계에는 어떤 것이 있는지 살펴보고자 한다.

1. 비전형근로자

1) 비전형근로자의 범위

비전형근로자의 범위를 이해하려면 고용관계와 근로관계의 측면에서의 개념을 각각 살펴야 한다. 우리는 이중 노동시장을 경험하면서 '비정규직 근로자'라는 말을 흔히 사용하지만 비정규직이라는 것은 고용관계 측면에서의 정의인 반면에 비전형근로자는 근로관계 측면에서 전형적 형태가 아닌 근로자를 의미한다. 따라서 이 장에서는 고용관계 측면에서의 용어를 바탕으로 한 비전형근로자를 중심으로 살펴본다.

비전형근로자의 범위는 주로 〈근로기준법〉과 〈기간제 및 단시간근로자 보호 등에 관한 법률〉(이하, 기간제법)에 규정된 단시간근로자, 기간제법의 기간제근로자, 〈파견근로자 보호 등에 관한 법률〉의 파견근로자 등을 의미하는 것이 일반적이다. 이들에 대한 법적 보장 및 지원체계는 단일한 법률에 의하지 않으므로 이 절에서는 산업복지 영역과 관련하여 해당 법률의 주요 내용을 살펴도록 한다.

2) 단시간근로자에 대한 법적 지원과 보장

(1) 〈근로기준법〉상 법적 보장

단시간근로자는 1주 동안의 소정 근로시간이 그 사업장에서 같은 종류의 업무에 종사하는 통상 근로자의 1주 동안의 소정 근로시간에 비하여 짧은 근로자를 말한다(〈근로기준법〉 제2조). 단시간근로자의 근로조건은 그 사업장의 같은 종류의 업무에 종사하는 통상 근로자의 근로시간을 기준으로 산정한 비율에 따라 결정되어야 하는데 근로조건을 결정할 때 기준이 되는 사항이나 그 밖에 필요한 사항은 대통령령으로 정한다. 한편, 4주 동안(4주 미만으로 근로하는 경우에는 그 기간)을 평균하여 1주 동안의 소정근로시간이 15시간 미만인 근로자에 대하여는 〈근로기준법〉상의 휴일과 연차 유급휴가 조항을 적용하지 않는다.

단시간근로자 및 초단시간근로자는 〈근로기준법〉의 모든 규정이 적용되는 대상은 아님을 기억하여야 한다. 즉, 기본적 근로조건 중 일부 사항은 달리 정할 수 있도록 법상 규정이 마련되었다. 그러나 이 규정은 단시간근로자의 근로환경 차등 대우를 정당화하는 것은 아니며 다른 측면으로 접근해야 함을 주의해야 한다. 일부 규정이 적용되지 않는다는 이유로 작업장 내에서 또 다른 '차별'이 일어나서는 안 된다.

(2) 기간제법상 법적 보장

한편 단시간근로자와 관련하여 〈근로기준법〉이 구체적으로 정하지 않은 사항은 기간제법에서 별도로 규정한다. 이 법률은 기간제근로자와 더불어 단시간근로자의 근로조건 보호를 강화하여 노동시장의 건전한 발전에 이바지하는 것을 목적으로 한다. 동법에 의하면 단시간근로자와 관련하여 근로시간의 제한, 통상 근로자로의 전환에서의 우선적 고려, 차별처우 금지 등을 규정한다.

산업복지의 영역에서 근로시간과 차별금지 영역은 근로자의 기본적 복지 조건을 충족할 수 있는 제1의 요소라는 점에서 그 무엇보다 상당히 중요한 의미를 지닌다. 특히, 단시간근로자와 같은 근로시간이 통상 근로자보다 짧은 근로자의 경우는 이러한 근로 형태 특성에 따라 직장 내에서의 차별이 행해질 수 있기에 법적 보장체계는 더욱 중요하다.

우선 동법에 따르면 단시간근로자는 소정 근로시간 초과근로 시에는 기본적으로 근로자 동의가 필요하며 1주간 12시간을 초과할 수 없다 (기간제법 제6조). 따라서 근로자의 동의 없는 초과근로를 거부할 권리가 있으며 사용자는 초과근로에 대해서는 150%의 임금을 지급하여야 한다. 또한 사용자가 통상적 근로자를 채용하고자 하는 경우 단기간근로자를 우선적으로 고용하도록 노력하여야 한다.

차별금지와 관련해서는 기간제근로자와 단시간근로자에 대해 동일한 수준으로 법규를 마련하여 법상에서의 차별 금지를 선언한다. 구체적으로는 동종사업, 유사업무에 대한 전반적 차별 금지와 더불어 차별적 처우에 대한 시정신청을 할 수 있고 법원으로 사건이 이송되기 이전에 취할 수 있는 법적 절차(조사와 심문, 조정 및 중재 등)를 마련한다. 이때 차별로 판명되면 사용자에게는 벌금과 과태료가 부과되어 법적 강제수단을 확보하는 점이 특징이다.

3) 기간제근로자에 대한 법적 지원과 보장

기간제근로자란 기간의 정함이 있는 근로계약을 체결한 근로자를 의미한다. 기간제법은 사용자가 최대 2년의 범위 내에 기간제근로자를 사용할 수 있으며 2년 초과 사용 시 기간제근로자가 아닌 기간의 정함이 없는 근로자인 무기 계약직으로 반드시 전환하도록 하는 규정을 함께 마련하여(기간제법 제4조) 근로자가 근로형태에서 불합리한 처우를 받는 것을 방지하고자 했다.

하지만 기간제근로자 중 ① 사업의 완료 또는 특정한 업무의 완성에 필요한 기간을 정한 경우 ② 휴직·파견 등으로 결원이 발생하여 당해 근로자가 복귀할 때까지 그 업무를 대신할 필요가 있는 경우 ③ 근로자가 학업, 직업훈련 등을 이수함에 따라 그 이수에 필요한 기간을 정한 경우 ④ 〈고령자고용촉진법〉 제2조 1호의 고령자와 근로계약을 체결하는 경우 ⑤ 전문적 지식·기술의 활용이 필요한 경우와 정부의 복지정책·실업대책 등에 따라 일자리를 제공하는 경우로서 대통령령이 정하는 경우 ⑥ 그 밖에 제1호 내지 제5호에 준하는 합리적 사유가 있는 경우로서 대통령령이 정하는 경우와 같이 초과 사용이 가능한 예외적 규정을 함께 마련하여 동법의 목적이 어느 정도 실현될 수 있는가에 대한 논란이 현재도 지속적으로 제기된다.

우선 기간제근로자와 관련하여 2007년 기간제법이 제정되면서 명시적 법적 보호의 테두리 안에 들어온 것은 진일보적으로 평가할 수 있다. 〈근로기준법〉상 이들에 대한 차별처우 금지가 명시적으로 규정되지 않은 이상 기간제법에 의해 사용자는 비전형근로자 중 한 종류인 기간제근로자에 대한 차별금지 의무를 진다. 사용자는 이들을 단시간근로자와 마찬가지로 동종 또는 유사업무에 종사하는 다른 근로자와 차별하지 못하며 차별을 받았을 경우 법적 구제절차를 진행할 수 있다.

4) 파견근로자에 대한 법적 지원과 보장

파견근로자는 앞서 다루었던 단시간근로자 혹은 기간제근로자와는 다른 의미의 비전형근로자다. 이들은 실질상의 사업주와 형식상의 사업주가 사용사업주와 파견사업주로 나뉘면서 발생하는 여러 가지 어려움에 직면한다. 따라서 이들에 대한 처우는 간과해서는 안 될 요소다.

이들은 〈파견근로자 보호 등에 관한 법률〉(이하, 파견법)에 의해 보호받는다. 파견법은 근로자 파견사업의 적정한 운영을 기하고 파견근로자의 근로조건 등에 관한 기준을 확립함으로써 파견근로자의 고용안정과 복지증진에 이바지하고 인력수급을 원활하게 함을 목적으로 한다(파견법 제1조). 동법에 의하면 궁극적으로는 고용정보를 수집, 제공하고 직업에 관한 연구, 직업지도, 직업안정기관의 설치 및 운영 등으로 근로자가 사용자에게 직접 고용될 수 있도록 노력할 것을 규정한다(파견법 제3조). 따라서 현재 시행되는 파견근로자의 근로조건 보호를 법적 테두리 안에서 보장하지만 이러한 근로형태가 사회에서 지향하는 바는 아님을 알 수 있다. 근로자 파견업무는 법령에서 한정적으로 규정되었고 원칙적으로 파견근로자 사용기간은 1년을 초과하지 못한다. 따라서 이를 위반한 경우 사용사업주는 파견근로자를 직접 고용해야 한다.

파견법에 의하면 파견근로자는 다른 비전형근로자와 마찬가지로 차별적 처우가 금지되었고 이를 이유로 법적 구제절차를 진행할 수 있다. 한편, 단시간근로자나 기간제근로자와는 달리 파견법은 파견근로자의 복지증진을 위한 '노력의무' 조항을 마련한다. 선언적 의미이기는 하지만 산업복지 현장에서 파견근로자의 복지에 대한 사용자의 직접적 노력의무를 규정한다는 점에서 의미를 가진다.

파견법 23조에 의하면 파견사업주는 파견근로자의 희망과 능력에 적합한 취업 및 교육훈련 기회의 확보, 근로조건의 향상 기타 고용안정을 기하기 위하여 필요한 조치를 강구함으로써 파견근로자의 복지증진에 노력하여야 한다. 그 외에 파견근로자에 대해 적정한 정보를 알 수 있도록 취업조건을 고지하여야 하며 사용사업주는 파견근로자로부터 고충 사항에 대해 듣고 처리할 의무를 지닌다.

5) 소 결

현재 이들 비전형근로자의 비중은 날로 증가하는 상황이다. 저성장시대의 경제구조 아래 놓인 이들을 위한 산업현장에서의 법적 지원 시스템은 필수적 요소라고 하겠다.

이 장에서는 비전형근로자의 대표적 형태인 단시간, 기간제, 파견근로자를 법적으로 어떻게 보장하는지에 대해 살펴보았으나 그 외에 특수형태 근로자 그리고 근로자성이 부인되나 근로를 제공하는 근로자 등 수많은 형태의 근로자가 산업현장을 메우는 것이 사실이다. 산업복지 영역에서 이들에 대한 근로환경 조성과 근로조건의 합리성 확보 등에 대한 법적 노력은 이제 필수적 과제라 할 수 있다. 이는 여타의 기업복지 시스템에서의 차별금지 절차 마련을 통해 또 다른 형평성을 이룰 수 있는 기회로 작용할 가능성 또한 함께 고려하여야 한다.

2. 연소근로자

1) 연소근로자에 대한 법적 보장 체계

연소근로자에 대한 산업현장에서의 보호는 역사적 기원이 깊다. 영국에서 공장법이 탄생하면서 가장 먼저 규정한 것이 도제근로자의 근로시간과 연령에 대한 제한이었는데 이때 당시에도 아동노동에 대한 문제가 사회적으로 뿌리 깊게 자리 잡았기 때문이다. 즉, 산업현장에서 아동근로자를 포함한 연소근로자는 해당 근로시간과 그 연령에 대하여 점차적으로 규제가 확산되는 형태가 일반적이고 연령에 따른 특별한 보호를 하는 형태가 보편화된 현상으로 자리 잡았다.

즉, 연소근로자는 18세기 산업혁명 이래로 형성된 자본주의 사회의 값싼 노동력 제공자로서 장시간 노동, 열악한 작업환경 등을 감수하면서 경제활동에 참여할 수밖에 없었다. 그 원인은 다음과 같다.

첫째, 기계의 발명이 종래의 힘과 숙련을 요하는 복잡한 일을 인간에게서 빼앗았다. 둘째, 연소자의 임금은 성인과 비교할 때 낮아서 생산비를 줄일 수 있으므로 이윤 증가에 부심하는 자본가들이 연소자를 고용하였다. 셋째, 이들은 성인에 비해 복종적이며 이윤추구의 경쟁심이 약한 점을 들 수 있다.

이러한 연소자 노동은 결과적으로 ① 신체의 발달을 저해하고 ② 건강을 위태롭게 하며 ③ 지능 발달의 장애를 초래하고 ④ 인격 발달에 악영향을 미쳤다. 이와 같은 연소자의 보호를 위하여 각국에서는 여러 가지 형태로 근로자보호법을 제정하여 근로조건 개선 및 복지향상을 위해 노력하는 것이다(조흥식, 1993). 즉, 모든 청소년은 연소노동이나 유해노동, 저임금 장시간 노동으로부터 보호되어야 한다는 점은 어느 국가에서나 청소년복지의 공통적 기본 전제가 된다. 특히, 연소근로자는 성인인 근로자와는 동일하게 취급할 수 없는 신체적, 정신적 특징을 지니며 이들은 성장과정에 있기 때문이다.

우리나라의 〈근로기준법〉은 15세 미만인 자(〈초·중등 교육법〉에 따른 중학교에 재학 중인 18세 미만인 자를 포함)는 근로자로 사용하지 못하나 대통령령으로 정하는 기준에 따라 고용노동부 장관이 발급한 취직인허증을 지닌 자는 근로자로 사용할 수 있도록 규정한다.

이때 취직인허의 금지 직종으로는 주석(酒席)에서 접대하는 업무, 유류·양조 업무, 소각 청소, 도살 업무, 엘리베이터의 운전 업무 등 도덕상 또는 보건상 유해·위험하다고 인정되는 직종(〈근로기준법〉 시행령 제33조)과 갱내 작업(〈근로기준법〉 제70조), 용광로 작업, 금속압연 작업, 발화성물질 제조업무 등 유해·위험 직종 등이다(〈근로기준법〉 제63조 및 동법 시행령 제37조).

이 장에서 언급하는 연소근로자라 함은 15세 미만인 자 또는 18세 미만인 자를 모두 포괄하는 개념이다. 한편, 사용자는 18세 미만인 자에 대하여는 그 연령을 증명하는 가족관계 기록사항에 관한 증명서와 친권자 또는 후견인의 동의서를 사업장에 갖추어 두어야 한다.

이러한 연소근로자에게 법적으로 가장 중요한 것은 우선 '자유로운 의사결정에 의한 본인의 근로계약'이어야 한다는 것이다. 따라서 〈근로기준법〉은 친권자나 후견인이 미성년자의 근로계약을 대리할 수 없음을 규정하고, 친권자, 후견인 또는 고용노동부 장관은 근로계약이 미성년자에게 불리하다고 인정하는 경우에는 이를 해지할 수 있도록 하여 연소근로자 본인의 의사를 중시하고 이를 법적으로 보장할 조항을 마련해 두었다.

근로조건과 관련해서도 이들은 특별한 보호를 받는다. 사용자는 18세 미만인 자와 근로계약을 체결하는 경우 별도로 근로조건을 서면으로 명시하여 교부하여야 한다. 미성년자는 임금과 관련하여 별도의 추가 보호 절차가 있으며 이들은 독자적으로 임금을 청구할 수 있다.

근로시간과 관련해서도 특별한 처우를 법적으로 보장받는다. 15세 이상 18세 미만인 자의 근로시간은 1일 7시간, 1주일에 40시간을 초과하지 못한다. 다만, 당사자 사이의 합의에 따라 1일에 1시간, 1주일에 6시간을 한도로 연장할 수 있다. 또한 사용자가 18세 미만자를 오후 10시부터 오전 6시까지의 시간 및 휴일에 근로시키지 못하도록 규정되어 원칙적으로 야간근로는 금지되며 18세 미만자의 동의가 있는 경우에만 가능하다.

하지만 근로기준법은 5인 이상 사업장만 대상으로 한다. 대상 외 작업장은 아동노동에 대한 최대 근로시간 규제가 없다. 5인 이하 작업장에서 일하는 적지 않은 연소근로자들은 통계에 잡히지 않는 실정이다.

대부분의 연소근로자들은 중도에 학업을 포기할 위험성이 크다. 때문에 이들을 위한 정규 교육기회를 제공함으로써 이들의 건전한 성장 발달을 도모하고 산업수요 인력을 확보하여 생산성 향상에 기여하도록 돕는 것은 이들을 위한 산업복지의 중요한 부분이 된다.

2) 연소근로자에 대한 영역별 지원

연소근로자에 대한 산업복지는 크게 고용 내적 생산의 장과, 고용 외적 생활의 장으로 구분할 수 있다. 전자인 고용 내적 생산의 장에서 이루어지는 산업복지는 주로 기업 내의 근로조건에 포함된다.

근로조건에는 임금, 노동시간, 산업안전, 후생복지, 직무연수교육 등이 있다. 이 내용들은 정부의 〈근로기준법〉 등에 의한 시행과 경영적 측면에서 기업의 책임과 비용부담을 통해 경영정책 내지 인사정책의 일환으로 행해진다.

그리고 후자인 고용 외적 생활의 장에서 이루어지는 산업복지는 연소근로자의 직업안정을 위한 국가 정책과 그들의 정서를 위한 각종 사회시설과 프로그램 그리고 문화활동, 주거대책, 교육기회 확대, 기능훈련, 선도대책 등이 포함된다.

(1) 직업교육훈련 제도

직업교육훈련 제도는 정규 교육과정만으로 감당할 수 없는 산업사회의 인력수요를 충족시키기 위하여 실시되는 제도로서 비진학 청소년의 무기능 유휴인력을 기능인력화시켜 그들의 경제적·사회적 지위 향상을 도모하고자 하는 제도이다.

우리나라에서는 1967년 〈직업훈련법〉의 제정으로 정식 도입된 이래, 1976년 〈직업훈련기본법〉이 제정·시행됨에 따라 본격적 산업인력 양성체제에 돌입하게 되었고 2016년 기준 〈근로자 직업능력 개발법〉과 〈직업교육훈련 촉진법〉에 의해 수요자 중심의 직업훈련을 촉진하게 되었다.

(2) 교육제도

정규학교에 진학할 형편이 못되는 근로청소년 등을 위한 교육제도로 방송통신고등학교, 산업체 부설 중·고등학교 및 근로청소년을 위한 특별학급제도가 있다(〈초중등교육법〉 제52조). 그리고 이러한 교육제도를 원활히 하기 위한 각종 장학제도가 있다.

장학제도의 의의는 크게 두 가지로 구분할 수 있는데 하나는 인재육성적 측면이고, 다른 하나는 구휼적 측면이다. 실업계 학교 학생에 대한 장학금은 장차 산업발전에 필요한 기술인력의 수요를 충당하기 위한 것이므로 전자의 의미가 깊고, 산업체의 생산활동에 종사하는 연소근로자에게 지급하는 장학금은 후자의 의미가 짙다고 할 수 있다. 그러나 어느 것도 순수한 고유의 의의만을 견지하는 것은 아니고 상호보완적이며 종합적 성격을 가졌다고 하겠다(우재현, 1998).

(3) 복지시설

연소근로자의 성장과 발달을 위한 복지시설은 기업 내부뿐만 아니라 기업 외부 어디서든지 갖추어져야 한다. 이들 복지시설은 인간자원의 무한한 잠재력인 노동력을 최대한으로 활용하여 생산성을 제고하고 기업 노동력의 재생산과 확보·유지에 꼭 필요한 것으로 부각된다.

연소근로자를 위한 복지시설은 대체로 5개의 분야로 나누어지는데 ① 주택시설, 급식, 가사실, 합숙용 생활관 등의 생활 및 주거시설 ② 진료실, 보양시설, 보건시설, 위생시설 등의 보건위생시설 ③ 강좌·강의실, 세미나실, 도서실, 상담실, 음악실, 미술·공예실, 예법실, 체육관, 옥외 체육시설 등의 문화교육시설 ④ 은행, 신용금고, 우체국, 공제조합 등의 금융보험시설 ⑤ 구판장, 이용실, 미용실, 목욕탕 등의 후생시설을 예로 들 수 있다.

이러한 연소근로자에 대한 복지시설은 우선 수적으로 많아야 함은 물론이고 그들의 참여를 활성화하기 위한 프로그램 개발과 실시상의 충분한 여건 조성이 이루어져야 할 것으로 본다(조흥식, 1993).

(4) 농·어촌 청소년

농·어촌 청소년들 가운데 농·어민 후계자로 키울 수 있는 모든 청소년은 연소근로자의 부류로 넣을 수 있다. 이들에 대한 지원은 한마디로 농·어촌 청소년 지도를 바탕으로 하여 이루어진다.

농·어촌 청소년 지도란 교육적 활동으로 농·어촌 지역사회에서 생활하는 청소년이 학습경험을 통하여 한 사람의 인간으로서, 가정과 사회의 한 구성원으로서, 한 사람의 직업인으로서 훌륭한 인격과 능력을 갖도록 하는 모든 활동을 의미한다. 농·어촌 성인을 대상으로 하는 농·어촌 사회교육과는 여러 측면에서 상이한 특성을 갖는다. 대표적 특성을 자세히 살펴보면 다음과 같다(최민호, 1987).

첫째, 농·어촌 청소년 지도는 학교를 단위로 하는 정규학생의 지도 활동이 아니라 농·어촌 지역사회를 단위로 하는 청소년 지도 활동이다. 따라서 농·어촌 지역사회 내의 모든 청소년이 대상이 된다.

둘째, 농·어촌 청소년 지도는 모든 직종으로의 취업준비 활동을 지도하나 그중에서도 영어·농 후계자 육성을 위한 지도에 중심을 둔다.

셋째, 물론 개별적 지도를 하지 않는 것은 아니지만 농·어촌 청소년 지도에서는 그들을 한 집단으로 묶어 그들 스스로 집단을 운영하게 하면서 그들끼리 공동생활을 하게 하는 것이 특징이다.

넷째, 청소년 지도는 다양성과 현실성을 띤다. 부락, 야외, 가정 등

지도장소가 다양하고 광범위하며 집단토의, 견학, 해외연수, 특강 등 역동적이고 실천적인 다양한 방법을 활용하는 것이 특징이므로 교실이나 실습실 내에서 교사의 강의를 중심으로 하는 학교 교육과는 크게 대조를 이룬다.

다섯째, 지도대상자인 청소년 스스로의 자주·자조적 학습활동이 중심이 된다. 청소년 전문지도자는 어디까지나 조언자이며 조력자에 불과하다.

여섯째, 학교교육에서는 주로 교사가 학습활동을 주도하지만 청소년 지도에서는 최소한 지도요원, 부모, 자원지도자가 협동체제를 이루지 아니하고서는 성공적 결과를 기대할 수 없다. 특히, 영어·농 후계자 육성에 부모의 협조가 절대적이며 마을의 청소년을 지도하는 데 자원 지도자의 참여가 전제된다.

3. 여성근로자

1) 여성노동이 갖는 성격

노동의 측면에서 살펴보았을 때 여성은 가사노동, 남성은 시장노동 (생산활동)의 형태로 성별 분업화된 현상과 노동시장에서의 남성 우위적 고용구조는 바로 자본주의와 가부장제 사이의 상호작용의 결과라할 수 있다. 가부장적 성별 분업은 자본주의 이전에도 이미 존재했으나 산업화에 따른 생산과 소비의 분리로 인해 더욱 강화되었을 뿐만 아니라 임금노동과 같은 공공 분야까지 확대되었다. 즉, 고용기회의 확대로 여성인력의 노동시장 이입이 가능하게 되어 여성경제활동 참가율이 지속적으로 증가된 것이다.

사실상 산업자본주의가 성별 분업에 따른 여성의 가사노동에 기여한것은 생산이 공장에서 이루어지면서 이데올로기적 측면에서 가정은 소비와 재생산을 위한 휴식처로서의 기능을 강화한 데서 비롯된 것임을알 수 있다. 여성은 자녀를 양육하고 가족 구성원의 정서적 안정을 유지해야 한다는 여성 역할의 이상화가 이루어짐으로써 무보수의 가사노동은 여성이 담당하고 남성 노동자는 임금 투쟁의 일환으로 가족임금을 요구하였다.

이러한 가족임금제는 두 가지 측면에서 남성의 지배 기반을 제공했다. 우선 남성이 노동시장에서 여성보다 상대적으로 나은 직장과 높은임금을 가져야 한다는 합리화의 기반이 되었다. 다음으로 여성의 1차적 책임은 가사노동임을 재확인하였으며 노동시장에 참여한 여성의 이

중부담(가사노동과 직장노동)을 당연시하게 되었다(김원홍 외, 1999).

그러나 산업화와 더불어 여성의 취업이 확대되고 질적으로도 향상되었음에도 남성과 비교하면 여성 고용 비율은 상대적으로 증가하지 않는다. 그리고 여성이 사회 경제에 주도적 역할을 수행하는 직업에 종사하기보다는 남성을 도와주는 경제활동에 그친다는 사실이 취업비율에서 드러난다. 또한 여성은 동일조건(학력, 경력) 남자보다 적은 임금을 지급받는다. 아울러 성별에 따라 호봉기준에서 차별(남녀분리 호봉, 기본급 승급액의 차별)이 존재하며 생활보조적 기업복지(가족수당, 교육수당, 통근수당, 주택대부금 등) 차원에서도 차별이 엄연히 존재한다.

이렇게 볼 때, 여성취업자는 점차 늘어나나 여전히 저임금, 미숙련, 단순반복직, 하위직에 머물고 일용노동자, 시간제 근무직, 임시직 노동자 등 불안정한 취업이 많으며 전반적으로 열악한 노동조건하에서 일하는 경우가 많다. 때문에 여성 노동조건의 개선, 여성을 위한 생활보장, 기혼 여성의 모성보호와 육아 그리고 직장생활을 병행할 수 있는 산업복지의 활성화가 필요하다.

2) 여성근로자에 대한 법적 지원 및 보장체계

(1) 개괄

고학력 여성의 경우 결혼과 육아를 이유로 일단 노동시장에서 이탈한 후에는 재진입의 기회가 적다. 따라서 무엇보다도 여성이 결혼 후에도 연속적으로 취업할 수 있도록 시설 확충과 제도적 지원이 필요하다. 즉, 모성(母性) 보호의 사회화가 필요하다. 그런데 이러한 보호가 사회 전체의 공동 책임으로서 인식되지 않고 제도화되지 않은 상황에서는 결혼과 임신이 여성의 개인적 책임으로 간주되며 여성은 가족에 대한 책임을 이행하기 위해 직업활동을 중단할 수밖에 없다.

또한 점차 늘어나는 기혼여성 인력의 적절한 활용을 위해서는 보육 뿐 아니라 노인, 장애인 등 가족부양보호의 사회화도 이루어져야 한다. 즉, 여성의 노동시장이나 사회참여 기회를 증가시킬 수 있도록 간접적으로 지원하는 것이다. 이러한 지원은 사회복지의 확대를 통하여 아동, 장애인, 노인 등에 대한 사회적 보호를 제도적으로 실행함으로써 달성할 수 있다.

즉, 아동보육시설과 노인, 장애인을 위한 시설보호를 확대하고 육아휴직제 및 가족 간호휴가제와 더불어 부양가족을 보호하면서도 계속 직장생활을 병행할 수 있도록 노동시간을 단축해야 한다. 또한 노동조직의 융통성을 늘리고 보육서비스 제도의 확대 등을 통해 출산·육아 시기 및 가족간호의 시기에도 계속 일할 수 있도록 지원해야 한다. 이러한 보호의 사회화를 위해 〈근로기준법〉과 〈남녀고용평등법〉, 〈여성발전기본법〉 등 여성노동 관련 법규를 철저하게 시행하고 보완하여 이를 통한 사회적 변화를 도모해야 한다.

(2) 여성근로자에 대한 법적 보장체계

여성의 직장 참여와 성차별 해결을 위해서는 여성의 노동시장에 대한 접근용이성을 증가시키며 이미 취업한 여성과 남성에 대해 동일한 대우를 보장하는 것이 필요하다. 특히, 기업 내에서 산업복지 서비스는 지금까지는 동일한 기회와 대우를 보장받지 못한 여성의 욕구가 충족되도록 작업장의 구조를 변화시키는 것이다(Akabas, 1995).

정책적 수준에서 이러한 변화가 시도될 수 있으며 취업여성을 위한 옹호자의 역할을 수행할 수 있다. 여성이 행정·관리 인력으로 승진하는 것을 가로막는 개인적 벽과 조직적 장애물을 인식하고 제거하여 여성노동력을 적극적으로 활용하는 인사정책의 변화를 도모할 수 있다.

미국의 경우 여성취업자를 위한 직접적 서비스의 내용으로는 ① 성희롱 문제의 해결 ② 가사와 노동의 병행에서 기인하는 갈등문제의 해결 ③ 승진과 관련된 차별의 인식 ④ 상호협력의 촉진 ⑤ 가족의 물질남용 장애와 같은 문제의 해결 ⑥ 인간관계 연결망의 형성과 같은 과제를 수행하며 ⑦ 여성취업자의 자조집단의 형성을 원조하며 직장 내 공식적 복지 프로그램을 통하여 서비스 욕구에 대한 파악과 직접적 원조가 이루어진다(Akabas, 1995).

① 〈근로기준법〉상 법적 지원

우리나라는 〈근로기준법〉을 기본으로 하여 '모성보호'의 측면에서 여성근로자를 보호한다. 이는 앞서 언급한 연소근로자와 함께 사회적 약자로서 산업현장에서의 여성근로자를 보호하는 데서 시작한다.

〈근로기준법〉은 근로시간과 모유수유시간의 보장, 위험직종 등의 규정을 통해 여성근로자, 그중에서도 임신 중인 여성근로자를 특별히 보호한다. 〈근로기준법〉 제 65조는 임신 중이거나 산후 1년이 지나지 않은 여성(임산부)을 도덕상 또는 보건상 유해·위험한 사업에 사용하지 못한다.

또한 사용자는 18세 이상의 여성을 오후 10시부터 오전 6시까지의 시간 및 휴일에 근로시키기 위해서는 먼저 근로자의 동의를 받아야 한다(동법 제 70조). 특히, 임산부를 오후 10시부터 오전 6시까지의 시간 및 휴일에 근로시키는 것을 금하며 산후 1년이 지나지 아니한 여성의 동의가 있는 경우이거나 임신 중의 여성이 명시적으로 청구하는 경우에만 고용노동부 장관의 인가를 받아 야간 및 휴일근로가 가능하다.

한편 시간 외 근로에 대한 규제도 임산부에게는 더욱 엄격하다. 산후 1년이 지나지 아니한 여성에 대하여는 단체협약이 있는 경우라도 1일에 2시간, 1주일에 6시간, 1년에 150시간을 초과하는 시간 외 근로를 시키지 못한다. 그 외에 모성보호의 연장선상에서 사용자는 여성근로자가 청구하면 월 1일의 생리휴가를 주어야 하고 출산전후휴가에 대해 명시적 규정을 마련한다. 임신 중의 여성근로자에게 시간 외 근로를 요구해서는 아니 되며 그 근로자의 요구가 있는 경우에는 쉬운 종류의 근로로 전환해야 한다(동법 제74조).

사용자는 임신 중의 여성에게 출산 전과 출산 후를 통하여 90일(한 번에 둘 이상 자녀를 임신한 경우에는 120일)의 출산전후휴가를 주어야 한다. 이 경우 휴가 기간의 배정은 출산 후에 45일(한 번에 둘 이상 자녀를 임신한 경우에는 60일) 이상이 되어야 한다(동법 제74조). 이는 사용자의 시혜적 의무가 아닌 여성근로자의 당연한 권리로 〈근로기준법〉상 규정되었으며 고용보험에서도 출산전후휴가 급여를 제공하여 제도적 뒷받침을 한다.

또한 사용자는 임신 중인 여성근로자가 유산의 경험 등 사유로 휴가를 청구하는 경우 출산 전 어느 때라도 휴가를 나누어 사용할 수 있도록 하여야 하고 이 경우에도 출산 후의 휴가 기간은 연속하여 45일(한 번에 둘 이상 자녀를 임신한 경우에는 60일) 이상이 되어야 한다.

이외에도 유사산 휴가 규정이 별도로 마련되었다. 사용자는 임신 중인 여성이 유산 또는 사산한 경우로서 그 근로자가 청구하면 대통령령으로 정하는 바에 따라 유산·사산 휴가를 주어야 한다. 다만, 인공 임신중절수술(〈모자보건법〉 제14조 1항에 따른 경우는 제외)에 따른 유산의 경우는 그러하지 아니하다. 이때 최초 60일(한 번에 둘 이상 자녀를 임신한 경우에는 75일)은 유급휴가로 산정하고 〈남녀고용평등과 일·가정 양립 지원에 관한 법률〉 제18조에 따라 출산전후휴가급여 등이 지급된 경우에는 그 금액의 한도에서 사용자는 지급의 책임을 면한다.

한편, 출산전후휴가 종료 후에는 휴가 전과 동일한 업무 또는 동등한 수준의 임금을 지급하는 직무에 복귀시켜야 한다(동법 제73조 6항). 또한 임신 후 12주 이내 또는 36주 이후에 있는 여성근로자가 1일 2시간의 근로시간 단축을 신청하는 경우 이를 허용하여야 하고 1일 근로시간이 8시간 미만인 근로자에 대하여는 1일 근로시간이 6시간이 되도록 근로시간 단축을 허용할 수 있는데 이를 이유로 해당 근로자의 임금을 삭감하여서는 안 된다.

그 외에 모성보호의 일환으로 〈근로기준법〉 제74조 2항은 태아검진시간을 별도로 인정한다. 사용자는 임신한 여성근로자가 〈모자보건법〉 제10조에 따른 임산부 정기건강진단을 받는 데 필요한 시간을 청구할 경우 이를 허용해야 하고 건강진단에 사용되는 시간을 이유로 근로자의 임금을 삭감하여서는 아니 된다. 또한 생후 1년 미만의 유아를 가진 여성 근로자가 청구하면 1일 2회 각각 30분 이상의 유급 수유시간을 주어야 한다(동법 제75조).

〈근로기준법〉에 여성근로자의 모성보호와 관련하여 근로시간, 출산전후휴가 등이 규정되었다면 〈남녀고용평등법〉은 고용에서 남녀의 평등한 기회와 대우 보장, 모성보호와 여성고용 촉진을 통해 궁극적으로 남녀고용평등과 더불어 일·가정 양립의 지원을 위한 법적 보장 절차를 마련한다.

② 〈남녀고용평등법〉상 법적 지원

〈남녀고용평등법〉은 여성근로자가 산업현장에서 활동하는 모든 기간 동안 차별을 금한다. 즉, 모집과 채용 이후부터 임금지급, 교육 및 배치, 승진, 정년퇴직과 해고까지 남녀 간의 차별을 명시적으로 금지한다. 또한 직장 내 성희롱을 금지하고 예방하기 위해 교육을 의무화하여 직장 내에서 여성이라는 특성을 이유로 차별에서 나아가 업무에 지장을 받을 근로 환경을 억제하기 위한 일차적 노력을 행한다. 그 밖에도 여성의 직업능력 개발 및 고용촉진, 경력단절 여성 지원을 위한 지자체·정부 차원의 노력을 의무화하여 여성의 노동시장 참여에 대한 기본 방향을 설정한다.

〈남녀고용평등법〉은 이러한 고용과 산업현장에서의 차별금지에 대한 법적 보장과 더불어 적극적 고용개선조치를 법제화하여 여성의 다각적 노동시장 참여를 위한 법적 지원 체계를 수립한다(동법 제2장). 또한 모성보호에 대한 장을 별도로 마련하여 〈근로기준법〉상의 출산전후휴가 및 모성보호와 관련한 일련의 조치를 구체화한다. 이와 관련해 출산전후휴가에 대한 급여 지원, 배우자 출산휴가의 법제화, 일·가정 양립지원을 위한 육아휴직제도, 육아기 근로시간 단축제도 등을 규정한다.

육아휴직제도는 일·가정 양립지원을 위한 대표적 제도로 사업주는 근로자가 만 8세 이하 또는 초등학교 2학년 이하의 자녀(입양한 자녀를 포함)를 양육하기 위하여 육아휴직을 신청하는 경우에 이를 허용하여야 한다(동법 제19조). 육아휴직 기간은 1년 이내이며 이를 이유로 근로자를 해고하지 못하고 기간제, 단시간, 파견근로자의 경우에도 동일하게 적용된다. 또한 육아휴직을 신청할 수 있는 근로자가 육아휴직 대신 근로시간의 단축을 신청하는 경우에 이를 허용해야 한다.

다만 대체인력 채용이 불가능한 경우나 정상적 사업 운영에 중대한 지장을 초래하는 경우 등 대통령령으로 정하는 경우에는 허용하지 않을 수 있다. 사업주가 해당 근로자에게 육아기 근로시간 단축을 허용하는 경우 단축 후 근로시간은 주당 15시간 이상이어야 하고 30시간을 넘어서는 안 된다. 육아기 근로시간 단축은 1년 이내로 한다. 육아휴직과 마찬가지로 이를 이유로 근로자 해고나 불리한 처우를 해서는 안 된다.

그 외에 육아지원을 위해 사업주는 만 8세 이하 또는 초등학교 2학년 이하의 자녀를 양육하는 근로자의 육아를 지원하기 위하여 ① 업무를 시작하고 마치는 시간 조정 ② 연장근로의 제한 ③ 근로시간의 단축 탄력적 운영 등 근로시간 조정 ④ 그 밖에 소속 근로자의 육아를 지원하기 위하여 필요한 조치를 하도록 노력하여야 한다.

이와 더불어 직장어린이집을 설치 및 지원하고 보육관련 지원을 위해 국가 및 지자체는 공공복지시설을 설치할 수 있다. 이 규정은 산업현장의 여성근로자를 위해서는 근로자뿐 아니라 그의 가족을 함께 지원하는 것이 바람직한 방향임을 명시한 것으로 의무조항은 아니나 사업주에게 노력의 의무를 부과한 것 자체에 큰 의미가 있다.

현재 각고의 노력과 법적 지원 체계의 구비로 여성의 노동시장 참여 자체는 확대되었으나 노동시장에서의 불안정하고 낮은 지위는 계속 유지된다. 우리나라에서도 1980년대 이후 노동시장의 주요한 변화 가운데 하나는 노동력의 여성화이고 그중에서도 가장 큰 변화 중 하나는 기혼 여성근로자의 증가이다.

그런데 이러한 여성 노동력은 가사노동과 직장노동의 이중부담을 지며 여성노동의 지위 향상을 표방하는 관련 법규의 시행에도 불구하고 성별 분리로 인한 고용의 불안정성, 영세 및 소규모 사업체 종사, 탈숙련 노동, 낮은 임금, 경력과 승진에서의 불이익, 조기 정년으로 특징지어지는 예비적 성격으로 말미암아 여성노동은 주변적 성격을 가졌다. 이를 법적으로 보장함과 동시에 사회적 편견의 해소, 분위기의 조성은 우리가 지속적으로 노력해야 할 시대적 과제이다.

4. 장애근로자

1) 장애근로자의 성격

장애인으로서 받는 차별(*disablism*)의 특성을 보면 교육과 취업의 기회가 제한되고, 빈곤하며, 사회적으로 고립되었다는 점이다. 따라서 장애인에 대한 복지의 궁극적 목표는 장애인의 정상화(*normalization*)와 사회통합(*social integration*)이라 할 수 있다. 즉, 장애인이 사회적 편견이나 차별을 받지 않고 비장애인과 함께 정상적 사회생활을 영위할 수 있어야 한다.

이러한 정상적 사회생활을 영위할 필수요소 가운데 하나가 바로 직업을 갖는 것이다. 직업은 사람에게 생계수단 이상의 의미를 가지며 자신의 존재에 대한 자부심과 자기성취 및 현대문명의 발달을 도모하기 때문이다. 이런 점에서 장애인이 노동자가 된다는 것은 매우 의미 있는 일이라 할 수 있다. 이렇게 장애인이 노동자가 되게 하는 것은 바로 직업재활(*vocational rehabilitation*)을 통해서이다.

일반적으로 직업재활이란 심신의 결함을 지닌 장애인의 신체적, 정신적, 사회적, 직업적, 경제적 능력을 최대한으로 찾고 길러줌으로써 일할 권리와 의무를 비장애인과 똑같이 갖게 하는 것이라 할 수 있으며 장애인이 성공적 사회통합을 위한 최대의 과제인 자립생활을 영위하도록 하는 것으로서 장애인 재활사업 중 가장 중요하고 핵심이 되는 것이다(Malikin, 1969).

이런 점에서 국제노동기구 제99호의 권고에서는 직업재활을 다음과 같이 규정한다. 직업재활은 직업지도, 직업훈련, 직업선발, 알선 등의 직업적 서비스의 제공을 포함한 계속적, 종합적 재활과정의 일부이며 장애인의 적절한 취직과 유지를 가능케 하는 계획적 사업인데 직업재활의 최종 목적은 취업이고 그것은 일반고용이든 보호고용이든 어떠한 것이라도 장애인으로 하여금 취업을 달성시킬 수 있어야 한다.

따라서 장애노동자에 대한 산업복지는 이러한 직업재활을 통해 장애인의 취업을 돕는 것이 무엇보다도 중요하다. 이들이 가족의 일원으로 인정받거나 산업체에서 신뢰받는 인력이 되어 가족이나 사회의 부담을 덜고 생산적 시민으로 기여하도록 하는 데 목표를 두어야 할 것이다.

2) 장애인 재활과 산업복지

장애근로자에 대한 산업복지의 출발은 장애인이 적당한 직업을 확보하여 잘 유지할 수 있도록 직업훈련, 직업지도, 선택적 취업알선, 사회적 수용과 이해증진 등을 원조해주는 직업재활을 잘 수행하는 일이다. 이러한 직업재활은 의료재활, 심리재활, 교육재활, 사회재활과 함께 종합적 재활에 기여하며 전인격적 성장에도 영향을 끼치는 열쇠가 될 수 있다.

아울러 직업재활은 직업적 능력을 평가하고 직종을 개발하여 거기에 따르는 직업훈련 그리고 취업의 알선과 사후지도 등으로 이루어지며 사회의 일원으로서 보람과 긍지를 가지고 생활할 수 있도록 준비해주는 일련의 과정의 역할을 담당한다.

이러한 직업재활의 특성으로는 ① 개인의 욕구와 능력에 따른 개별성 ② 장애에 따른 개인의 한계성을 인식하는 현실성 ③ 각 분야의 서비스가 반드시 가져야 하는 전문성 ④ 종합적으로 조정되어 제공해야 하는 포괄성 ⑤ 서비스가 필요할 때까지 주어져야 하는 계속성 ⑥ 장애인의 욕구에 따라 프로그램이 적절히 조정되어야 하는 신축성 등을 들 수 있다(Malikin, 1969).

(1) 대 상

장애인의 직업재활 대상은 심신의 결함이 있는 모든 장애인에게 필요한 것은 아니다. 즉, 장애 정도가 경미하여 특별한 계획을 세우지 않아도 비장애인과 같은 직업에 종사할 수 있는 사람이나 장애의 정도가 아주 커서 독립된 생활을 영위하기가 어려워 직업을 갖기 불가능한 사람은 대상이 될 수 없다.

따라서 직업재활의 대상자는 심신의 결함이 직업을 갖는 데 큰 지장과 방해가 있으나 일정한 의료적, 직업적, 교육적, 사회적 대책을 마련해주면 직업을 가질 가능성이 있는 장애인으로 제한될 수밖에 없다.

그리고 장애근로자를 위한 산업복지는 이미 작업현장에 취업된 장애인을 위한 것으로 이는 일반근로자를 위한 산업복지를 기반으로 하되 장애인복지적 차원에서 편의시설이나 교육, 훈련 제도, 장애수당제도가 첨가된다.

(2) 실천과정

구체적 실천과정에 대해 설명하면 다음과 같다. 그러나 이 방법들을 모두 실시하라는 것은 아니다. 장애의 정도나 본인의 욕구에 대응하여 가장 필요로 하는 분야를 집중적으로 실시할 수도 있으며 개개의 장애인에 대응한 개별적 방법에 의해 선별적으로 실시할 수도 있다.

① 직능평가 단계

장애인의 신체적, 정신적, 직업적 능력이나 가능성에 대해 작업검사, 적성검사, 심리학적 검사 등의 실시나 결과에 기반을 둔 종합적 직능평가를 행한다.

직능평가의 영역에는 ⓐ 취로에 견디어 내는 심신의 내구성, ⓑ 일에 대한 동기부여 ⓒ 준비 정도 ⓓ 취로 생활습관 ⓔ 속도와 정확성의 정도 ⓕ 흥미와 적성이 있는 직업영역 ⓖ 직장 내 인간관계와 적응도 등이 있다. 그리고 직능평가 유형으로는 필기검사, 작업표본검사(*work sample test*), 동작분석법, 작업평가법 등이 있다.

② 직업재활상담 단계

직업재활상담(*vocational rehabilitation counseling*)은 직업지도(*vocational guidance*)와 같은 의미로 사용된다. 이는 직능평가에 입각하여 직업훈련이나 취직의 가능성과 방향성 등에 관해 적절히 조언을 주며 지도하는 것을 말한다.

직업재활상담의 주요한 업무에는 ⓐ 면접 ⓑ 경력의 이해 ⓒ 의학적·사회적 정보의 수집과 분석 ⓓ 직능평가의 실시 ⓔ 평가결과를 분석하고 해석하여 상담과정에 도입 ⓕ 재활계획 수립 ⓖ 사회자원의 활용 ⓗ 노동시장 정보의 제공 ⓘ 직무분석 ⓙ 고용소개 기관과의 협력 ⓚ 타 전문직에의 조언이나 의뢰 ⓛ 고용주나 지역사회를 대상으로 한 장애인 고용 관련 이해와 홍보 ⓜ 가족유대와 지지 형성 ⓝ 사무처리 기록관리 ⓞ 자기개발 연구 등이 있다.

③ 직업준비훈련 단계

특정 직업을 위한 직업훈련과는 달리 직업인으로서의 기본적 훈련이나 작업습관의 향상을 위한 훈련을 실시한다.

직업준비훈련은 ⓐ 활동, 안전한 행동, 일상생활 동작 등의 사회적응 능력 훈련 ⓑ 각종 보철구 등을 활용하여 능력을 높이는 보조구 사용 기술향상 훈련 ⓒ 노동시간, 체력, 지구력 등 심신의 노동에 대한 적응 훈련 ⓓ 공통의 기본적 작업이나 작업 샘플 등을 사용하는 기본적 작업훈련 등으로 분류된다.

④ 직업훈련 단계

이 단계에서는 직종을 선정하여 정규의 직업훈련을 실시한다.

⑤ 직업안정 단계

이 단계에서는 적절한 직업을 발견하기 위한 조언이나 취직의 알선을 실시한다.

⑥ 추수지도 단계

추수지도(follow up service) 단계는 취직이 된 후에도 일정기간 추적하며 지도 원조를 계속하여 주는 단계를 말한다.

(3) 전문인력

우리나라의 직업재활 전문인력은 직업상담가, 직업훈련교사, 특수교사, 직업보도교사(취업전담자), 장애인 직업복지전문가, 사회복지전문가(산업사회복지사) 등이 있다. 일본의 경우에는 상기 전문인력 외에도 취업촉진지도관, 신체장애인 고용촉진법에 의한 직업생활상담원, 전임지도원, 자문위원 등이 있다. 그리고 영국에서는 장애인고용담당관(disablement resettlement officer · DRO), 미국에서는 직업재활상담가(vocational rehabilitation counselor · VRC)가 법적으로 큰 권한과 전문성을 겸비한 전문직 제도로 확립되었다.

3) 장애근로자에 대한 법적 보장체계

장애근로자와 관련하여 산업복지 영역에서의 기본적 법적 보장은 고용과 관련하여 이루어진다. 대표적 법적 보장은 〈장애인 고용촉진 및 직업재활법〉에서 이루어지는데 장애인의 직업지도, 직업적응훈련, 직업능력개발훈련, 취업알선, 취업, 취업 후 적응지도 등에 대하여 조치를 강구하여 동법을 통해 장애인이 직업생활을 통하여 자립할 수 있도록 한다. 즉, 장애근로자의 법적 보장은 주로 '고용'을 통한 자립을 지원하는 데 주력한다.

장애인 직업재활실시기관은 특수교육기관, 지역사회재활시설, 직업재활시설, 장애인복지단체, 직업능력개발훈련시설을 포함하며 고용노동부 장관과 보건복지부 장관은 장애인이 능력에 맞는 직업에 취업할 수 있도록 하기 위하여 장애인에 대한 직업상담, 직업적성 검사 및 직업능력 평가 등을 실시하고 고용정보를 제공하는 등 직업지도를 하여야 한다(동법 제 10조). 그 외에 직업적응훈련, 직업능력개발훈련 등을 실시 및 지원하며 고용노동부 장관은 고용정보를 바탕으로 일을 하고자 하는 장애근로자에게 적합한 직업을 알선하여야 한다.

장애근로자가 취업 이후에는 안정적 직업 생활을 위해 융자를 지원할 수 있고 자영업을 영위하려는 장애인에게는 창업에 필요한 여러 지원을 할 수 있다. 취업 이후에도 직업안정을 위해 작업환경 적응에 필요한 지도를 실시하여야 하며(동법 제 19조) 근로지원인 제도를 운영하여 중증장애인이 안정적·지속적으로 직업생활을 할 수 있도록 하는 등 필요한 서비스를 제공할 수 있다.

한편, 장애근로자의 산업현장에서의 작업 개선은 사업주에 대한 지원도 병행되어야 할 것이다. 이에 고용노동부 장관은 장애인을 고용하거나 고용하려는 사업주에게 필요하다고 인정하면 채용, 배치, 작업보조구, 작업 설비 또는 작업 환경, 그 밖에 장애인의 고용관리에 관하여 기술적 사항에 대한 지도를 실시하여야 한다(동법 제 20조). 또한 고용노동부 장관은 장애인 표준사업장을 설립·운영하거나 설립하려는 사업주에게 설립·운영에 필요한 비용을 융자하거나 지원할 수 있다(동법 제 22조).

그 외 모집 채용 시에 장애근로자를 우대하기 위한 정책이 시행된다. 대표적으로는 국가와 지방자치단체의 장은 장애인을 소속 공무원 정원의 100분의 3 이상 고용하여야 하고 각 시험 실시 기관의 장은 장애인이 신규채용 인원의 100분의 3(장애인 공무원의 수가 해당 정원의 100분의 3 미만이면 100분의 6) 이상 채용되도록 시험을 실시하여야 한다(동법 제 27조). 공무원뿐 아니라 상시 50명 이상의 근로자를 고용하는 사업주는 근로자 총수의 100분의 5의 범위에서 대통령령으로 정하는 비율(이하 '의무고용률'이라 한다) 이상에 해당(그 수에서 소수점 이하는 버린다)하는 장애인을 고용하여야 한다.

한편, 장애인 고용촉진을 위해 고용장려금을 지급하는데 고용노동부 장관은 장애인의 고용촉진과 직업 안정을 위하여 장애인을 고용한 사업주에게 고용장려금을 지급할 수 있다(동법 제30조).

이러한 여러 가지 법적 지원은 장애인 고용촉진 및 직업재활기금을 설치하여 운영하는 데(동법 제68조) 동 기금을 통해 장애인 고용촉진 및 직업재활 정책에 관한 조사·연구에 필요한 경비, 직업지도, 직업 적응훈련, 직업능력개발훈련, 취업알선 또는 장애인 고용을 위한 시설과 장비의 설치·수리에 필요한 비용의 융자·지원 등이 지급된다.

제 7 장

산업안전과 근로자 보호

우리나라는 유례없는 고도성장을 통해 단기간에 경제대국 반열에 올랐다. 그러나 이 과정에서 근로자의 안전 문제는 뒷전으로 밀렸으며 OECD 국가 중 산업재해 사망률 1위라는 불명예를 얻었다. 더욱이 산업활동에 고도로 발달된 기계와 설비가 생산・사용됨에 따라 근로자는 중대재해의 위험에도 노출되었다.

근로자를 산업재해로부터 보호하기 위해서 우선해야 할 것은 재해 자체가 발생하지 않도록 예방하는 일이다. 이러한 예방은 재활과 함께 산업복지에서 핵심적 정책과제라 할 수 있다. 따라서 근로자 보호를 위한 사회안전망 확충은 더 이상 지체할 수 없는 국가적 과제이다.

이 장에서는 산업안전의 정의와 사회적 가치를 살펴봄으로서 산업안전의 중요성을 환기시키고 우리나라의 산업안전보건 관리체제와 이를 규정하는 〈산업안전보건법〉을 통해 산업안전을 지키기 위한 과제를 제시하려고 한다.

1. 산업안전의 개념

1) 안전, 산업안전의 정의

안전이란 인간의 가장 근본적 욕구로서 일반적으로 위험이 없는 상태를 말한다. 웹스터(Webster) 사전에 의하면 "안전이란 상해, 손실, 감손, 위해 또는 위험에 노출되는 것으로부터의 자유"를 말하며 버크호프(Hendrik Berkhof)는 안전을 "인간 에너지 시스템과 관련해서 인간 자신의 예측 또는 전망을 뒤엎고 돌발적으로 발생하는 사건을 인간 형태학적 측면에서 과학적으로 통제한 상태"라고 하였다. 산업안전 분야의 또 다른 학자인 하인리히(Herbert Heinrich)는 "안전이란 사고의 예방이며 사고의 예방은 물리적 환경과 인간 및 기계의 관계를 통제하는 과학인 동시에 기술"이라고 정의하면서 도미노이론을 제시하였다.

도미노이론은 사고발생의 연쇄성을 강조한 것으로 재해가 발생되기까지는 5단계의 요소(사회환경, 개인적 결함, 불완전한 행동, 사고, 재해)가 연쇄적으로 작용한다는 것이다. 하인리히는 이 요소 중에서 한 가지 요소라도 제거되면 사고가 발생하지 않는다고 하였다. 특히, 주위환경의 물리적 위험성과 인간의 불완전한 행동을 제거하면 사고와 부상을 미연에 예방할 수 있다고 주장하여 안전에 크게 기여하였다.

오늘날 안전이라는 용어는 그 분야 또한 방대하여 일상생활에서의 안전은 물론 식품안전, 의약품안전, 소방안전, 교통안전, 산업안전, 환경안전, 원자력안전, 국가안전에 이르기까지 실제로 광범위한 분야에서 이용된다. 물론 여기서는 산업 분야에서의 안전에 한정하지만 이

사회 환경	→	개인적 결함	→	불안전한 행동	→	사고	→	재해
1단계		2단계		3단계		4단계		5단계

출처: 박필수(2005)에서 재정리.

외에도 현대사회의 여러 분야에서 사용되는 것이다.

이 장에서 다룰 산업안전이라는 개념은 광의의 의미로는 인간생활의 복지향상을 위하여 산업을 통해 직·간접적으로 어떤 형태의 생존권 침해도 받지 않는 상태이며 협의의 의미로는 산업에 의한 재난으로부터의 보호이다(김길동, 2004). 다시 말해 산업안전이란, 산업안전의 대상으로서 근로자가 업무와 관련하여 구체적이거나 잠재적 위험성에 노출되지 않고 인명존중의 이념을 실현하는 것이다. 물론 이러한 이념을 실현시키기 위해서는 안전을 위협받은 근로자에 대한 실질적 권리보장에 대한 논의가 필요하다.

현재 우리나라의 〈산업안전보건법〉26조에서는 근로자의 권리로서 작업중지권이 규정되어 있다. 이는 산업재해가 발생할 위험이 있거나 재해가 발생했을 때 작업을 중지시키고 필요한 조치 뒤 다시 작업을 시작할 수 있도록 한 근로자의 권리이다. 그러나 이 권리는 자칫하면 한 개인에게 사업장 안전보건 유지의 책임을 전가하는 요인으로 작용할 수도 있는데 각 개인의 위험 수용도가 다를 뿐만 아니라 실제 작업 상황에서는 근로자가 작업중지를 요구하기 어렵기 때문이다. 후술하겠지만 이러한 문제를 최소화하기 위해서는 작업중지권 사용에 따른 문제점을 최소화하고 효율적으로 사용하기 위한 방안이 필요하다.

2) 산업안전의 의의

산업안전이라는 목표에 도달하기 위해서는 어떤 방식이든 정부의 개입이 불가피한데 이는 산업안전수준의 결정을 민간부문에만 맡기게 되면 사회가 바람직하다고 보는 산업안전의 적정수준에 도달할 수 없기 때문이다. 또한 산업안전이 적정수준에 도달하게 되면 기업과 근로자뿐만 아니라 사회구성원 모두에게 이익이 된다. 특히, 사회복지 증진의 측면에서 산업안전 행정관리비, 산재보험 운영관리비 등이 절약되고 현재나 미래의 인적자본을 향상시킴으로써 국민경제에 이바지할 수 있다는 점에서 바람직한 정책 목표라고 할 수 있다.

그러나 산업안전이라는 재화를 창출하기 위해 산업재해가 전무한 상황을 가장 바람직하다고 생각할 수는 없다. 즉, 산업재해를 방지하기 위해서는 일정한 사회적 비용이 들어가므로 사회적 비용이 다른 정책 목표를 위해 쓰일 수 있었던 기회비용을 고려해야 한다. 다시 말해 산업재해로 인한 손실과 산업안전으로 인한 사회적 편익이 조화되는 수준에서 산업안전의 사회적 적정수준이 결정되어야 한다(박세일, 2006).

그렇다면 적정수준의 산업안전은 어떻게 보장되는가? 전통적으로 재해는 부주의에서 발생하는 것이며 자연적 재해가 아닌 인위적 재해는 원칙적으로 예방이 가능(preventable)하다고 알려졌다. 그러나 실제 산업재해의 발생원인은 여러 가지 요소가 매우 복잡하게 얽혀 산업재해를 예방하기 위해서는 면밀한 검토를 바탕으로 한 체계적 지식체계가 필요하게 되었다.

이러한 배경 아래 현대사회에서는 적정수준의 산업안전을 보장하기 위해 재해예방을 위한 새로운 학문인 안전관리가 등장하였으며 이는

〈표 7-1〉 재해의 종류

자연적 재해(천재)	인위적 재해(인재)
불가항력적인 재해(지진, 태풍, 홍수, 번개, 이상 기온, 가뭄, 적설, 동결 등)	재해예방가능의 원칙에 따라 예방이 가능한 재해(공장재해, 광산재해, 교통재해, 항공재해, 선박재해 등)

종래에 없던 새로운 재해영역에 대한 원인규명과 예방에 일조함으로서 궁극적으로 근로자 보호에 기여한다.

3) 산업안전관리의 중요성

현대사회의 효율성과 생산성의 강조는 기계·설비의 발전과 대형화를 촉진하였으며 이에 따라 근로자의 생명과 안전이 크게 위협받게 되었다. 이런 배경하에서 안전관리는 새로운 사회중심가치로서 등장하였다. 안전관리란 생산성의 향상과 손실(loss)의 최소화를 위하여 행하는 것으로 비능률적 요소인 사고가 발생하지 않은 상태를 유지하기 위한 활동을 말한다.

즉, 재해로부터 인간의 생명과 재산을 보호하기 위한 계획적·체계적 제반 활동을 안전관리라 한다. 관리는 규제라는 뜻으로도 사용되었는데 근대공업에서는 더욱 폭을 확대하여 목표의 달성, 실행, 결과에 중점을 옮기는 것이 좋다는 의미로 사용된다(박필수, 2005).

안전관리는 생산성이 향상되고 기업의 궁극적 목표인 이윤이 보장된다는 점에서 중요하지만 궁극적으로는 산업재해의 예방, 사회적 책임완수를 통한 모든 근로자의 삶의 질 보장 측면에서도 안전관리의 중요성을 찾아볼 수 있다. 그렇다면 안전관리라는 목표를 달성하기 위해서는 무엇이 전제되어야 하는가?

효과적 목적 달성을 위해서는 '안전업무를 체계화'하는 것이 필요하며 이는 안전관리를 위한 기본전제가 된다. 안전업무는 안전관리에 관한 계획에서 실시에 이르기까지 모든 재해의 예방 및 재해의 처리를 행하는 작업으로 다음과 같이 구분할 수 있다(양성환, 2011).

- 1단계: 예방대책
- 2단계: 재해를 국한하는 대책
- 3단계: 재해처리 대책
- 4단계: 비상조치 대책
- 5단계: 개선을 위한 피드백 대책

이 중 1단계는 사전대책을 통해 재해예방을 하는 작업으로 구체적으로는 어떠한 위험이 언제, 어디서 발생하는지 세부적으로 분석·예측하여 조기에 위험을 제거하는 것이다. 2단계는 예방대책으로도 막을 수 없었던 재해에 대해 피해를 최소한으로 국한시키는 작업이다. 3단계는 2단계의 작업에도 불구하고 재해가 일어났을 경우 가능한 빨리 재해의 확산을 막는 것이다. 4단계는 시설에 대한 안전관리 작업을 통해 2차, 3차의 더 큰 재해에 대비하는 작업이다. 마지막으로 5단계는 재해가 발생한 이후 발생경로와 원인을 명확히 분석하여 유사재해가 발생하지 않도록 하는 작업이다.

이외에도 〈산업안전보건법〉에서 사업주는 '안전·보건 관리체제'를 구성할 책임을 진다. 〈산업안전보건법〉상의 안전·보건 관리체제는 다음 절에서 자세히 살펴보도록 하겠다.

2. 산업안전에 대한 법적 보장

산업안전과 근로자보호는 여러 제도에 의해 보장되는 개념이다. 그
중 〈산업안전보건법〉은 근로자보호를 위한 가장 대표적 규정이라고
할 수 있는데 이 법을 통해 산업현장의 세 주체인 정부, 사업주, 근로
자가 산업안전과 근로자보호를 위해 의무를 지도록 규정하기 때문이
다. 이 절에서는 〈산업안전보건법〉을 통해 산업안전과 근로자보호가
어떻게 보장되는지 살펴보고자 한다.

1) 개 요

과거 근로자의 안전과 보건에 대한 조치는 1953년에 제정된 법률인
제 286호 〈근로기준법〉에 의해 보장 및 규정되었다. 하지만 산업이 고
도성장함에 따라 산업재해의 규모와 커지고, 재해발생이 빈번해지고,
직업성 질병이 증대되는 등 〈근로기준법〉만으로 대처하기 어려운 현
상들이 발생했다. 이러한 배경에서 1981년 〈산업안전보건법〉이 제정
되었다(실무노동용어사전, 2014).

〈산업안전보건법〉은 산업안전·보건에 관한 기준을 확립하고 책임
의 소재를 명확하게 규명하여 산업재해를 예방하고 쾌적한 작업환경을
조성하도록 규정했다. 이로써 근로자의 안전과 보건을 유지·증진하
는 것을 목적으로 한다. 이 법은 모든 사업 및 사업장에 적용된다. 단,
유해·위험의 정도, 사업의 종류·규모 및 사업의 소재지 등을 고려하
여 일부 사업 또는 사업장은 법을 적용하지 않을 수 있다.

2) 〈산업안전보건법〉에서의 근로자보호

〈산업안전보건법〉은 각 사업장의 사업주가 '안전·보건 관리체제'를 구성하도록 규정한다. '안전·보건 관리체제'의 조직도를 살펴보면 〈그림 7-2〉과 같으며 이를 기반으로 산업안전과 근로자보호를 보장한다. 〈산업안전보건법〉에서 산업안전과 근로자보호를 위해 보장하는 조치는 다음과 같다.

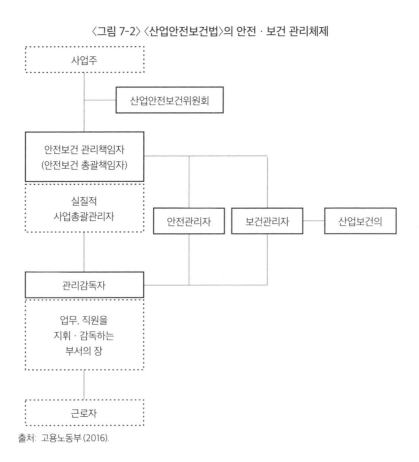

〈그림 7-2〉〈산업안전보건법〉의 안전·보건 관리체제

출처: 고용노동부 (2016).

(1) 안전보건 관리규정

사업주는 안전보건 관리규정을 작성하여 근로자에게 알리고 사업장에 게시해야 한다. 규정을 작성하거나 변경할 때는 산업안전보건위원회의 심의·의결을 거쳐야 한다. 규정에 포함되는 내용은 아래와 같다.

- 안전·보건 관리조직과 그 직무에 관한 사항
- 안전·보건교육에 관한 사항
- 작업장 안전관리에 관한 사항
- 작업장 보건관리에 관한 사항
- 사고 조사 및 대책 수립에 관한 사항
- 그 밖에 안전·보건에 관한 사항

(2) 유해·위험 예방조치

사업주는 설비, 인화성 물질, 에너지 등과 관련된 위험을 예방하기 위해서 안전조치를 취해야 한다. 또한 작업의 내용, 작업과정에서의 배출물, 적정기준을 벗어난 요인 등과 관련된 건강장해를 예방하기 위해서 보건조치를 취해야 한다. 이러한 안전조치와 보건조치 사항은 고용노동부령으로 정한다.

사업주는 산업재해가 발생할 급박한 위험이 있거나 중대재해가 발생하였을 때에는 작업을 중지하고 근로자를 대피시켜야 한다. 만약 근로자가 스스로 작업을 중지하고 대피하였을 때는 그 사실을 상급자에게 보고해야 한다. 근로자가 합리적 근거를 가지고 대피하였을 때 사업주는 이를 빌미로 근로자에게 해고나 부당처우를 하지 않아야 한다.

안전·보건상 유해하거나 위험한 작업은 고용노동부 장관의 인가 없이는 도급을 주어서는 안 된다. 사업주의 사업과 도급을 준 사업이 같은 장소에서 진행될 때는, 사업주는 두 사업에 종사하는 근로자 모두에게 안전·보건조치를 취해야 한다. 또한 건설공사에 종사하는 수급인이 건설공사 중에 가설구조물의 붕괴 등 재해위험이 높다고 판단했을 때, 전문가의 의견을 반영하여 도급인에게 설계변경을 요청할 수 있다.

사업주는 고용노동부령으로 정하는 바에 따라 근로자에 대하여 정기적으로 안전·보건교육을 진행해야 한다. 근로자를 채용하거나 작업 내용을 변경할 경우에는 그 업무와 관련된 안전·보건교육을 진행해야 한다. 만일 근로자가 유해하거나 위험한 작업에 종사할 경우에는 그 업무와 관련된 안전·보건에 관한 특별교육을 진행해야 한다.

고용노동부 장관은 유해·위험한 기계·기구·설비 등의 안정성을 평가하기 위해서 안전인증 기준을 정하여 고시할 수 있다. 이때 안전인증 기준은 유해·위험한 기계·기구·설비 등의 종류별, 규격별, 형식별로 정할 수 있다. 또한 유해·위험한 기계·기구·설비 등을 사용하는 사업주는 고용노동부 장관이 실시하는 안전검사를 받아야 한다.

근로자에게 직업성 암을 유발하여 그의 건강을 해롭게 하는 물질이나 유해성·위험성이 발견된 물질을 제조·수입·양도·제공 또는 사용하지 않아야 한다. 만일 이를 제조하거나 사용하려는 경우에는 고용노동부 장관의 허가를 받아야 한다.

건축물이나 설비를 철거하거나 해체하려는 경우에는 해당 건축물이나 설비에 석면이 함유되었는지, 석면이 함유된 자재의 종류, 위치 및 면적에 대한 석면조사를 한 후 결과를 기록·보존하여야 한다. 또한 근로자의 건강장해를 유발하는 화학물질 및 물리적 인자 등을 고용노동부령으로 정하는 분류기준에 따라 분류하고 관리하여야 한다.

타인에게 화학물질을 양도하거나 제공하는 경우에는 물질안전보건 자료를 작성해서 제공해야 한다. 이를 제공받은 사업주는 이를 근로자가 쉽게 볼 수 있는 장소에 게시해야 한다. 물질안전보건자료에 담긴 내용은 아래와 같다.

- 대상화학물질의 명칭
  - 구성성분의 명칭 및 함유량
- 안전·보건상의 취급주의 사항
- 건강 유해성 및 물리적 위험성
- 그 밖에 고용노동부령으로 정하는 사항

(3) 근로자의 보건관리

사업주는 유해인자로부터 근로자의 건강을 보호하고 쾌적한 작업환경을 조성하기 위해서 작업환경을 측정한 후, 그 결과를 기록·보존 및 고용노동부 장관에게 보고하여야 한다. 또한 근로자의 건강을 보호·유지하기 위해서 〈국민건강보험법〉에 따라 건강진단기관에서 근로자에 대한 건강진단을 해야 하며 진단결과는 근로자, 사업주, 고용노동부 장관에게 보고되어야 한다.

사업주는 감염병, 정신병 또는 근로로 인한 병세의 악화가 우려되는 근로자에게 의사의 진단에 따라 근로를 금지 및 제한해야 한다. 그 후 근로자가 건강을 회복하였을 때는 지체 없이 취업하게 하여야 한다.

사업주는 유해·위험작업에 종사하는 근로자가 1일 6시간, 1주 34시간을 초과하여 근로를 하지 않게 해야 한다. 또한 유해·위험작업에 필요한 자격·면허·경험이 없는 자는 그 작업을 금지해야 한다.

3. 산업안전의 과제

1) 법률주의적 접근방법의 한계

우리나라의 산업안전·보건기준은 기본적으로 법률주의적 접근방법을 택한다. 법률주의는 '일정한 기준 내지 방향을 정하고 이에 위반할 시 법률적 제재수단을 동원하여 행위를 유도하는 방법'을 의미한다. 즉, 모든 산업에 일률적으로 적용하는 것이다.

하지만 실제로는 각 기업의 특성과 상황상 기업별로 필요한 산업안전의 정도가 다르다. 이러한 상황에서 법을 적용한다면, 어떤 기업에서는 산업안전이 필요 이상으로 시행되고 다른 기업에서는 산업안전이 부족하게 시행되는 결과가 발생할 수 있다(박세일, 2006).

또한 법적 기준만 준수하면 문제가 없는 것으로 해석할 수 있기 때문에 기준 이상의 역량이 있음에도 법정기준만 준수하는 결과가 나올 수 있다. 즉, 법에서는 최저기준으로 생각하고 만들어 놓은 것이 실제로는 최고기준으로 인식될 수 있는 것이다(정진우, 2014).

실제 산업은 끊임없이 변화하기 때문에 그에 따라 필요한 안전·보건의 정도도 변할 수밖에 없다. 그렇기 때문에 한번 정해지면 개정 전까지 변하지 않는 법적기준으로 인해 법을 준수하는 것이 오히려 실제 산업안전을 저해할 수 있는 결과를 가져올 수 있다.

2) 근로자의 작업중지권 행사 한계

작업중지권은 산업재해가 발생할 급박한 위험이 있을 때 작업을 중지하고 대피할 수 있는 권리이다. 특히, 〈산업안전보건법〉 26조 2항에는 근로자가 작업중지를 시행할 수 있음을 규정한다. 즉, 작업중지권은 근로자가 스스로 위험에 대응하는 권리임을 의미하지만 실제로 근로자가 작업중지권을 사용한 사례는 거의 존재하지 않으며 이에 따라 작업중지권은 형식적 권리라는 의견이 제시된다(조흠학, 2014).

작업중지권이 사용되지 않는 원인은 '급박한 위험'의 내용과 범위에 대한 구체적 정의가 없다는 것에서 발생한다. 그 결과 근로자가 자신이 판단한 '급박한 위험'에 대한 근거를 제시하고 입증해야 하는 상황이 발생한다. 또한 작업중지권 개념에는 업무정지와 작업거부가 혼재되었는데 업무정지는 근로자가 위험 등을 감지하여 일시적으로 작업을 멈추는 것을 의미한다.

반면에 작업거부는 근로자가 작업을 거부하거나 참여하지 않는 것을 의미한다. 이 두 개념 간의 구분이 명확하지 않기 때문에 근로자가 위험을 감지하여 업무를 멈추더라도 이를 파업의 일환인 작업거부로 해석하는 일이 발생한다. 급박한 위험의 근거가 부족하거나 작업거부로 해석되면 그에 대한 손실의 책임이 근로자에게 주어지는 현상이 발생하는 것이다(조흠학, 2013). 그러나 근로자는 안전과 보건에 위험에 있을 때 모든 작업중지를 할 수 있어야 하므로 작업중지를 할 수 있는 조건을 '급박한 위험'이라는 말로 국한할 것이 아니라 근로자가 다양한 위험요인으로부터 보호받을 수 있도록 그 범위를 확대해야 한다.

결론적으로 우리나라의 근로자는 작업중지권을 사용하는 데 부담을 느끼며 근로자가 작업중지권을 사용하는 사례가 거의 존재하지 않는다. 이는 산업안전보건체계에서 근로자의 참여가 원활히 보장되지 않아 실제 산업안전에 기여하는 영향력이 감소함을 의미하므로 법령을 통한 실질적 불이익 금지를 통해 작업을 중지한 근로자를 적극 보호할 필요가 있다.

제8장
사회보장

　우리나라는 1964년 산재보험을 시작으로 일반 근로자에게 적용되는 사회보험은 5가지로 확대되었다. 그중 근로자만을 대상으로 하는 사회보험은 산업재해보상보험과 고용보험을 들 수 있다.

　국민연금은 근로자뿐 아니라 모든 경제활동계층에 적용되고 건강보험은 비경제활동계층까지 포함하는 전 국민을 대상으로 한다. 또한 최근 도입되어 운영되는 노인장기요양보험은 건강보험과 적용대상을 동일하게 하고 장기요양서비스를 받는 계층은 65세 이상으로 규정한다.

　따라서 이 장에서는 근로자를 중심으로 하는 산재보험과 고용보험을 설명하고 일반국민을 대상으로 하는 제도에 대해서는 근로자 부분을 중심으로 설명하도록 한다.

1. 산재보험

산업재해보상보험(이하, 산재보험)은 1963년 도입된 우리나라의 최초의 사회보험으로 산업재해로 인해 근로자가 부상을 입었을 경우에 치료비, 치료하는 동안의 소득 보장, 후유증으로 인해 장해가 발생하였거나 사망한 경우에 산재근로자나 가족을 보호하고 보상 및 사회복귀를 할 수 있도록 하는 제도이다. 산재보험의 강제가입 규정은 적용대상이 되는 사업주로부터 소정의 보험료를 징수하여 산재근로자가 재해 시에도 확실한 생활을 보장받도록 국가가 책임을 지는 것이다.

산업화 초창기에는 근로자 자신이 입은 재해가 사용자의 부주의나 과실에 기인하였음을 증명해야만 산재에 대한 보상을 받을 수 있었다. 그러나 이는 실제적 보상이 거의 불가능하였으며 이를 입증하거나 소송을 통해 증명하는 경우에도 보상이 이루어지기 어려웠다. 이러한 문제는 산업화의 진전으로 근로자의 권리가 향상됨에 따라 근로자의 재해에 대하여 사용자의 책임을 원칙으로 하되 사용자가 산재의 원인이 순수한 근로자의 고의 또는 부주의나 과실에 기인하였음을 증명해야 배상책임에서 벗어날 수 있는 무과실책임주의로 전환되었다.

이 발전 과정에서 사용자는 민영보험에 의해 위험분산을 시도하고자 한 바 있으나, 가속화된 산업화의 결과로 사고가 대형화되고 빈번해짐에 따라 모든 근로자에 대해 신속하고 확실한 배상을 보장하고 기업의 안정적 발전을 위해 사회보험으로서 산재보험이 도입되었다.

산재보험을 실시함에 따른 중요한 목적은 산재근로자에 대하여 신속, 적정한 재해보상을 실시하고 재해예방과 재활사업을 실시함으로

써 재해를 입은 근로자의 원상복귀를 우선적으로 수행하고 산재근로자
와 가족의 인간다운 생활을 보장하는 데 있다. 또한 불의의 재해로 사
업주가 과중한 경제적 부담을 지게 되는 위험을 분산, 경감시켜 안정
된 기업 활동을 할 수 있도록 도와주는 것에 목적이 있다.

1) 적용대상

산재보험의 적용대상은 근로자를 사용하는 모든 사업 또는 사업장에
적용되는 것을 원칙으로 한다(〈산업재해보상보험법〉 제6조). 다만, 공무
원, 사립학교 교직원, 군인, 농·어업, 임업, 수렵업 중 근로자가 5명 미
만인 경우, 가정 내 고용활동 등은 적용대상에서 제외된다.

예외적으로 국외의 사업, 해외파견자, 현장실습생, 중소기업 사업
주, 특수형태 근로종사자(보험모집인, 콘크리트 믹서트럭 운전수, 골프장
캐디, 학습지 교사, 택배원 및 퀵서비스 배달원), 국민기초생활보장법 자
활급여 수급자 중 일부가 적용대상으로 포함될 수 있다.

따라서 적용대상이 되는 보험가입자는 상시 1인 이상의 근로자를 사
용하는 사업의 사업주가 되며 법인의 경우 법인 그 자체가, 개인사업
체의 경우는 대표가 보험가입자가 된다.

2) 재정부담

산재보험료는 보험 사업에 소요되는 비용을 충당하기 위하여 보험가
입자인 사업주가 전액 부담한다. 사업주가 부담하여야 하는 산재보험
료는 그 사업주가 경영하는 사업에 종사하는 근로자의 개인별 보수총

액에 따라 같은 종류의 사업에 적용되는 산재보험료율을 곱한 금액을 합한 금액으로 한다. 이때 산재보험료율은 업종별로 위험에 따라 다르게 적용되며 각 기업의 재해발생정도와 사업 규모에 따라 ±50%의 차등을 둔다(산재보험 개별실적요율).

3) 급여 종류 및 내용

〈산업재해 보상보험법〉의 적용을 받는 사업 또는 사업장 소속 근로자가 업무상 사유로 부상·질병·장해를 입거나 사망한 경우, 이를 회복시키거나 소득을 보장하고 가족의 생활보호를 위해 급여를 제공한다.

급여에 대한 세부사항은 다음과 같다. 부상을 당했을 경우와 3일 이상 입원할 경우에는 치료비 전액(요양급여), 치료를 받는 동안은 평균임금의 70%에 상당하는 금액을 현금으로 지급받는다(휴업급여).

또한 요양급여 종료 이후에도 요양을 지속해야 되는 경우(상병보상연금), 치료 이후에 후유증으로 장해가 발생할 경우에는 장해등급에 따라서 현금을 지급하도록 되어있다. 이때 1~3급은 연금으로 지급하고, 4~7급까지는 연금 또는 일시금 중 선택이 가능하며, 8~14급까지는 일시금으로 지급한다(장해급여).

그 외에 치료 중 간병이 필요한 경우(간병료), 치료 종결 이후 간병이 필요한 경우(간병급여), 근로자가 사망했을 경우(유족급여, 장의비), 재활이 필요한 경우(의료, 직업, 사회재활)에 지급하는 급여가 있다.

장해연금의 지급 수준은 등급에 따라 다르다. 1~4급은 평균 임금의 70~90% 수준을 연금으로만 지급한다. 4급~7급은 40~60% 수준을 지급하며 지급방식을 연금과 일시금 중 선택할 수 있다. 8~14급은 등

급에 따라 차등하여 일시금으로 지급한다. 다만, 중복장해의 경우 두
가지 이상의 장해가 중복되는 경우가 있는데 이때 등급을 조정하여 적
절한 보장이 되도록 한다.

4) 관리운영체계

산재보험의 보험관계는 관리 주체인 고용노동부 장관의 위탁을 받아
근로복지공단이 집행기관이 되어 관리운영하며 보험료를 납부해야 할
의무가 있는 보험가입자 그리고 보험급여를 받을 권리가 있는 수급권
자가 있다. 현재 보험료 징수는 건강보험공단에서 사회보험 징수를 일
원화하여 수행한다.

고용노동부는 산재보험 사업의 관장자로서 보험요율의 결정, 고시,
보험급여 기준의 결정, 보험기금의 관리운용 등 주요정책 업무를 관장
한다. 근로복지공단은 산재보험 업무의 집행기관으로서 보험가입자 및
수급권자에 관한 기록의 관리 · 유지, 보험금의 결정 및 지급, 산재보험
의 시설의 설치 · 운영, 근로자의 복지증진을 위한 사업 등을 수행한다.

5) 산재보험의 과제

산재보험은 1963년 법 제정 이래 그동안 수십 차례의 개정을 통해 적
용대상과 급여수준을 확대하였다. 그럼에도 불구하고 아직까지 농업
인, 특수형태 근로종사자 등 재해에 노출된 근로자 모두가 적용대상에
완벽하게 포함되는 것은 아니다. 또한 장해등급에 따라 급여 수준이
결정되는 것도 개선해야 할 부분이다. 이는 의료적 관점에서 등급을

정함으로써 장해로 인한 소득손실 보전이라는 실질적 측면을 고려하지 않았다는 지적을 받는다.

이 밖에도 출퇴근재해에 대한 배제 문제, 개별실적요율제로 인한 보험료 격차의 확대 그리고 건설업을 중심으로 한 산재 은폐 등의 다양한 문제가 있으며 이를 해결하기 위한 개선 노력이 이루어져야 한다.

2. 고용보험

우리나라는 1995년 7월부터 고용보험을 도입·시행하여 선진국의 실업급여 형태도 지원하면서 국가의 4대 사회보험제도의 기틀을 구축했다. 고용보험제도란 근로자의 고용안정을 촉진하고 근로자가 실직했을 경우 실직근로자 및 그 가족의 생활안정과 재취업을 촉진하는 사회보험제도이다.

즉, 고용보험의 성격은 근로자의 실직에서 비롯하는 소득손실의 발생에 대한 보장을 사회보험이 담당하는 점은 고전적 의미에서 실업보험(unemployment insurance) 사업의 성격을 갖는 것이고 실직근로자의 재취업이나 직업안정 등을 촉진하기 위한 사업은 국가의 적극적 노동시장 정책의 성격이 혼합된 형태로 볼 수 있다.

이러한 고용보험의 시행을 통하여 실업의 예방, 고용의 촉진 및 근로자의 직업능력의 개발과 향상을 꾀하고, 국가의 직업지도와 직업소개 기능을 강화하며, 근로자가 실업한 경우에 생활에 필요한 급여를 실시하여 근로자의 생활안정과 구직활동을 촉진함으로써 경제·사회 발전에 이바지하는 것을 목적으로 한다(〈고용보험법〉 제1조).

1) 적용대상

고용보험의 적용대상은 근로자를 사용하는 모든 사업이며 적용단위는 사업 또는 사업장이다. 즉, 근로자를 1인 이상 사용하는 모든 사업 또는 사업장이 당연적용대상에 해당된다.

다만, 사업의 규모 및 산업별 특성을 고려하여 사업장 및 피보험자 관리가 매우 어렵다고 판단되는 일부 사업[1]에 대하여는 예외를 두어 적용을 제외한다.

2) 재정부담

고용보험료는 보험 사업에 소요되는 비용을 충당하기 위하여 보험가입자인 사업주와 피보험자인 근로자로부터 징수하는 금액을 말하며 매년 적용 사업의 보험가입자인 근로자의 보수총액에 보험 사업별 보험료율(보험 사업별·규모별로 달리 적용)을 곱하여 산정한다.

이때 고용안정·직업능력개발 사업 보험료는 사업주가 전액 부담하고 실업급여 보험료는 근로자와 사업주가 각각 절반씩 부담한다. 실업급여 보험료 중 근로자 부담 분(0.65%)에 대해서는 사업주가 그 근로자의 보수로부터 원천 공제하여 납부할 수 있도록 한다.

3) 급여 종류 및 내용

고용보험의 급여는 4가지로 분류될 수 있다.

첫째, 실업급여는 실직근로자에게 일정기간 실업급여를 지급하여 실직자의 생활안정과 조기 재취업을 유도하기 위한 것이다. 실직기간 동

---

[1] 농업·임업·어업 및 수렵업 중 법인이 아닌 자가 상시 4인 이하의 근로자를 고용하는 사업, 총공사금액이 매년 고용노동부 장관이 고시하는 금액 미만인 건설공사, 가사서비스업.

안의 기본급여뿐만 아니라 직업훈련기간 동안 기본급여를 연장해주는 인센티브 제도를 두고, 조기 재취업 시 수당을 지급하여 재취업활동을 충실히 하도록 권장한다.

둘째, 고용안정 사업은 경기의 변동이나 산업구조의 변화과정에서 기업의 재정 상황이 악화되었을 경우 실업을 최소화하면서 고용조정이 이루어질 수 있도록 지원하는 사업이다. 근로시간 단축, 교대제 전환 등을 통해 일자리를 창출하는 고용창출 사업, 근로자의 고용안정을 도모하는 고용조정지원 사업과 고령자·여성 등 노동시장 취약계층에 대한 고용촉진지원 사업 등이 있다.

셋째, 직업능력개발 사업은 사업주가 소속 근로자를 대상으로 직업능력개발훈련 등을 지원함으로써 근로자의 직업능력개발이 지속적으로 이루어질 수 있도록 한다. 이는 노동생산성을 향상시키고 근로자의 임금수준 향상을 도모하며 기업의 경쟁력을 강화하는 역할을 한다.

넷째, 여성근로자의 고용안정을 위하여 육아휴직급여[2] 및 출산전후휴가급여[3] 등을 지원한다. 이 급여는 임신·출산으로 인한 노동시장 이탈을 방지하고 일·가정 양립 지원을 확대하기 위한 정책이다. 또한 육아휴직 급여 외에도 육아기 근로시간 단축 급여를 통해 아동 돌봄에 필요한 시간을 확보하면서 고용을 유지할 수 있도록 한다.

---

2) 만 6세 미만의 초등학교 취학 전 자녀를 가진 남녀근로자가 자녀를 양육하기 위해 육아휴직(자녀 1인당 최대 1년 한도)을 하는 기간 동안 고용보험기금에서 통상임금의 40%(상한액 100만 원, 하한액 50만 원)의 급여를 지급하는 제도이다.

3) 출산전후휴가개시일 현재의 〈근로기준법〉상 통상임금액에 상당하는 금액을 지급한다. 대규모 기업은 90일 중 60일을 초과하는 기간에 대하여 지급(135만 원 한도), 우선지원대상기업은 90일에 대하여 통상임금 지급(405만 원 한도)한다.

4) 관리운영체계

고용보험 운영에 관한 주요사항의 결정이나 기획에 관한 업무는 고용노동부가 직접 관장한다. 구체적 집행업무는 고용노동부 산하의 6개 지방고용노동청과 47개 지방고용노동지청(이하 지방고용노동관서)에서 행하며 근로복지공단과 한국산업인력공단에서도 업무의 일부를 위탁받아 행한다.

고용보험 피보험자의 권리구제를 위하여 고용보험심사관과 고용보험심사위원회(고용노동부 본부)를 두고 이의신청에 대한 권리구제제도를 운영한다.

5) 고용보험의 과제

고용보험은 도입의 역사가 짧음에도 불구하고 근로자를 보호하는 정책으로 중요한 역할을 수행할 수 있는 발판이 마련되었다는 점에서 긍정적으로 평가할 수 있다. 그러나 실업급여의 수준이 재취업을 준비하는 데 부족하고 비정규직 등 취약한 계층이 불리한 상황이라는 점에서 개선이 필요하다. 또한 규모가 큰 사업장일수록 고용보험을 적극적으로 활용하는 반면 영세사업장은 불리한 상황을 개선하지 못하여 오히려 사업장 간 격차가 벌어지는 문제가 나타나기도 한다.

직업능력개발 사업 또한 공급자 중심의 관료적 경직성 때문에 부처별로 상호 분리 운영되는 분절적 특징을 나타내며 대부분이 직업훈련과는 다른 분야에 취업하는 등 이에 대한 성과관리 또한 미흡하다는 비판을 받는다. 이 밖에도 구직활동에 대한 구체적 방안 미흡, 조기 재취직수당 제도의 의미상실 등 다양한 문제가 제기된다. 청년실업 및 고용보험 사각지대에 대한 근본 대책을 세워 장기적 차원의 개선이 이루어져야 한다.

3. 국민연금, 건강보험, 노인장기요양보험

국가가 의무적으로 시행하는 사회보험제도에는 앞서 설명한 근로자만 적용대상이 되는 산재보험과 고용보험뿐만 아니라 경제활동을 하는 계층이 적용대상이 되는 국민연금과 모든 국민이 적용대상이 되는 건강보험과 노인장기요양보험이 있다.

근로자는 국민연금, 건강보험의 보험료 납부 대상일 뿐만 아니라 퇴직에 따라 국민연금의 수급대상이며 질병이 발생할 경우 근로자 자신뿐 아니라 가족도 보장대상이 된다. 노인장기요양보험의 경우 근로자의 가족에 해당하는 노인이 수급대상이고, 납부는 근로자가 건강보험료에 추가해서 별도로 부담한다.

우리나라는 당시 소득파악이 용이한 공무원(1960), 군인(1963), 사립학교 교직원(1973) 순으로 공적연금제도가 우선적으로 수립되었으며, 1988년에서야 근로자 10인 이상 사업장을 대상으로 국민연금이 도입되었다.

또한 질병, 부상이라는 불확실한 위험의 발생과 분만, 사망 등으로 인해 개별가계가 일시에 과다한 의료비를 지출함에 따라 겪는 부담을 덜어주기 위해 1970년 전 국민대상 의료보험이 도입되었다.

가장 최근에 도입된 노인장기요양보험은 고령화가 빠르게 진행됨에 따라 치매 등 노인성 질환자 수가 증가되면서 노인 의료비용의 부담이 가중됨에도 불구하고 가족의 노인 부양기능이 약화된 현실에 맞춰 2008년 우리나라 5번째 사회보험으로 도입되었다.

1) 적용대상

국민연금의 적용대상은 국내에 거주하는 18세 이상 60세 미만의 국민을 의무가입 대상으로 한다. 다만, 가입연령에 해당되지 않는 자도 가입이 허용될 수 있으며 국내에 거주하는 외국인도 일정한 조건하에서 가입대상에 포함될 수 있다(〈국민연금법〉126조). 그러나 공무원연금, 군인연금, 사립학교 교직원연금에 가입하거나 이들 제도에서 연금을 수급하는 국민은 가입대상에서 제외된다.

국민건강보험의 적용대상은 모든 국민이다. 다만 〈국민 기초생활보장법〉에 의하여 의료급여대상이 된 경우는 제외한다. 국민건강보험의 적용대상은 직장가입자와 지역가입자로 구분한다. 직장가입자는 상시 1인 이상의 근로자를 사용하는 사업장에서 고용된 근로자와 사용자, 공무원 및 교직원으로 임용 또는 채용된 자이다.

직장가입자의 피부양자는 직장가입자에 의해 주로 생계를 유지하는 자이며 피부양자 중 재산이 일정 수준 이상인 자는 피부양자에서 지역가입자로 전환하여 적용대상이 된다. 지역가입자는 직장가입자와 피부양자 및 의료급여대상자를 제외한 자를 말한다.

노인장기요양보험 적용대상은 국민건강보험과 동일하게 모든 국민이며 의료급여 수급권자도 포함한다(〈노인장기요양보험법〉제 7조 3항). 노인장기요양보험의 급여대상은 65세 이상의 노인 또는 65세 미만 노인성 질병을 가진 자로서 6개월 이상의 기간 동안 혼자서 일상생활을 수행하기 어려워 장기 요양서비스가 필요하다고 인정받은 자를 수급대상자로 한다.

65세 이상 모든 노인은 질병의 종류와 상관없이 장기요양 등급 인정

시 급여혜택을 받을 수 있으며 65세 미만인 자는 노화 및 노인성 질환에 한하여 수급이 가능하다. 65세 미만의 노인성 질병이 없는 장애인은 급여대상에서 제외되며 장애인을 위한 별도의 제도를 마련하여 운영한다.

2) 재정부담

국민연금의 재정부담은 근로자는 가입자의 소득에 비례하여 사용자와 각각 4.5%씩 부담하고 자영업자와 농민은 본인이 전액을 부담하되 농어민의 경우 국고보조가 일부 지원된다. 연금가입자의 보험료 부담 범위는 최저소득과 최고소득의 범위 내에서 보험료를 부과한다.

국민건강보험의 재정부담 역시 근로자의 경우는 보수월액에 대하여 일정한 비율의 보험료를 사용자와 공동으로 부담하며 지역가입자의 경우는 소득과 재산 그리고 자동차 등을 고려해서 보험료 부과점수에 점수당 금액을 곱하여 가입자에게 부담하도록 한다. 또한 환자가 의료기관의 서비스를 받는 경우에는 의료기관에 따라 차등적으로 본인부담을 하도록 한다.

노인장기요양보험의 운영을 위한 재원마련은 3자 부담으로 이루어진다. 즉, 국민건강보험과 동일한 가입자가 부담하는 장기요양보험료와 정부지원에 의한 조세 그리고 서비스 수급자의 본인부담을 통한 재원마련 방안이다. 장기요양보험료는 건강보험료액에 장기요양보험료율(6.55%)을 곱한 값을 산정하여 건강보험료와 통합징수하되 이를 구분하여 고지하고 징수 후 장기요양보험료와 건강보험료는 각각의 독립회계로 관리한다.

건강보험에서와 마찬가지로 장기요양보험에서도 가입자가 급여비용의 일부를 부담하도록 한다. 즉, 노인장기요양보험에서 제공하는 시설급여의 20%, 재가급여의 15%는 수급자 본인이 부담해야 한다. 다만 차상위계층 등 소득과 재산이 일정금액 이하인 저소득층은 본인 부담금이 각각 1/2로 경감되고 국민기초생활수급권자는 국가와 지방자치단체에서 부담한다.

3) 급여 종류 및 수준

국민연금에서 연금급여란 가입자가 노령, 장애 또는 사망으로 인해 소득이 중단, 상실 또는 감소되었을 때 기본적 생활보장을 위해 지급하는 현금급여를 말한다.

국민연금의 급여는 사망, 장애, 노령 등 세 가지로 구분될 수 있는데 사망 시에는 유족에 해당하는 사람이 유족연금, 사망 일시금, 반환 일시금, 미지급 급여 등을 지급받을 수 있으며, 장애 발생 시에는 장애연금, 65세 이상이 된 경우에는 노령연금이 지급된다.

현재 국민연금의 급여 수준은 기본연금액의 경우에 20년 가입을 한 60세를 기준으로 20년 가입 시 20%, 40년 가입 시 40%가 지급된다(완전노령연금). 다만, 가입기간이나 수급연령에 따라 급여 수준이 조정될 수 있다(감액노령연금, 재직자노령연금, 조기노령연금). 또한 장애연금 또는 유족연금은 산재보험에서 지급 받을 경우 1/2 수준으로 지급된다. 그 밖에 자세한 사항은 국민연금공단 홈페이지를 통해 확인할 수 있다.

건강보험의 급여는 제공형태에 따라 현물급여와 현금급여로 구분된다. 현물급여는 가입자 및 피부양자에게 요양기관을 통해 직접 의료서비스를 제공하는 것으로 요양급여와 건강검진이 있다. 현금급여에는 요양비, 부가급여, 본인부담액 보상금, 장애인보장구 급여비 등이 있다.

장기요양급여는 노인 및 노인성 질환자만을 대상으로 하며 신체적·정신적 장애에 대한 요양 및 복지서비스로 현물서비스 제공을 원칙으로 한다. 요양급여 한도는 평가판정에 의한 장기요양등급별 월 사용한도액 범위 내에서 급여를 선택·이용할 수 있고 종류는 크게 재가급여, 시설급여 그리고 특별현금급여로 나누어진다.

4) 관리운영체계

국민연금, 국민건강보험, 노인장기요양보험의 운영과 관련하여 정책결정에 대한 책임을 지는 정부부처는 보건복지부이다. 보건복지부는 국민연금의 적용 및 적용시기, 연금보험료의 부과기준 및 보험료율, 급여 수급요건 및 지급수준, 장기재정추계 및 기금운용계획, 가입자 및 수급자의 복지증진사업 등에 대한 정책을 계획하고 수립할 책임을 진다. 보건복지부는 직접 운영보다는 정책결정과 감독업무를 수행한다.

국민연금은 공무원 등과 같이 특수직역에 종사하는 자를 제외한 모든 국민을 단일한 연금체계에 편입하여 관리한다. 즉, 자영업자와 근로자, 저소득층과 고소득층에 따른 차이에 관계없이 국민이면 누구나 공통적으로 국민연금의 적용을 받도록 중앙집중 관리방식에 의한 단일체계로 운영한다.

국민연금관리공단은 보건복지부 장관의 위탁을 받아 국민연금 사업을 운영하는 집행기관으로, 국민연금 가입자에 대한 기록의 유지, 급여의 결정 및 지급, 가입자 및 수급자를 위한 복지시설의 설치·운영 등과 같은 복지증진사업 등을 직접 수행하는 관리운영기관이다.

국민건강보험은 분산 관리방식으로 운영하던 것을 1998년 10월 중앙집중 관리방식에 의한 단일체계로 전환하였다. 국민건강보험공단은 보건복지부 장관의 위탁을 받아 건강보험 및 노인장기요양보험의 사업을 운영하는 집행기관으로 가입자 및 피부양자의 자격관리, 보험료의 부과 및 징수, 보험료 관리, 보험급여비용의 지급, 자산 운영관리 등을 담당한다.

특히, 징수와 관련해서는 2011년 1월 1일부터 '사회보험 징수 통합제도'가 시행되어 3개의 사회보험공단(국민연금공단, 국민건강보험공단, 근로복지공단)에서 따로 수행하던 국민연금, 건강보험, 고용보험, 산재보험 업무 중 유사, 중복성이 높은 보험료 징수업무를 국민건강보험공단이 통합하여 운영한다.

5) 국민연금, 건강보험, 장기요양보험의 과제

국민연금은 보험료 부과의 측면에서 영세사업장 근로자, 자영업자 등에 비해 소득파악이 용이한 근로자가 불리한 구조로 되었다. 급여수준에서 볼 때도 공적 부조와 노령수당의 수준보다 낮은 경우도 있고 상당기간 가입해서 보험료를 부담해도 최저생계비에 미치지 못하는 급여를 받는 경우가 있어 노후보장제도로서의 역할을 하지 못한다는 비판을 받는다.

건강보험의 경우에도 소득 파악이 용이한 직장가입자(근로자)와 지역가입자 간의 보험료 부담의 형평성이 논란이 되며 공적 의료보험제도가 도입되었음에도 불구하고 높은 본인부담 비율로 질병이라는 위험에 노출되었을 때 상당한 경제적 부담 비용이 발생하게 된다. 또한 대

도시로 집중된 의료기관의 공급체계 또한 해결할 과제로 남았다.

　노인장기요양보험 역시 공급과 수요의 불균형에 놓였으며 의료와 요양 간의 모호한 경계, 건강보험과 중첩되는 기능의 문제, 장애인활동지원제도와 충돌하는 문제는 첨예한 갈등을 낳는다. 그 외에도 가족요양비와 관련한 불법행위 개선, 요양보호사의 처우 개선 문제 등은 조속한 해결이 필요하다.

　끝으로 우리나라 5대 보험의 원활한 운영을 위해서는 국가가 적극적 해결의지를 보여야 하며 이해당사자 간의 합의와 노력이 필요하다.

제 9 장

기업복지 이론

　기업복지란 일반적으로 기업에서 임의로 제공하는 법정 외 복지를 통칭하지만 관심 영역에 따라 사회보험이나 법정복지 등 기업이 재원을 일부 또는 부담하는 모든 형태를 포함시키기도 한다. 우리나라 기업은 기업복지라는 용어보다는 복리후생이라는 용어를 더 보편적으로 사용하며 기업복지를 포함하는 산업복지 개념은 생소한 편이다.

　근로자를 위한 산업복지 관련 제도를 '국가의 재정 및 관리운영에 대한 책임여부' 및 '법적 강제성 여부'에 따라 크게 3가지로 나눌 수 있다. ① 국가가 재정 및 운영에 대한 책임을 지며 법적으로 강제하는 제도 (사회보장제도) ② 국가가 재정 및 운영에 대한 책임은 없으나 법적으로 강제하는 제도(기업복지 프로그램: 법정복지) ③ 국가가 재정 및 운영에 대한 책임도 없으며 법적 강제도 하지 않은 제도(기업복지 프로그램: 법정 외 복지)가 바로 그것이다.

　이 책에서는 사회보장제도를 앞서 제 8장에서 다루었다. 제 10장에서는 '기업복지 프로그램: 법정복지'와 '기업복지 프로그램: 법정 외 복지'를 다룰 것이다. 이 장에서는 먼저 다양한 학문 분야에서 정의하는 기업복지의 개념을 살펴보고 역할 및 특성을 정리해 보았다.

1. 기업복지의 개념 및 의의

1) 기업복지의 개념

기업복지에 대한 정의는 학문 분야에 따라 다양하며 기업복지의 영역에 대한 견해 역시 상이하다. 일반적으로 사회복지학 분야에서 기업복지는 고용관계에 있는 노동자와 그의 가족들을 대상으로 기업이 비용의 일부 또는 전부를 부담하여 임의로 실시하는 법정 외 복지를 의미한다.

노동경제학이나 경영학 등 다른 분야에서는 기업복지를 근로복지 또는 산업복지와 동일한 광의의 개념으로 이해하여 사용한다. 박세일(1988: 11)은 "임금이나 근로시간 등과 같은 기본적 근로조건 이외의 부가적 내지 부차적 근로조건의 개선을 통하여 근로자의 복지를 향상시키는 것을 목적으로 하는 제정책이나 활동"으로 정의하였다.

또한 "종업원의 생활수준 향상을 위하여 시행하는 임금 이외의 간접적인 제급부"(김식현, 1996: 392), "기업이 주체가 되어 근로자와 그 가족을 대상으로 하는 임금 이외의 급부"(송준호, 1996: 5) 등과 같이 현금 이외의 모든 급여를 포함하는 등 광의로 사용한다. 기업복지를 "법적 강제성 여부에 관계없이 노동자와 그 가족들을 대상으로 기업이 비용의 일부 혹은 전액을 부담하여 실시하는 복지사업 또는 제도"(한국노동연구원, 2000: 9)로 정의하기도 한다.

한편, 정부나 기업에서도 역시 매우 포괄적 기업복지 개념을 사용한다. 노동부(1988: 3)에서는 "임금과 기본 노동조건 이외에 추가적으로 기업부담 하에서 제공되는 편익"으로 규정했고 한국경영자총협회의 경우도 기업복지를 사회보험과 법정복지 및 법정 외 복지까지 포함한 개념으로 사용한다. 이처럼 다양한 개념을 사용할 경우 기업복지의 범위를 결정하는 것은 상당한 혼란을 가져올 수 있다. 그러나 앞서 언급한 바와 같이 사회복지학에서 기업복지는 고용관계에 있는 노동자와 가족을 대상으로 기업이 재정 부담의 전적 또는 부분적 주체가 되어야 한다. 또한 기업이 재정 및 운영에 대한 책임을 지며 법적 강제성이 있는 법정제도와 법적 강제성이 없는 법정 외 제도 모두를 포괄한다.

2) 기업복지의 의의

기업복지의 발전은 단순히 사용자의 온정주의만으로 설명할 수 없다. 기업복지는 국가복지정책과의 관계, 기업의 조직유지를 위한 노무관리의 수단, 근로자의 다양한 욕구충족을 위한 방법이라는 다양한 측면에서 해석할 필요가 있다.

기업은 생산성 향상을 위한 조직의 유지관리 차원에서 자발적으로 행동할 뿐 아니라 기업을 둘러싼 역동적 환경의 요구에 대응하여 발전했다. 기업복지의 의의는 기업복지 발전의 추동요인에 대해 살펴봄으로써 다양한 입장에서 모색해 볼 수 있다. 따라서 다음에서는 국가, 기업, 근로자의 입장에서 본 기업복지의 의의를 살펴볼 것이다.

(1) 기업의 측면에서 본 기업복지의 의의

기업은 경제적 동기에서 근로자에게 사회적 서비스를 제공하는가? 대답은 그럴 수도 있고 그렇지 않을 수도 있다. 근로자에게 제공되는 총보상을 고려할 경우 근로자에게 사회적 서비스를 제공하는 것이나 더 높은 임금을 지불하는 것이나 별로 차이가 없다. 하지만 사회적 서비스의 부족으로 인한 생산력의 상실은 기업의 입장에서도 문제가 될 수 있다. 특히, 점차 인적 자본의 중요성이 강조되고 첨단 기술이 발전하는 현대에는 근로자에 대한 관리의 중요성이 무엇보다도 중요하다. 따라서 기업은 자신의 가치를 실현하기 위해 기업복지를 제공한다.

기업의 측면에서 볼 때 기업복지의 의의는 고용관계의 안정성 확보, 생산성 향상, 사회적 책임성 이행 등으로 나눠볼 수 있다.

첫째, 기업이 고용관계의 안정성을 확보하기 위해 기업복지를 제공한다는 입장이다. 이는 내부 노동시장의 도입으로 설명된다. 기업은 근로자의 장기근속 유도와 근로자에 대한 통제전략으로서 내부 노동시장을 도입하였고 기업복지의 발전을 가져왔다는 것이다.

특히, 인적자본의 중요성이 증대되는 현대에 와서는 근로자에 대한 관리가 기업의 경쟁력 측면에서 중요하다는 시각이다. 예를 들어, 기혼여성의 고용에 관심이 있는 기업은 기혼여성을 위한 탁아서비스를 제공함으로써 자신의 가치를 실현하려 할 것이며 임금수준을 올리는 데 한계가 있는 공기업의 경우 숙련된 근로자를 채용하기 위해 다양한 서비스를 제공할 수 있다.

둘째, 기업복지를 통해 기업의 생산성을 높일 수 있다는 입장이다. 이윤추구가 최종 목적인 기업의 입장에서 기업복지비는 단기적 측면에서 볼 때 매몰비용(sunk cost)일 수 있으며 장기적 이윤에도 긍정적 영향을 주는지에 대해서는 합의된 바 없다. 단지 기업복지 프로그램이 생산성에 간접적으로 긍정적 영향을 미친다는 점에는 대체로 동의한다. 이때 기업의 생산성과 관련된 지표들은 비용-효과성의 증가, 기업의 경영관리상의 도움, 노사관계의 개선, 기업 이미지의 제공 등이다.

셋째, 기업복지를 통해 기업은 사회적 책임을 이행해야 하며 사회에 상당한 기여를 한다는 입장이다. 기업에 대한 사회적 기대가 확대됨에 따라 기업이 수행하는 과업은 단지 경제적 산출물에만 국한되지 않는다. 따라서 기업이 사회의 인정을 받고 성공하기 위해서는 변화하는 사회적 욕구에 부응하는 더 많은 사회적 참여가 필요하다는 입장이다.

하지만 일부 경제학자는 기업은 본연의 역할인 이윤의 극대화에 노력해야 하며 이것이 사회에 대한 책임을 완수하는 것이고 여타의 활동은 다른 기관에서 맡아야 한다고 주장한다.

(2) 국가의 입장에서 본 기업복지의 의의

국가의 입장에서 볼 때 기업복지는 국가복지의 역할분담이라는 측면에서 설명될 수 있다. 1970년대 오일쇼크 이후 복지국가 위기를 거치면서 복지주체를 다원화하려는 노력이 강력하게 추진되었으며 그 대상중의 하나가 기업이다.

기업은 개인, 가족, 민간단체와는 달리 자본주의 시장에서 국가복지를 담당할 수 있는 독립적 재정능력이 충분하다는 점에서 국가복지의 책임을 상당부분 전가할 수 있는 매력적 대상이다. 기업복지는 이러한 점에서 국가복지의 보완적 역할을 수행한다는 의미를 갖는다.

하지만 기업복지가 국가복지를 보완해 준다는 순기능적 측면 이외에 기업복지를 국가의 노동정책(최균, 1992) 또는 자본에 대한 국가의 지대추구행위의 결과라는 입장으로 설명하는(송호근, 1992) 시각도 있다. 기업복지를 국가의 노동정책과의 관계에서 설명하는 시각은 기업복지를 근로자에 대한 국가의 개입과 통제전략으로 활용한다는 입장으로, 국가의 필요성에 따라 제공의 임의성을 전제로 한 기업복지의 축

소나 확대를 결정한다는 것이다.

한편, 국가의 지대추구 행위는 기업은 독자적 기반을 구축하지 못하였거나 국가의 혜택을 필요로 하는 한 국가의 요구를 수용할 수밖에 없으므로 그 결과로서 기업복지가 형성되었다는 입장이다.

우리나라의 경우 이러한 노동정책의 필요성과 국가의 지대추구행위의 결과, 근로자에 대한 복지정책이 국가복지의 영역으로서가 아니라 기업의 책임으로 전가됨으로써 기업복지의 외연적 확대를 초래한 반면, 국가복지의 상대적 저발전성을 초래했다.

(3) 근로자의 입장에서 본 기업복지

기업복지는 국가복지를 통해 충족되지 못하는 욕구를 해결할 수 있다. 국가복지는 일반적으로 보편성을 전제로 제공되기 때문에 일반 근로자의 다양한 욕구를 충족시키기는 어렵다. 이때 근로자의 입장에서 기업복지의 의의는 고용 자체만으로 실생활의 안정에 도움을 줄 수 있는 다양한 형태의 지원을 받을 수 있다는 데 있다.

또한 기업복지를 통한 급부는 임금과 같은 현금급여보다 조세의 측면에서 유리하다. 대부분의 국가에서 근로소득에 대해서는 누진제를 적용하지만 기업복지에 대해서는 세금을 면제하기 때문에 현금소득에 비해 실질적 내재가치가 크다.

결과적으로 기업복지는 근로자의 욕구에 비교적 부합하는 서비스를 제공함과 동시에 근로자에게 임금급여보다 더욱 실질적 혜택을 줄 수 있다는 점에서 의의를 찾을 수 있다.

2. 기업복지의 역할 및 특성

1) 기업복지의 역할

1987년 이후 본격적 발전을 이룬 기업복지는 IMF 이후 구조조정기를 거치면서 상당한 변화를 겪지만 그럼에도 근로자의 복지향상에 중요한 역할을 담당한다.

그러나 이러한 기업복지의 역할은 국가복지를 상당부분 보완하는 순기능적 측면과 더불어 국가복지의 발전을 제한하는 하나의 장애요인으로 작용하였다는 지적을 면하기 어렵다. 다음에서는 기업복지의 역할을 긍정적 측면과 부정적 측면으로 구분하여 설명하였다.

(1) 긍정적 측면

① 고용안정의 확보를 통한 효율성 제고

최근 고부가가치 산업이 발달함에 따라 우수한 숙련근로자에 대한 효율적 관리가 기업의 노무관리에서 차지하는 비중이 커졌다. 이에 맞추어 기업에서는 숙련근로자를 위한 직업훈련 프로그램을 개발하거나 기업 내 직무경력 향상을 위한 노력을 기울이는 등 인적 자본에 대한 투자를 늘리는 중이다. 이는 사용자가 숙련근로자 유지관리를 얼마나 중시하는지 잘 보여준다.

② 국가복지의 보완

앞서 언급한 바와 같이 기업복지는 국가복지의 불충분한 부분을 보완할 수 있는 기능을 갖추었으며 이를 시행해 왔다. 특히, 우리나라와 같이 국가복지의 기반이 미약한 나라에서는 기업복지가 근로자의 복지 향상에 상당히 기여한 것이 사실이다. 실제로 우리나라의 경우 사회보험제도를 제외하면 근로자를 위한 국가복지는 매우 취약한 수준이다.

③ 근로자의 생활안정

기업복지는 근로자의 실제 생활에 영향을 미칠 수 있는 다양한 프로그램으로 구성되며 근로자의 생활수준을 안정시킨다. 임금은 실제로 일정수준 이상 증가하기 어려우며 여러 가지 조건에 따라 차별화된다. 하지만 기업복지는 임금과는 달리 동일한 회사에 근무할 경우 동등한 서비스를 제공받는다. 따라서 근로자에게 제공되는 총보상(임금 + 부가급여)의 차이를 좁히는 효과를 가져와 근로자의 생활을 전반적으로 안정 또는 향상시킬 수 있다.

(2) 부정적 측면

① 기업복지의 임의성

기업복지 역할의 부정적 측면은 국가복지와의 관계에서 설명할 수 있다. 국가복지와 달리 기업복지는 기업의 지급능력에 따라 임의로 제공되므로 최소한의 국가복지가 전제되지 않는다면 근로자의 입장에서 안정적이지 못하다.

우리나라와 같이 국가복지가 담당해야 할 상당부분이 기업에 전가된 경우 근로자의 복지기반은 매우 불안정하며 국가복지가 상대적으로 취약한 상태에서 기업복지가 근로자의 실제 생활에 직접적 영향을 미칠 수 있는 서비스를 제공하는 경우 기업복지의 제공 자체가 근로자에 대한 기업주와 노동조합의 권력자원으로 변질될 가능성이 있다.

② 불평등의 심화

기업복지는 기업의 지급능력을 전제로 하는 만큼 근로자 간의 복지격차가 커진다는 문제점이 있다. 국가복지가 미약한 우리나라의 경우, 근로자의 복지가 기업복지 중심으로 운영되어 중소 영세기업체 근로자의 상대적 박탈감은 더욱 커지고 불평등이 심화될 수 있다.

2) 기업복지의 특성

일반적으로 근로에 대한 직접적 보상은 임금을 통해 제공되며 기업복지는 일종의 간접적 보상형태로 기업에서 일반적으로 노무관리의 일환으로 활용한다. 하지만 기업복지는 임금이나 일반 노무관리제도와는 상이한 몇 가지 특성이 있다.[1]

첫째, 기업복지는 임금과는 달리 개인의 능력보다는 고용된 상태 자체로 인해 수급권이 발생한다. 즉, 연령·성별·지위·근속연수 등에 따라 급부조건이나 내용에 차이가 있을 수 있지만 원칙적으로 노동의 질이나 양, 능률성에 의해 차등적으로 제공되지 않는다는 특성이 있

---

[1] '기업복지의 특성'에 대한 논의는 관련 연구(김식현, 1996; 日本経営者団体連盟, 1999)를 참조하였다.

다. 따라서 임금수준이 낮은 젊은 근로자에게 기업복지 프로그램은 경제적으로 더욱 도움이 될 수 있다.

둘째, 기업복지는 근로자의 필요성에 근거하여 제공된다. 기업복지 프로그램은 근로자 자신에게 급부의 상황이나 조건이 발생할 경우 혜택이 주어지는 경향이 있다. 따라서 임금은 고용계약에 따라 근로자에게 일괄적으로 지급하지만 기업복지는 사유가 발생할 경우 비용을 지출하게 되어 필요성의 구체적 내용에 따라 용도가 제한된다.

셋째, 기업복지는 규모의 경제에 의한 제공이 가능하다. 기업복지는 집단으로 실시할 수 있으므로 근로자 개개인을 대상으로 하는 것보다 비용과 급여 측면에서 유리하다.

넷째, 기업복지는 현금과 현물 등 다양한 형태로 제공될 수 있다. 현금으로 제공되는 임금과는 달리 기업복지는 현금 이외에도 현물이나 서비스, 시설물 등 다양한 형태를 통해 제공된다.

다섯째, 기업복지는 임금과 달리 기업의 특성에 맞게 독자적으로 구축할 수 있다. 기업복지는 다양한 형태를 통해 제공되므로 기업의 특성이나 근로자의 욕구에 맞는 독특한 프로그램의 운영이 가능하다.

제 10 장

기업복지 프로그램

1. 법정복지

사회복지 영역의 기업복지의 개념에 대해서는 앞선 논의를 통해 정의하였다. 기업복지는 고용관계의 노동자와 그의 가족을 대상으로 기업이 재정 부담의 전적 또는 부분적 주체가 되는 복지이며 법정복지와 법정 외 복지 모두를 포괄한다. 산업복지 영역 내에서 우리나라의 대표적 법정복지제도는 퇴직급여제도라고 할 수 있다.

우리나라는 1961년 퇴직금제도를 처음 도입한 이후 2005년 퇴직연금제도가 도입되었다. 퇴직연금제도는 기업이 근로자의 노후소득 보장과 생활안정을 위해 근로자 재직기간 중 퇴직금 지급재원을 외부의 금융기관에 적립하고 근로자 퇴직 시 연금 또는 일시금으로 지급하도록 하는 제도이다.

종전의 퇴직금제도의 경우 기업이 도산하면 근로자는 일자리는 물론, 퇴직금 수급권마저 보호받지 못할 염려가 있었으나 퇴직연금제도의 경우 기업이 도산해도 근로자는 금융기관으로부터 적립된 퇴직금을 안전하게 수령할 수 있다는 장점이 있다. 이 장에서는 정부의 〈근로자 퇴직급여 보장법〉을 중심으로 퇴직연금제도에 관해 설명하고 과제 및 발전방향을 제시하려 한다.

1) 도입배경

먼저 퇴직연금제도의 모태가 되는 퇴직금제도(1961)는 사회보장제도가 부재한 국가적 현실 속에서 도입된 최초의 근로자 보장제도이다. 퇴직 시 일시금을 지급하는 제도를 법으로 강제한 사항은 외국에서는 찾아보기 힘든 이례적 모습이다.

본래 퇴직금제도는 노사의 자율적 결정에 따라 단체협약 등을 통해서 규정함이 원칙이지만 과거 우리나라는 근대적 노사관계가 성숙하지 않은 상황에서 퇴직 후 근로자의 생존권을 보장하기 위하여 퇴직금제도를 법제화했다. 그 내용을 살펴보면 근로자가 1년 이상 계속 근로하였을 때 1년 근무에 대하여 30일분 이상의 임금을 지급하여야 했다.

퇴직금제도는 퇴직근로자의 노후소득원이자 실직 시 생계유지를 위한 수단이 되기도 하였으며 퇴직 후 자영자로 전환하기 위한 기본자금의 역할을 수행했다. 또한 사용자 입장에서는 유능한 근로자의 장기근속을 유도하는 장치로서 역할을 담당했다.

하지만 기존의 법정 퇴직금제도는 일시금의 형태로 지급하며 중간정산의 확산 등으로 인해 노후소득 보장기능이 미흡하다는 점, 사내유

〈그림 10-1〉 우리나라의 3층 노후소득 보장체계

3층	개인 연금	여유 있는 생활 · 개인이 자유롭게 선택하여 가입 · 금융기관에서 운영
2층	퇴직 연금	표준적인 생활 · 근로소득이 있는 경우 가입 · 기업 또는 근로자가 자산 운용
1층	국민 연금	기초생활 보장 · 소득이 있는 경우 의무적으로 가입 · 국가에서 운영

출처: 이상우 (2011).

보가 일반적이므로 기업도산 시 근로자의 수급권이 보호되기 어렵다는 점, 5인 이상 사업장을 대상으로 해 4인 미만의 영세소기업 근로자에게는 적용되지 않는다는 점 그리고 퇴직부채에 대한 실질적 비용예측이 어려워 경우에 따라 일시금 부담이 가중되는 등 기업의 재무관리가 용이하지 못하다는 점 등에서 한계가 있었다.

기존 제도의 한계가 있는 가운데 우리나라는 고령화·저출산의 급속한 진행으로 노년층을 부양할 수 있는 젊은 세대의 인구가 감소했다. 더불어 근로환경의 변화로 근로자의 평균 근속기간이 짧아지고 조기퇴직과 잦은 이직이 일반화되었다. 따라서 은퇴 후의 생활은 점차 장기화되는 반면, 경제활동 인구의 비중은 감소하여 결국 국민연금제도 하나로서는 적절한 노후보장을 이루기 어렵게 되었다. 이후 노후보장 수단의 강화차원에서 퇴직연금제도가 논의되면서 2005년 도입됐다.

한편 OECD에서는 이미 현행 퇴직금제도를 기업연금제도로 전환, 다층의 노후소득 보장체계 구축을 권고한 바 있다. 우리나라의 경우

1988년 국민연금, 1994년 개인연금 그리고 2005년 퇴직연금을 도입함으로써 3층 노후소득 보장체계를 갖추었다.

모두 3층의 연금제도에 가입하는 것은 아니며 저소득층의 경우 근로기간이 짧고 소득이 낮을 경향이 있으므로 국민연금을 통해 노후소득을 보장한다. 반면 중간계층 이상의 근로자는 국민연금과 더불어 퇴직연금을 통해 노후소득을 보장한다. 그러나 우리나라는 선진국과 비교해 볼 때 실질적 노후소득 보장기능을 갖추었다고 보기 어렵다. [1]

2) 적용대상

사용자는 1년 이상 계속 근로한 자에게 퇴직급여를 지급할 의무를 가진다. 사용자는 퇴직하는 근로자에게 급여를 지급하기 위해 퇴직금 혹은 퇴직연금 중 하나 이상의 제도를 설정하여야 한다. 다만, 4주간을 평균하여 1주간의 근로시간이 15시간 미만인 단시간근로자의 경우 퇴직급여가 적용되지 않는다(〈근로자퇴직급여 보장법〉 제4조 1항).

3) 급여의 형태 및 종류

퇴직급여제도는 일시금 형태로 지급하는 '퇴직금제도'와 연금으로 지급하는 '퇴직연금'로 나뉜다. 앞서 언급한 바와 같이 퇴직연금이 2005년 도입되었으나 단계적으로 확대되어 2022년에 이르러 전면 의

---

[1] 물론 개인연금을 3층으로 보는 데는 문제가 있다. 개인연금을 오히려 자영자로 국한하여 근로자의 퇴직연금에 버금가는 세제혜택을 자영자에게 제공함으로써 2층 보장의 역할을 하도록 하는 것이 바람직하기 때문이다.

무화된다.[2] 개정된 〈근로자퇴직급여 보장법〉은 2012년 7월 26일부터 시행된다. 따라서 이후에 신설된 회사의 경우에만 퇴직연금 의무가입이 규정되었으며 이전에 설립된 회사의 경우에는 자율적으로 가입가능하다. 퇴직연금은 원칙상 연금형태로 지급해야 하나 연금지급 자격기준을 충족하지 못하거나 근로자의 신청이 있을 경우 일시금으로 지급할 수도 있다.[3]

확대 과정 중 퇴직연금 의무가입대상이 아닌 사업장에 대하여 퇴직금제도는 법정 사항으로 의무적으로 도입되어야 하지만 퇴직연금은 노사합의에 의해 자율적으로 도입할 수 있는 제도이기 때문에 기존 퇴직금제도를 퇴직연금으로 변경해야 할 강제성을 가지지는 않는다.

퇴직연금은 기존 퇴직금제도의 단점을 보완하여 퇴직금을 사외 적립하여 근로자의 수급권 보장을 강화하기 위한 제도로 운용방식에 따라 다양한 형태를 갖는다. 근로자가 받을 수 있는 급여의 수준이 사전에 결정된 퇴직연금(확정급여형 퇴직연금), 사용자 부담금의 수준이 사전에 결정되고 투자성과에 따라 변동되는 퇴직연금(확정기여형 퇴직연금), 사용자 부담금 외에 IRP 계좌를 설정하여 추가부담금 납입이 가능한 퇴직연금(개인형 퇴직연금)으로 분류된다.

모든 사업장에 대하여 기존의 퇴직금, 확정급여형 퇴직연금, 확정기여형 퇴직연금 중 하나 이상의 퇴직급여제도를 설정토록 한다. 각

---

2) 2014년 8월 말 발표된 '사적연금 활성화 대책'에 따르면 퇴직연금 의무가입 대상은 2016년 근로자 300인 이상 사업장을 시작으로 2017년 100~300인, 2018년 30~100인, 2019년 10~30인, 2022년 10인 미만 등으로 단계적으로 진행된다.

3) 일시금의 산정기준은 확정급여형의 경우 '근속년수 × 30일분'이며, 확정기여형은 적립금의 운용실적에 따라 달라진다.

제도는 모두 동등한 지위를 가지는 제도로서 급여형태 및 종류의 선택은 사업장의 여건과 근로자의 선호를 감안하여 노사 간 자율적 합의에 의해 이루어진다. 4) 다만, 관리능력이 취약한 10인 미만 사업장의 경우 개인형 퇴직연금 가입으로 대체가 가능하도록 한다.

(1) 퇴직금

퇴직금은 퇴직 시 일시급 형태로 지급하는 급여이며 기존의 〈근로기준법〉상 퇴직금의 내용과 동일하다. 퇴직금은 1년 이상 근로한 경우 지급되며 근로연수 1년에 한하여 30일분 이상의 임금을 지급하도록 한다.

기존 퇴직금은 중간정산이 가능하였으나 개정된 〈근로자퇴직급여 보장법〉은 퇴직금의 노후소득 보장기능을 강화하기 위해 원칙적으로 퇴직금 중간정산을 금지한다. 일부 사유에 해당하는 경우에 한해서만 지급을 허용한다(〈근로자퇴직급여 보장법〉 제8조 2항).

---

4) 기존의 퇴직금제도 적용 사업장이 퇴직연금(10인 미만은 개인형 퇴직연금)으로 변경하는 경우에는 근로자 대표의 동의를 얻도록 하며 근로자 대표는 근로자 과반수를 대표하는 노동조합이 있는 경우에는 그 노동조합으로 하고 없는 경우에는 근로자 과반수로 한다. 이와 같이 근로자 대표의 동의를 얻은 후 퇴직급여관련 규약을 작성하여(확정급여형 및 확정기여형 연금에 따라 필수기재사항을 규약에 포함시켜야함) 지방노동관서에 통보하면 신고가 완료되어 해당 제도를 실시할 수 있다.

(2) 퇴직연금

① 확정급여형 퇴직연금

확정급여형 퇴직연금(DB형, *defined-benefit*)은 근로자가 퇴직할 때 받을 퇴직급여의 수준이 사전에 결정된 퇴직연금을 말한다. 근로자에 대한 연금급여가 근무기간과 평균임금에 의해 사전에 확정된다. 기업의 적립금 부담은 사용자의 책임 아래 이루어지며 부담수준은 기업의 적립금의 운용실적에 따라 달라진다.

운용의 책임은 회사에 있으므로 근로자는 퇴직금의 투자나 관리에 직접적으로 관여하지 않아도 되며 퇴직금 수준이 미리 확정되었으므로 안정적으로 퇴직금 수령이 가능한 것이 특징이다. 확정급여형 퇴직연금은 2010년 말에 폐지된 퇴직보험5)을 보완하기 위해 도입된 제도다.

확정급여형의 경우는 적립금의 운용권한과 책임이 사용자에게 맡겨지기 때문에 적립금 수준을 제도화하는 것이 매우 중요하다. 사외적립금의 적립수준은 사업장 실정에 맞추어 노사가 협의하여 책정하되 최소한 예상급여액의 80%이상(2016년 기준, 〈표 10-1〉참조)을 사외적립금으로 적립, 운용해야 한다. 한편, 자산관리에서는 보험계약 및 신탁계약에 의하도록 하였는데 이는 과거의 퇴직보험과 동일한 형태라 할

---

5) 퇴직보험 근로기준법에 의하여 1997년부터 시행되었다(1997. 3. 10. 개정, 〈근로기준법〉제34조 제4항). 퇴직보험이 도입된 배경은 기업이 도산할 경우 법정퇴직금도 지급받지 못하는 경우가 발생함에 따라, 기존 퇴직금을 사외적립하고 청구권을 근로자에게 부여하여 근로자 실직 시에도 안정된 노후소득을 보장하기 위하여 도입되었다. 기업의 입장에서도 누적되는 퇴직금을 일시에 지급해야 하는 자금압박을 해소할 수 있게 되었다.

연도	2012~2013	2014~2015	2016~2017	2018~
비율 (적립금/기준책임준비금)	60%	70%	80%	추후 결정

출처: 근로복지공단(*n.d.*).

수 있다. 또한 확정급여형을 운영할 수 있는 금융기관에 대해서도 과거 퇴직보험과 동일한 금융기관으로 한정한다.[6] 일시금으로 수급할 시 급여수준은 현행 퇴직금과 동일하나 연금으로 수급할 경우에는 규약이 정하는 바에 따라 분할하여 지급하도록 한다.[7]

② 확정기여형 퇴직연금

확정기여형 퇴직연금(DC형, *defined-contribution*)은 사업장(기업)의 부담금(연간 임금총액의 1/12, 8.33%)이 사전에 확정되며 근로자가 직접 적립금 운용상품을 선택하고 운용의 책임과 결과도 근로자에게 귀속되는 제도이다. 운영 책임과 결과가 기업에게 귀속되는 확정급여형과 차이를 가진다.

확정기여형은 근로자의 투자성향에 따라 다양하게 운용이 가능한데 운용의 책임은 근로자에 있으므로 적립금 운용결과에 따라 발생한 수익 또는 손실이 반영되어 퇴직급여가 변동될 수 있다. 확정기여형은 회사가 적립하는 부담금 외에도 가입자의 추가부담금 납입이 가능하며

---

[6] 구체적으로는 은행법이 규정한 금융기관, 증권회사(〈증권거래법〉), 신탁업자(〈신탁업법〉), 보험사(〈보험업법〉), 자산운용사(〈간접투자자산운용업법〉) 등이다.

[7] 가입기간 10년 이상, 55세 이상인 자는 연금지급 원칙이다.

근로자 추가부담금에 대해서는 일부 세액공제 혜택을 준다.

퇴직연금 사업자는 금융기관으로 정하며 적립금의 안정적 운영을 위해 일정한 재무건전성 기준을 대통령령으로 명시한다. 적립금의 관리계약 형태는 보험계약 및 신탁계약으로 하여 기존 퇴직보험과 동일하게 규정한다. 또한 적립금은 사용자로부터 독립되어 전액 근로자 개인별 계좌에 적립되도록 함으로서,[8] 사업주 및 금융기관의 도산 시에도 근로자의 연금 수급권이 확보되도록 한다.

운용의 권한과 책임은 근로자에게 전적으로 맡겨지기 때문에, 적립금 운용방법에 대한 기업 및 금융기관의 정보제공·교육 의무화, 원금보장상품 제시 의무화, 주식투자 한도 설정[9] 등 보완조치가 마련되었다. 연금 지급방법은 확정급여형과 동일하며 최소 가입기간 10년을 충족할 경우 연금으로 수급할 수 있도록 한다. 급여지급 개시연령은 55세를 원칙으로 규정한다.

③ 개인형 퇴직연금

개인형 퇴직연금(individual retirement pension · IRP)은 〈근로자퇴직급여 보장법〉이 2012년 개정되면서 사라진 개인퇴직계좌(individual retirement accounts · IRA)를 대체한다. 이 형태의 퇴직연금은 가입자 선택에 따라 가입자가 납입한 일시금이나 사용자 또는 가입자가 납입한 부담금을 적립·운용하기 위해 급여나 부담금 수준을 확정하지 않는다.

---

8) 확정기여형은 적립금이 근로자 개인별 계좌로 관리되기 때문에 근로자가 직장을 옮기더라도 계속해서 연계되어 통산이 용이하다.

9) 주식투자에 대한 직접투자를 금지하고 간접투자의 경우(각종 펀드 등) 전체 투자금액의 40%를 넘지 못하도록 규정한다.

개인형 퇴직연금은 노동시장의 변화로 이직이 활발해 지고 단기 근속자가 급속히 증가하며 일반 근로자의 경우에도 중간정산제 및 연봉제의 확산 등으로 퇴직금이 적립되지 못하고 일시금으로 소진 되는 등의 문제점이 지속적으로 발생하는 상황에서 이를 보완하기 위한 방안으로 도입되었다. 퇴직금 또는 퇴직연금 일시금으로 수령한 자가 개인형 퇴직연금에 가입하여 적립하는 경우, 연금을 수급할 때까지 과세를 이연시키고 연금 수급권을 보장함으로서 노후소득을 보장한다.

〈표 10-2〉 퇴직연금 비교

	확정급여형	확정기여형	개인형
개념	· 퇴직 시 지급할 급여수준을 노사가 사전에 약정 · 사용자가 적립금 운용방법을 결정 · 근로자 퇴직 시 사용자는 사전에 약정된 급여 지급	· 기업이 부담할 기여수준을 노사가 사전에 확정 · 근로자가 적립금 운용방법을 결정 · 근로자가 일정 연령에 도달 하면 운용결과에 따라 퇴직급여를 지급	· 근로자 직장 이전 시 연금통산장치 또는 10인 미만 사업체 적용 · 근로자가 적립금 운용방법 결정 · 퇴직일시금 수령자 가입 시 등 일시금에 대해 과세 이연
기업부담	적립금 운용결과에 따라 기업부담 변동	매년 기업의 부담금은 근로자 임금의 일정비율로 확정(임금총액의 1/12 에 해당하는 금액 이상)	없음(다만, 10인 미만 사업체는 DC와 동일)
퇴직급여	근로기간과 퇴직 시 임금수준에 따라 결정 (계속근로기간 1년에 대한 30일분의 평균임금에 상당하는 금액 이상)	자산운용실적에 따라 퇴직급여의 수준이 변동	자산운용실적에 따라 퇴직급여의 수준이 변동
제도 간 이전	어려움 (퇴직 시 IRA 이전)	직장이동시 용이	연금이전 용이
적합한 기업, 근로자	도산 위험이 없고 정년보장 등 고용이 안정된 기업	연봉제 도입기업, 체불위험이 있는 기업, 직장이동이 빈번한 근로자	퇴직일시금 수령자, 소규모 기업 근로자

출처: 근로복지공단 (n.d.).

즉, 개인형 퇴직연금은 연금제도 간 통산장치 역할을 하여 퇴직급여 재원이 노후소득 보장역할을 할 수 있도록 하는 필수적 장치라 할 수 있다. 특히, 규모가 작은 10인 미만의 사업장에 대해서는 사업주의 관리비용부담 완화를 위하여 개인형 퇴직연금 가입 시 퇴직급여제도를 설정한 것으로 간주한다.

개인형 퇴직연금은 근로자가 퇴직급여의 일시금을 적립하는 것이기 때문에 부담금의 부담 및 납부에서는 다른 퇴직연금제도와 차이가 발생할 수 있다. 급여수준 및 급여수급 자격은 가입자별로 적립금의 운용결과에 따르기 때문에 다른 퇴직연금제도와 차이가 발생할 수 있으나 연금지급 개시연령은 동일하게 55세로 한다.

지금까지 확정급여형, 확정기여형, 개인형 퇴직연금에 대해 알아보았다. 각 연금의 특성에 대해 개념, 기업부담, 퇴직급여, 제도 간 이전 등의 사항을 정리하면 〈표 10-2〉와 같다.

4) 재정 및 관리운영체계

〈근로자퇴직급여 보장법〉은 퇴직연금 사업자로 하여금 퇴직연금의 운용관리업무 및 자산관리업무를 수행하도록 한다. 각 업무를 수행하는 퇴직연금 사업자를 각각 '운용관리기관'과 '자산관리기관'이라고 한다. 운용관리기관은 사용자 또는 가입자에게 적립금 운용방법의 제시 및 운용방법별 정보를 제공하고 적립금 운용현황의 기록·관리를 책임지는 등의 일을 한다. 자산관리기관은 계좌를 설정 및 관리, 부담금 수령, 적립금의 보관 및 관리, 급여의 지급, 운영관리기관을 통하여 전달된 운용지시에 따라 상품을 사고파는 역할 등을 한다.

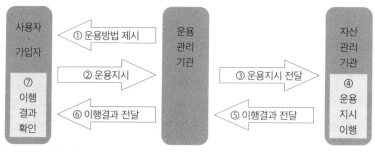

〈그림 10-2〉 적립금 운용관련 운용 · 자산관리기관의 업무처리 흐름

출처: 금융감독원(*n.d.*).

관리운영체계에서 핵심은 퇴직연금의 관리운영기관에 대한 범위와 조건관련 규정이라 할 수 있다. 퇴직급여를 관리운영하는 기관(퇴직연금 사업자)은 기업연금의 성격을 고려하여 민간금융기관에서 취급하도록 함으로써 가입자의 선택의 자유를 확보했다고 볼 수 있다. 한편, 퇴직연금 사업자가 갖추어야 할 사항을 열거함으로써 기업연금에 가입된 선의의 피해자가 발생하지 않도록 규정한다. 10)

또한 감독 기능을 확보하기 위한 조치로서 퇴직연금의 운영상황을 파악하고 제도개선 등에 참고하기 위하여 매년 퇴직연금 운영실적을 제출하도록 하고 고용노동부 장관의 시정명령에 응하지 아니할 경우

---

10) 즉, 적립금의 관리·운용의 적정성을 담보하며 사무관리업무에서 과당경쟁 등을 야기하는 행위를 금지한다. 예컨대, 계약체결 시 가입자 또는 사용자의 손실의 전부 또는 일부를 부담하거나 부담할 것을 약속하는 행위, 가입자 또는 사용자에게 특별한 이익을 제공하거나 제공할 것을 약속하는 행위, 가입자의 성명·주소 등 개인정보를 퇴직연금의 운용과 관련된 업무수행에 필요한 범위를 벗어나서 사용하는 행위, 자기 또는 제3자의 이익을 도모할 목적으로 특정 운용방법을 가입자 또는 사용자에게 제시하는 행위가 여기에 속한다. (〈근로자 퇴직급여 보장법〉 제 33조 4항).

당해 퇴직연금의 운영정지 또는 다른 금융기관으로 계약이전을 명할 수 있도록 하였다.

5) 퇴직급여제도의 과제

2005년부터 실시한 퇴직연금은 가입자 증가, 적립금 규모 확대 등 양적으로 성장했다. 이는 퇴직급여제도가 이원화(법정퇴직금, 퇴직연금) 된 상황에서 이룬 성과라는 점에서 의의가 있다(류건식 외, 2015).

그러나 국민연금, 개인연금과 더불어 다층 노후소득 보장을 위한 제도로써 퇴직연금이 역할을 충분히 한다고는 보기 어렵다. 질적 면에서 가입률, 사각지대 및 연금 수급권의 취약성 등 여전히 해결해야 할 과제가 많다. 따라서 지금부터는 퇴직연금의 바람직한 운용을 위한 과제를 모색해 본다.

첫째, 일시금으로 지급하는 현행 퇴직금제도를 퇴직연금으로 전환하는데 힘써야 한다. 앞서 언급한 바와 같이 2012년 7월 26일 이후에 신설된 회사의 경우에만 퇴직연금 의무가입이 규정되었으며 이전에 설립된 회사는 퇴직급여에서 퇴직금제도 및 퇴직연금 중 선택 여부를 기업의 노사합의에 맡긴다.

물론 공적연금과는 달리 기업연금은 상당부분을 기업이 자율적 노사합의를 통해 결정하는 것이 마땅하다. 그럼에도 강제되어야 할 부분으로서 모든 근로자에 대해 적용하여야 한다는 규정은 제도에서 가장 우선 할 점이다. 이 범주에 속하는 것이 퇴직급여에서 급여형태를 퇴직일시금에서 퇴직연금으로 전환하는 것이다.

기업연금의 도입이 현행 퇴직금제도를 개선하고자 하는 취지라면 이를 반영한 내용이 포함되어야 한다. 2014년 8월 말 발표된 '사적연금 활성화 대책'에 따르면 2022년까지 퇴직연금의 점진적 의무화를 명시하며 정부는 세제 개정을 통한 유인책을 마련한다. 앞으로도 정부는 점진적 확대과정을 통해 더욱 효과 있는 세제 유인책을 마련하고 퇴직연금의 의무화가 실현되도록 노력을 기울여야 한다.

둘째, 각각의 연금 형태가 가진 문제점을 보완하는 중립적 형태의 제도를 도입·운영하기 위한 노력이 필요하다. 현행 퇴직연금은 개인형을 제외하고 확정급여형과 확정기여형으로 구분되며 기업이 그중 하나를 선택하도록 한다. 그동안 퇴직연금에서 확정급여형 또는 확정기여형에 대한 논의는 상당히 대립적이었으며 선택에 노사 간 반목과 쟁점화는 해결해야 할 과제로 지적된다.

확정급여형에서는 재정적 측면에서 사용자의 재정부담을 차후에 가중시킬 수 있다는 점이 강조된다. 확정기여형에서는 근로자의 연금급여가 안정적이지 못하고 무엇보다도 금리 등으로 인하여 수익률이 떨어질 경우 급여수준이 낮아진다는 점이 강조된다. 퇴직연금에서 노사가 기업에 따라 두 가지 제도 중 하나를 선택하도록 한 것은 극단적 두 형태 외에 다른 대안을 제시하지 않았다는 점에서 정부가 별도의 노력을 기울인 흔적을 찾기 어렵다.

반면, 선진국에서는 확정급여형에 확정기여형의 성격을 일부 도입하거나 확정기여형에 확정급여형의 성격을 일부 도입하여 각 제도가 갖는 문제점을 완화하는 것이 일반적 추세이다. 따라서 우리의 경우에도 두 가지 형태를 좀더 완화된 형태로 제시할 필요가 있다.

셋째, 확정급여형과 확정기여형에서 재정건전성 및 연금 수급권이 취약하다는 지적이 있다. 재정운용에서 확정급여형의 경우 사외적립금을 퇴직급여 예상액의 80%이상 적립하도록 하며 확정기여형에서는 퇴직연금 사업자와 계약 시 적립금 운용을 보험 또는 신탁계약으로 하되 근로자가 스스로 선택하도록 한다는 것이 골자이다.

그러나 실제로는 제도의 미흡함으로 인해 재정 불안정성을 야기할 소지가 있다. 먼저 확정급여형의 경우 사외적립금은 기존 퇴직금제도가 안은 사내적립의 문제점을 극복하기 위한 방안으로써 중요한 정책적 전환이지만 최소 사외적립비율이 낮아 적립금이 사외적립비율 100%를 충족하기 전에 사용자 측이 도산하는 경우 근로자의 연금 수급권이 확보되지 못하는 문제가 있다.

한편, 확정기여형의 경우 근로자가 스스로 투자결정을 하도록 하는 운용방식은 제도의 목적과 동떨어진 규정이라는 지적을 받을 수 있다. 퇴직연금은 근로자의 퇴직 이후 노후보장을 위한 목적으로 도입된 제도이다. 따라서 적립금의 운용을 근로자가 스스로 결정한다는 점이 중요한 것이 아니라 적립된 자금이 일정수준 이상의 수익률을 확보하도록 만드는 것이 중요하다. 그러므로 재정 불안정으로 인한 노후보장기능의 상실이 초래되지 않도록 재정건전성 확보와 연금 수급권 강화가 이루어져야 한다.

넷째, 퇴직급여의 관리운영주체인 퇴직연금 사업자에 관한 과제를 해결해야 한다. 관리운영주체의 관건은 가입자에 대하여 철저한 신뢰와 최적의 효율성을 확보하는 데 있다. 특히, 퇴직연금은 노후소득 보장에 근본 목적이 있기 때문에 퇴직연금 소득대체율이 중요하며 이는 운용수익률과 관련이 높다. 현재는 금융전문회사가 관리하는 것이 당연시되는데 선진국보다 퇴직연금 운용수익률이 낮아 소득대체율 제고에 한계가 있음이 지적된다. 따라서 민간 퇴직연금 사업자의 신뢰도에 비추어 운용을 어디까지 허용할 것인가 하는 문제가 제기된다.

또한 보험료의 상당한 부분을 차지하는 모집비용에 대한 묵시적 인정 문제도 제기된다. 이런 비용은 가입자의 부담으로 이어지기 때문이다. 따라서 관리운영비가 상대적으로 적고 좀더 안정적 성격의 연금공단과 경쟁체제로 운영하도록 하는 것이 방안이 될 수 있다.

마지막으로, 영세사업장의 가입률이 저조하며 대상적용에 계속 근로기간이 1년 미만인 노동자가 제외되었다는 점도 해결해야 할 과제이다. 영세사업장의 투자지식 부족 및 재정의 불안정을 고려하여 영세사업장에 대한 가입자 교육을 강화하고 지원을 두텁게 할 필요가 있다.

또한 〈근로자퇴직급여 보장법〉 제4조에서는 근로기간 1년 미만 가입자는 퇴직연금 대상에서 제외했는데 이런 점에서 비정규직, 계약직 근로자가 제외될 가능성이 크다. 최근 정규직보다는 비정규직, 계약직 근로자가 늘어나는 상황 가운데 더 보호를 받아야 근로자가 대상에서 제외되는 점은 앞으로 보완해야 한다.

2. 법정 외 복지

2000년대 이후 우리나라의 기업복지 프로그램은 범위가 확대되고 형태가 다양해지는 등 지속적 발전과정을 겪었다. 일반적으로 기업복지 프로그램은 크게 사내 근로복지기금, 종업원 지주제, 직장보육시설의 세 가지 형태로 운영되며 최근 여성의 경제활동 참여율이 증가하면서 근로자의 보육부담을 덜기 위한 정책적 지원이 증가하는 추세이다.

지금부터는 현재 우리나라에서 실시되는 기업복지 프로그램의 내용을 도입배경과 제도내용을 중심으로 더욱 구체적으로 파악하고 이를 둘러싼 환경 변화와 향후 과제에 대해 전망할 것이다.

1) 사내 근로복지기금

사내 근로복지기금이란 기업복지의 일종으로 임금, 근로시간 등 기본적 근로조건에 이를 추가하여 근로자의 실질소득을 향상시키고 근로의욕과 노사 간 공동체 의식을 고취시키기 위한 제도이다. 기업에서 발생한 이윤의 일부를 근로자의 복지증진 사업에 사용하기 위한 기금으로 출연하는 것을 말하며 법적 의무사항은 아니나 사용자가 사업체 여건을 고려하여 임의로 운영할 수 있다. 근로자와 사용자(기업)에 대한 사내 근로복지기금의 혜택은 〈표 10-3〉과 같이 정리할 수 있다.

이 제도를 통해 근로자는 회사에 재정적 어려움이 발생하더라도 계속해서 복리후생 혜택을 받을 수 있고 사내 근로복지기금 협의회를 통하여 이들의 다양한 복지욕구를 반영할 수 있다. 기업도 이와 마찬가

<표 10-3> 사내 근로복지기금의 혜택

근로자	사용자 (기업)
· 임금 외 기업의 이윤분배 참여 기회 · 재난구호금 지원, 생활안정자금 대부를 통한 저소득 근로자의 생활안정 지원 · 우리사주 구입비용 지원, 주택 구입/임차금 지원을 통한 근로자 재산형성 기여 · 기금에서 지급/보조받는 금품에 대한 증여세 면제 혜택	· 협력적 노사관계 형성, 근로자의 애사심 고취를 통한 생산성 향상 · 기금 출연액을 손비로 인정, 법인세 면제 · 하방경직성을 갖는 임금과 달리, 경영여건에 따라 출연액 조정 가능, 비용부담 신축적 · 점차 다양해지는 근로자의 복지수요에 능동적으로 대처할 수 있음

출처: 고용노동부(*n.d.*).

지로 이미 조성된 기금을 통해 근로자들의 복리후생 수준을 유지할 수 있으며 임금인상에 대한 부담을 줄일 수 있다.

(1) 도입배경

사내 근로복지기금 제도는 1982년 처음 추진되었고 1983년에 법제화되지 않은 상태에서 당시 노동부의 행정지침에 의한 권장사항으로 '사내복지기금 설치운영 준칙'이 실시되었다. 이러한 권장사항은 당시 노사 간의 분위기에 비추어볼 때 활성화되는 데 한계가 있었다. 일부 제도를 도입한 기업도 본래의 취지에서 벗어난 운영을 하는가 하면 세제지원도 미비하여 제도의 효과가 미미한 수준에 머물렀다.

그러다 1988년 이후 사내 근로복지기금의 취지와 목적의 당위성에 대한 새로운 인식하에 법제화 노력을 기울여 1991년 7월 23일 법이 통과되었고 1992년 1월 1일부터 시행되었다. 추진 이후 10년 만에 새로운 법이 탄생한 것이다. 당시 근로자를 위한 복지가 열악한 상황에서, 사내 근로복지기금의 설치는 근로자나 사용자 모두에게 이익이 될 것이라는 판단이 이 제도의 도입배경이 되었다.

근로자에게는 ① 기업이익의 일부가 복지기금으로 출연·조성되어 근로복지후생사업에 사용되므로 임금소득 이외의 자본소득을 가져오고 ② 주택구입·임차 자금의 보조, 우리사주구입자금의 지원 등 재산형성의 지원과 재난구호금 등의 생활 원조를 함으로써 목돈을 마련할 수 있는 기회가 주어지며 ③ 저소득 근로자의 생활안정을 위한 자금 및 학자금을 지원함으로써 고소득 근로자와의 소득격차를 줄이고 ④ 기금에서 지급·보조받은 금액에 대하여는 세제상 감면혜택을 받을 수 있다는 장점이 있다.

사용자에게는 ① 기업이익의 일부를 근로자 복지후생사업에 배분함으로써 사회적 책임을 실현하는 동시에 근로자에게 근로의욕을 북돋아 생산성 향상을 가져올 수 있고 ② 기금은 원금의 소모 없이 영속성·점증성을 가져 기업의 출연금은 비용이 아닌 투자로서 관리·운영되므로 기업 내 근로조건이 개선되고 장래에는 복지비용이 절약되어 기업발전의 기틀을 마련할 수 있으며 ③ 고정적 비용인 임금 부담과 복지비 출연을 연계하여 인건비를 합리적으로 배분함으로써 노사의 임금교섭을 원활하게 하는 장점이 있다.

(2) 제도내용

사내 근로복지기금은 기금의 설치를 강제하지 않는 '임의 제도'이며 설치를 원하는 사업장에 대하여 혜택을 제공함으로써 기금설치를 유도한다. 앞서 설명하였듯 기금은 근로자의 복지증진을 위하여 기업이익의 일부를 사업주가 출연·조성하여 근로자에게 항구적 복지 혜택을 주기 위한 것으로, 기업의 이익으로 기금을 출연하기 때문에 이익이 발생하는 사업이면 어느 기업이나 기금의 설치가 가능하다.

즉, 기업이익이 발생하지 않는 사업장은 기금을 설치할 수 없는 것이 원칙이나, 이익이 없는 기업(공기업, 준정부기관 등도 포함)이라도 사업주나 제3자가 임의로 출연하는 경우까지 기금설립을 금지하는 것은 일반 재단법인의 설립성격과 맞지 않다. 따라서 사업자가 임의 출연하는 경우에는 이익이 없는 사업장도 기금을 설치할 수 있으나 이때는 기금협의회의 협의·결정 대상이 될 수 없다.

기금의 조성방법은 크게 두 가지로 나눌 수 있다. 하나는 기업의 전년도 법인세 또는 소득세 차감 전 순이익(세전순이익)의 5/100를 기준11)으로 협의회가 협의·결정한 금액을 사업주가 출연하는 방법이며 다른 하나는 협의회가 협의·결정한 금액 이외에 사업주나 제3자가 임의로 재산을 출연하여 기금을 조성하는 방법이다.12)

사내 근로복지기금 제도는 단체교섭의 대상으로 인식되기 쉽지만 이 제도가 노사협조에 의한 생산성 향상 유도와 근로자의 경영참가를 위해 도입되었다는 점 그리고 기업과 근로자 모두를 위한 제3의 법인격을 갖는 재단으로 운영토록 한 입법취지로 미루어 볼 때, 관련된 문제는 기금협의회를 통하여 협의·결정되는 것이 바람직하다.

기금의 사용은 기금의 원금(기본재산)에서 발생한 수익금이 기금용도의 재원이 되는 것이므로 원금으로는 용도사업을 행할 수 없다(법 제14조 1항).13) 즉, 기금은 기본재산을 사용할 수 없으므로 원금을 법에

---

11) 5/100의 기준은 출연금의 적정선을 뜻하는 것으로 회사의 형편에 따라 이를 저하하거나 초과할 수 있으며 초과 시에는 그 초과분의 출연금도 〈조세특례제한법〉(제73조 기부금의 과세특례) 상 손비로 인정할 수 있다.

12) 이 경우, 지정기부금으로 인정된다.

13) 고용노동부(2012)의 '제3차 근로복지증진 기본계획'에 따르면 최소한의 근로자복지사업을 위해 반드시 필요하거나 중소기업 저소득 근로자의 복지향상에 기여하고자 하는 등 특별한 사유가 발생하는 경우, 기금의 원금사용을 일부 허

규정된 장학금, 재난구호금으로 지급할 경우에도 법에 위배된다. 다만 기금사업의 활성화를 위하여 1995년 법을 개정하여 당해 연도 출연금의 30% 내에서 기금 원금의 사용이 가능해졌다.

　기금의 원금을 사용할 수 없도록 한 이유는 기금이 당해 사업장의 근로복지후생사업을 영속적으로 행하기 위한 것이기 때문이다. 따라서 이는 일회적으로 지출되는 복지비용과는 다르며 기금의 기본재산이 훼손될 경우 수익금은 이를 보전한 이후가 아니면 용도사업에 사용되어서는 안 된다는 점을 강조한다고 볼 수 있다. 또한 사내 근로복지기금을 설치한 기업에 대한 세제지원으로서 기업이 해당 규정에 따라 지출하는 기부금은 전액 손금에 산입된다. 14)

　이 제도는 기업이익의 일부를 기금으로 조성하고 이익금으로 근로자의 복지를 증진시키는 데 목적이 있으며 작업복 지급 등과 같은 현물급여적 지출 형태나 일회성이 강한 복지비 지출, 휴게실 등과 같은 고정적 시설 제공과도 차이가 있다. 또한 사내 근로복지기금은 공공복지기금, 직업훈련촉진기금 등 정부나 공공단체에서 관리·운영하는 기금과도 근본적 차이가 있다. 다시 말해 공공기금과는 달리 기업에서 내부적으로 운영하는 '시설기금'으로서의 성격을 갖는다. 한편으로는 공익적·비영리적 성격을 갖는다는 점에서 민법상 비영리법인, 그중에서도 재단법인과 성격이 유사하다.

용하는 방안을 검토 중이다.

14) 이때 출연한 금액은 당해 과세연도의 소득금액 계산에서 이월결손금을 차감한 후의 소득금액 범위 내여야 한다. 따라서 사용자가 기업이익을 기금에 출연할 경우 기업의 측면에서 보면 출연금의 약 36%에 해당하는 금액을 국가로부터 지원받는 것으로 볼 수 있다.

기금의 성격을 살펴보면 다음과 같다.

첫째, 근로자 복지제도이면서 간접이윤분배 제도 내지 일종의 근로자 이윤참가제도라 볼 수 있다. 기금은 근로자에게 주택자금 및 종업원 지주제(우리사주제도) 지원을 통한 재산형성의 지원, 장학금·재난구조금·경조비 등 근로자의 생계비 지출보조를 통한 생활원조, 생활안정자금과 소액 대부를 통한 금융공제의 수행에 이르기까지 다양한 형태로 운영되며 사업의 범위는 근로복지를 위한 사업에만 해당된다. 기금의 재원은 기업의 이익을 가지고 노사가 협의를 통해 결정하여 조성된다. 이는 근로자가 이윤분배에 참가하는 제도의 성격을 갖는다.

둘째, 기금의 독립적 성격을 들 수 있다. 기금은 독립법인으로 설립되고 운영기구도 사업체의 경영조직과 별도의 기구(협의회, 이사, 감사 등)로 구성하도록 되며 조성된 기금은 법령 및 자체 정관 등에 따라 관리·운영되기 때문에 기업의 영업재산과는 완전히 별개이다. 따라서 기금은 어떠한 조건과 이유로도 기업의 영업재산이나 운영자금으로 전용 또는 대출이 불가하며 기금증식을 위한 것일지라도 기금의 명의로 당해 사업체의 주식취득이나 출자를 금한다.

셋째, 기금의 영속적 성격이다. 사내 근로복지기금은 그 수익금으로만 복지사업을 할 수 있다. 기금을 근로자 복지사업에 사용하더라도 원금을 잠식·소모할 수 없으며 부동산 소유나 주식투자처럼 원금 손실 우려가 있는 증식방법은 활용할 수 없다. 따라서 기금은 기본재산의 증가는 가능하나 감소는 막아야 한다. 이 기금은 장기적으로 해당 사업체의 근로복지 및 근로조건의 향상을 가져와 이를 바탕으로 기업이 성장하고 발전하는 기틀을 마련하는 데 이바지한다.

넷째, 기금의 유동적 성격을 들 수 있다. 기금은 금융기관에 예입·

예탁 등을 원칙으로 하므로 필요한 용도에 따라 시의 적절하게 사용할 수 있다. 예를 들어 기업이 파산하는 경우를 가정하면, 사내 근로복지 기금은 해산된 재산으로 사용자가 지급하지 못한 임금, 퇴직금, 기타 근로자에게 지급할 의무가 있는 금품을 지급하는 데 우선적으로 사용할 수 있다. 즉, 기업 파산 시 근로자의 임금청구권을 부분적으로 보장하는 역할을 한다.

2) 종업원 지주제

종업원 지주제(*employee stock ownership plan* · ESOP) 또는 우리사주제도는 "회사가 경영방침으로 특별한 편의를 제공하여 종업원으로 하여금 자사주식을 취득, 보유케 하고 기업경영 및 이익분배에 참여케 함으로써 근로자의 근로소득 외에 자본소득을 증대시켜 나가는 제도"로 정의된다(박길상 · 조정적 · 진준민 · 이완영, 1992). 이 제도는 노무관리상 안정주주의 확보라는 기업방위적 관점에서 실시되었으나 근래에 와서는 근로자의 재산형성 촉진을 통한 근로자의 경영참가로 협조적 노사관계의 확립과 부의 격차 해소의 수단이라는 측면이 강조된다.

오늘날 종업원 지주제는 종업원의 경영참여라는 목적에 더하여 다양한 효과를 기대할 수 있어 산업복지에서 매우 중요한 위치를 차지하면서 비중이 확대되었다. 이것의 목적은 크게 3가지로, 경영적 목적, 사회적 목적 그리고 정치적 목적으로 구분하여 해석할 수 있다.

첫째, 경영적 목적은 경영상의 안정적 성장을 위해 수익성과 안정성의 목표를 달성하기 위한 것으로 가장 중요한 목적이다. 즉, 종업원의 성취동기 유발, 유능한 근로자의 확보 및 이직방지, 양질의 자기자본

조달 및 자본의 증진, 기업홍보의 확대 등을 통해 경영에 기여한다.

특히, 오늘날 경영의 목적인 이윤, 종업원복지 향상, 사회적 책임 수행과 직결된다. 예컨대 독일의 경우, 공동의사결정 모델과 더불어 종업원 지주제 등의 이익참가 모델을 행한 기업이 종업원 1인당 17%의 생산성 증대를 가져왔으나 그렇지 않은 기업은 자본의 유기적 구성도가 30%나 더 높음에도 4%의 생산성 증대에 그친 사례도 보고되었다. 미국에서도 종업원 지주제를 통해 이익을 분배한 기업이 그렇지 않은 기업에 비해 훨씬 성과가 높게 보고된 경우가 많다.

둘째, 사회적 목적은 자본주의 체제 하에서 근로자의 존재기반을 확충시킴으로써 노동과 자본 간의 긴장과 갈등을 해소시키는 사회적 안정 효과를 뜻한다. 즉, 근로자에 대해 경영지배 기능, 생활보장 기능, 사회적 지위향상 기능을 수행함으로써 노사 간의 동반자적 관계를 촉진하여 협력적 노사관계를 유지시키는 데 기여한다. 일부 연구에서는 종업원 소유 주식비율이 25% 이상이면 협조적 노사관계를 구축하는 데 현저한 효과를 나타낸다고 보고하였다.

셋째, 정치적 목적을 들 수 있다. 이는 근로자의 기업자본 참여로 자본축적의 원천을 다양화하여 경제적 균형을 유지하고 부의 집중현상을 최대한 방지하여 정치적 과정에서의 기회균등을 제공하여 정치적 안정에 기여하는 것을 말한다. 그 외에도 종업원 지주제의 확충은 소비재 시장의 구매력을 억제하고 자본재 시장의 구매력을 촉진시켜 국민경제의 균형발전을 기여한다.

(1) 기업과 종업원의 장단점

종업원 지주제는 다음과 같은 장단점을 갖는다. 제도 본연의 목적달성을 위해서는 장점을 최대한 살리면서 단점을 최소한으로 줄이는 노력이 필요하다.

① 기업 측의 장점

노사관계적 측면에서는 종업원이 자사의 주식을 취득하고 회사의 주주로서 경영과 이익분배에 참여하면서 회사와 종업원의 공동체 의식 향상에 도움을 주는 것을 장점으로 들 수 있다.

종업원이 자사주를 소유하면서 주인의식을 가지면 회사의 목표와 자신의 목표를 동일하게 인식함으로써 애사심 함양, 노사 협조관계 증진, 근로의욕 증진 및 생산성 향상 등의 효과를 불러올 수 있다. 또한 종업원의 이직을 방지하여 회사로 하여금 노동력을 유지하게 해준다.

재무관리적 측면에서는 다음의 4가지 장점을 들 수 있다.

첫째, 일반적으로 회사는 불경기일 때 유상증자가 어려운 경우가 많다. 이때 종업원들로 하여금 지속적 자사주 투자제도를 마련해 놓고 장기 보유를 유도하면 주가를 회복하여 장기적 자본 조달이 가능하다.

둘째, 종업원 지주제를 통하여 구입한 주식에 대해 일정기간 인출을 제한시키면 종업원을 장기 안정주주로 확보할 수 있다. 사용자 입장에서 보면 주식의 자유양도에 따른 주주의 불안정을 감소시키고 자본자유화에 따른 외부자본의 기업지배 위험을 방지하여 경영권의 안정을 도모할 수 있다.

셋째, 종업원이 자사주를 구입하고 장기간 보유하면 유동주가 감소하고 그에 따라 주가의 시장가격 안정 및 자사주의 시장성이 확보된다.

넷째, 노사 간 관계를 개선하여 경영성과 증진에 촉매제가 될 수 있다.

② 종업원 측의 장점

첫째, 소액자금으로 자사주 투자가 가능하여 더욱 유리한 조건하에서 근로자의 재산형성을 촉진할 수 있다.

둘째, 종업원 지주제를 통해 자사주를 구입하면 회사의 지원과 더불어 각종 세제상의 혜택과 배당금의 효과를 누릴 수 있다.

셋째, 우리사주조합이 종업원의 자사주 구입과 관리를 일괄적으로 책임지므로 종업원 개개인에게 발생하는 자금의 적립문제, 주식투자에 관한 복잡한 절차를 피할 수 있다.

넷째, 우리사주조합을 통한 주식투자는 투자위험의 시간적 분산효과를 얻을 수 있으므로 보다 높은 수익성과 안정성을 확보하여 투자에 대한 위험을 감소시킬 수 있다.

③ 기업 측의 단점

첫째, 동일회사 내에서 자사주 소유 종업원과 비소유 종업원 간 분열이나 갈등이 생기면 이로 인해 생산성 향상이 저해될 우려가 있다.

둘째, 종업원들의 발언권이 커져 경영자의 지위 안정을 저해하여 노사관계를 불안하게 만들 수 있다.

④ 종업원 측의 단점

첫째, 급여의 상당부분을 자사주 투자에 충당할 경우 모든 저축재산을 자사의 운명과 자사주에 의존하게 된다. 주가가 하락하면 종업원의 저축 증가와 재산형성에 오히려 역효과를 줄 수 있다.

둘째, 종업원이 퇴직 또는 이직 등의 사유 때문에 자사주를 회사에 다시 팔고자 할 경우 회사는 이를 구매할 수 있는 재정능력이 있어야 한다. 때문에 재무구조가 취약한 기업이나 이익이 적은 회사에게는 적합하지 않다.

셋째, 종업원 지주제를 실시하면 주식이 늘어남에 따라 기존 주주의 1주당 주가를 희석시킬 우려가 있다.

(2) 도입배경

1958년 10월 주식회사 유한양행이 종업원의 복지 향상과 노사 협력을 목적으로 회사간부들에게 공로주(功勞株)를 주었고 사원들에게는 희망에 따라 자사주를 매입할 수 있게 하되 대금은 상여금에서 공제한 것이 효시가 되었다(박길상 외, 1992).

우리나라의 종업원 지주제는 1968년 11월 22일 '자본시장 육성에 관한 법률' 제정과 함께 시작되었으며 신규주식 발생의 경우 총 발행주식의 10%를 종업원에 대한 우선배정 한도로 규정하였다. 당시에는 종업원 지주제에 대한 경영자 측의 입장이 매우 폐쇄적이었고 제도에 대한 인식도 부족하여 이를 실시한 기업의 수는 미미했다.

1972년에는 법이 개정되어 종업원에 우선 배정되는 주식을 신규발행주식의 10%에서 이미 발행한 주식과 신규발행주식을 합한 총 주식의 10%로 확대하였다.

이와 함께 1992년 〈기업공개촉진법〉이 제정되면서 공개명령을 받은 기업이 주식공개를 할 경우, 종업원에 대한 우선배정 한도를 10%로 규정하는 등 법적 배경을 마련하였다. 다만 이것은 근거규정에 불과했고 구체적 실시방법이나 촉진, 유도하는 규정이 없어 제도의 확산

이 상당히 미진했다. 15)

종업원 지주제가 발전기를 맞이한 것은 1974년 '종업원 지주제 확대 실시방안'이 발표되면서부터다. 공개법인만을 대상으로 했던 제도의 적용범위를 비공개법인까지 확대하였으며 종업원에 대한 금융 및 세제 지원, 기업주에 대한 세제지원이 크게 강화된 것이 골자였다. 특히, 종업원 공동으로 자기회사의 주식을 구입하도록 조직된 자율단체인 '우리사주조합'에 대한 구체적 실시 방법이 강구되어 종업원 지주제가 본격적으로 보급, 발전될 수 있었다.

그럼에도 불구하고 종업원 지주제는 근로자의 인식부족과 사업주의 무관심, 금융 및 세제지원의 한계로 적극적으로 활성화되지 못하였다. 이에 정부는 1987년 9월 〈자본시장 육성에 관한 법률〉에 의거하여 종 업원에게 우선 배정되는 주식을 10%에서 20%로 상향조정하였고 근로 자에 대한 세제지원을 강화하였다. 그 결과 우리사주에 가입한 조합원 이 빠르게 증가하여 1981년 35.3%였던 가입률이 1991년에는 73.7% 로 급증하였다.

1974년만 하더라도 종업원 지주제를 실시하는 기업은 8개에 불과했 으나, 1980년대 말에는 385개로 늘었고 1995년에는 상장법인 696개를 포함하여 899개 기업 100만 명의 조합원이 참여하는 수준으로 급증하 였다. 현재는 거의 모든 기업이 종업원 지주제를 자발적으로 선택하고 시행한 결과, 일반적 제도로 자리매김하게 되었다.

---

15) 1969년 종업원 지주제를 실시한 기업은 23개, 1970년에는 39개에 불과했다. 1972년 법 개정 이후 종업원 지주율이 가장 높은 기업은 (주) 전남방적으로 7.7%에 불과했고 나머지 기업은 3%에도 미치지 못하는 수준이었다.

(3) 제도내용

종업원 지주제의 대표적 형태는 우리사주제도이다. 우리사주제도는 기업 내에 우리사주조합을 결성하여 기업이 종업원에게 자사주식을 취득하여 보유하게 하는 제도이다.

우리사주조합은 해당기업의 임원, 대주주, 3개월 미만 근속한 일용 근로자를 제외하고 고용된 모든 종업원이 가입대상이며 가입과 탈퇴가 자유롭다. 종업원은 우리사주조합을 통하여 자사주를 구입하는 경우 세제혜택을 받을 수 있고 주식구입에 필요한 자금을 융자해 주는 금융 혜택도 활용할 수 있다.

종업원 지주제는 4가지의 요건을 필요로 한다.

첫째, 회사의 경영방침으로 실시되어야 한다. 종업원이 독자적 의

〈그림 10-3〉 기업의 자사주식 취득 편의제공 내용

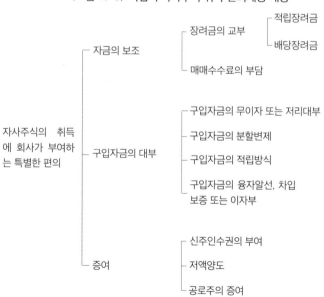

사로 증권시장에서 자사주를 매입·보유하는 경우는 종업원 지주제로 인정하지 않는다.

둘째, 회사가 종업원의 자사주 취득을 돕기 위하여 특별한 편의나 원조를 제공해야 한다(〈그림 10-3〉 참조).

셋째, 주식은 자사주여야 하며 일정기간 동안 계속 보유해야 한다.

넷째, 자사주의 취득과 보유를 제도화하여 단체를 조직함으로써 계속적, 장기적으로 추진해야 한다(박길상 외, 1992).

종업원 지주제는 크게 3가지 분류방법으로 나눌 수 있다.

① 사주취득형태에 따른 분류

단체취득형인 공동참가방식과 개별취득형인 개별참가방식으로 나눌 수 있다. 전자는 종업원이 자사주 투자회를 결성하여 회원 공동출자로 자사주를 구입하여 주식이 투자회 재산이 되면 회원이 그 재산에 대해 지분을 갖는다. 반면, 후자는 종업원 각자가 독립해서 주식을 구입하는 형태이다. 두 가지 방식의 장단점을 비교하면 〈표 10-4〉와 같다.

〈표 10-4〉 공동참가방식과 개별참가방식의 비교

구분	공동참가 방식	개별참가 방식
장점	·종업원의 연대의식이 높아진다. ·양도제한이 용이하다. ·사무처리가 간편하고 획일적이다.	원칙적으로 양도에 개입하지 않아 환금이 용이하다.
단점	·종업원 이동이 많을 때는 계산이 어렵다. ·세금문제 등이 한층 복잡해진다.	·양도제한이 어렵다. ·공동참가방식의 경우만큼 종업원의 연대의식이 높아지지 않는다. ·사무처리가 복잡하다.

② 자금조달 원천에 따른 분류

종업원 지주제를 자금조달 원천을 기준으로 분류하면 주식구입형, 저축장려형, 이익분배형, 켈소형으로 나눌 수 있다.

주식구입형은 종업원이 본인의 자금으로 자사주를 구입하고 회사는 여러 편의를 제공하는 운영형태를 말한다. 회사는 시가보다 낮은 가격으로 자사주를 제공하거나, 구입자금의 일부를 대부해 주거나, 주식 취득에 따르는 매매수수료 등의 비용을 부담하는 방식으로 편의를 제공한다. 종업원에게 제공되는 주식은 증자신주(增資新株)를 배정하는 경우, 금고주(金庫株)를 이용하는 경우, 공개시장(公開市場)에서 구입하는 경우 등이 있다. 주식구입형의 장단점은 〈표 10-5〉와 같다.

저축장려형은 종업원으로 하여금 임금에서 일정액을 공제하거나 기

〈표 10-5〉 주식구입형의 장점과 단점

장점	단점
· 내용이 간단해서 실시가 용이하다. · 운영비용이 적게 든다. · 단기간의 참가가 가능하다. · 종업원의 희망에 따라 자금을 추가해서 주식을 더 많이 살 수 있다.	· 종업원의 자금력이 한정되어 있기 때문에 실제 많은 효과를 기대하기 어렵다. · 기업의 수익성이 안정되어 있지 않는 한 종업원은 투자를 주저할 수밖에 없다.

〈표 10-6〉 저축장려형의 장점과 단점

장점	단점
· 회사와 종업원의 공동투자형태이다. · 참가기간이 길다. · 저축액과 투자방법을 종업원이 자유로 선택할 수 있다. · 회사가 종업원의 장기적 복리증진에 지속적인 관심이 있음을 보여준다. · 종업원의 애사심을 함양한다.	회사 측의 경우, 장려금 또는 무상주지급 등 높은 비용이 발생하게 된다.

<표 10-7> 이익분배형의 장점과 단점

장점	단점
• 종업원의 자금부담을 요하지 않는다. • 종업원의 애사심을 함양한다. • 장기간 적립하면 퇴직금 대체효과가 나타난다.	• 기업의 이익을 분배하는 것이기 때문에 안정적인 수익 발생이 요구된다. • 종업원에 대한 과세문제가 생긴다.

타 방법으로 계속 저축하게 하여 이를 국채나 자사주에 일정비율로 투자하게 하는 형태이다. 종업원의 저축에 비례하여 장려금이나 무상주를 분배해 주는 것이 특징이다.

종업원이 저축을 계속해야 하는 기간은 대개 5년이며 이를 채우지 못하고 탈퇴하면 회사로부터 받은 장려금이나 무상주를 반환해야 한다. 참가기간이 긴 특성상, 주가 변동으로 초래될 위험을 덜기 위하여 주식투자는 50% 이내로 제한되며 나머지는 국채나 안정성이 높은 채권에 투자된다. 저축장려형의 장단점은 〈표 10-6〉과 같다.

이익분배형은 회사에서 이익의 일부를 종업원에게 분배하고 이를 회사 내에서 종업원 명의로 적립하였다가 자사주식 또는 기타 유가증권에 투자토록 하는 방법이다. 만기가 10년으로 참가기간이 가장 길며 기간 전에 탈퇴하면 종업원은 분배된 자기 몫을 상실하게 된다. 공로주(功勞株)가 이 범주에 속하며 이익분배형의 장단점은 〈표 10-7〉과 같다.

켈소(kelso)형은 1970년대 중반 이후 미국에서 급속하게 보급된 형태로, 그 배경에는 두 가지 법률지원이 있었다.

하나는 1974년 〈종업원퇴직소득 보장법〉이 제정되어 일반 공제계획의 운용기준이었던 분산투자의 제한이 사라져 자사주식의 100% 취득이 가능해진 것이다. 지주제도에 한하여 지주회(持株會)가 회사의 보증하에 자사주 구입자금을 은행에서 차입하는 것이 인정되었다.

다른 하나는 1975년 제정된 '감세법'(減稅法)으로 1975년~1976년에 한하여 기업의 투자감세 폭을 7%에서 10%로 넓혔고 기업이 지주제도에 자금을 출연할 경우 1%를 추가 감세해 준 것이다. 이렇게 두 가지 법률이 제정되면서 기업의 자금조달이 용이해졌고 종업원의 재산형성에도 큰 성과를 거둘 수 있게 되었다. 주요 내용은 다음과 같다.

첫째, 종업원 지주제를 실시하는 회사의 지주회가 은행으로부터 1백만 달러의 융자를 받고 이 자금으로 신규발행 자사주를 구입할 수 있다. 둘째, 회사는 매년 장려금을 지주회에 출연하고 그 출연금은 지주회가 은행에 지불할 당해 연도의 융자상환원금과 이자상당액으로 출연하는 금액 중 연간 지급총액의 15%까지 세법상 손비처리가 인정된다. 셋째, 지주회는 회사의 출연금으로 은행에 상환하며 상환액에 따라 담보로 잡혔던 주식은 되돌려져 종업원 개인의 구좌에 배분, 적립된다.

기업 입장에서 켈소형의 장점은 지주회로의 출연금을 손비 처리할 수 있다는 점인데 보통의 경우는 이자만이 손금으로 인정되고 원금은 이익에서 지급된다. 따라서 법인세가 50%일 경우 100만 달러의 차입금상환을 위해서는 200만 달러의 이익이 필요하다. 반면 켈소형 이용 시에는 200만 달러의 이익이 있을 경우 100만 달러가 지주회를 통해 상환자금으로 충당되고 나머지 100만 달러의 50%가 법인세이므로 실제로는 50만 달러를 절세할 수 있어 자금 코스트가 크게 경감된다.

③ 관리운영주체에 따른 분류

'회사관리형'이란 종업원이 자사주를 구입·취득함에 구입자금의 관리와 주권 및 구좌관리, 의결권 행사 등에 회사가 지배권을 갖는 것을 말하며 '종업원조직관리형'은 종업원이 만든 단체가 자사주 구입자금과

구분	회사관리형	종업원단체, 외부기관관리형
장점	• 종업원 지주 취득의 시기, 주식 수 및 구입가격 결정을 회사가 주도할 수 있다. • 주식의 보관까지 행할 때는 실질적으로 양도를 제한하는 것이 가능하다.	• 지주회 등의 방침에 의하여 주가가 낮을 때 구입하는 등 취득시기, 기타 사항에 관하여 유리한 재량을 행사할 수 있다. • 자금 및 주식이 기업활동에 이용될 위험이 없어 종업원의 권리보전이 가능하다.
단점	• 자사주 구입자금과 주식이 회사자산의 일부가 되어 회사의 경영활동에 이용될 위험이 있다. • 자사주의 취득 및 보관관리가 회사 쪽에 치중되어 종업원의 권리보전이 어렵게 될 우려가 있다.	회사가 관리·운영을 할 경우에는 그 비용이 회사의 부담이 되지만, 종업원단체 또는 외부기관에서 관리할 때에는 관리·운영 비용을 스스로 부담해야 한다.

주권의 관리, 기타 관련된 모든 사무를 담당하는 것을 말한다. '외부기관관리형'은 이러한 사무를 은행, 신탁회사, 증권회사 등에 위탁하여 운영하는 형태를 말한다. 세 가지 유형의 장단점을 서로 비교하면 〈표 10-8〉과 같다.

3) 직장보육시설

(1) 도입배경

'직장보육'이란 사업주가 근로자의 자녀양육을 지원하기 위한 복지사업을 총칭하는 것으로 이 중 직장어린이집은 직장보육서비스의 대표적 형태이다. 이전에는 이를 '직장 탁아'로 지칭하였으나 '탁아'의 개념이 단순히 아이를 맡기고 보호하는 협의의 개념에 그친다는 비판이 발생하였고 이에 정부는 1991년 〈영유아보육법〉의 제정과 함께 '보육'(보호＋교육)이라는 용어를 사용하기 시작하였다(정행숙, 2012). 이후 직장탁아시설은 '직장보육시설'이라는 공식명칭을 사용한다.

직장보육시설은 〈영유아보육법〉과 〈남녀고용평등과 일·가정 양립 지원에 관한 법률〉16)에 의거하여 근로여성(취업모)의 노동시장 참여를 유도하고 이들의 육아부담을 줄여 업무에 종사할 수 있도록 하기 위함에 목적이 있다. 법에서 규정하는 영유아의 범위는 6세 미만 미취학 아동이다.

(2) 제도내용

〈영유아보육법〉 시행령(제 20조)에 따르면 여성근로자 300명 이상 또는 상시근로자17) 500명 이상을 고용한 사업장은 직장보육시설(직장어린이집)을 의무적으로 설치하도록 되었다. 직장어린이집의 설치 의무이행 사업장은 직장어린이집을 단독 또는 공동으로 설치해야 하며 설치할 수 없을 경우 위탁보육을 실시해야 한다(법 제 14조). 〈영유아보육법〉의 개정에 따라 2012년 7월 1일부터 의무미이행 사업장에 대한 명단공표제도를 실시한다.

시행령 제 25조에는 재정보조 조항이 있다. 이에 따르면 직장보육시설을 설치하거나 지역 어린이집과 위탁계약을 맺은 사업주는 보육시설의 운영 및 위탁 보육에 필요한 비용 가운데 50% 이상을 부담하여야

---

16) 법 제 21조(직장어린이집 설치 및 지원 등)에서 다음과 같이 규정한다. ① 사업주는 근로자의 취업을 지원하기 위하여 수유·탁아 등 육아에 필요한 어린이집(이하 "직장어린이집"이라 한다)을 설치하여야 한다. ② 직장어린이집을 설치하여야 할 사업주의 범위 등 직장어린이집의 설치 및 운영에 관한 사항은 〈영유아보육법〉에 따른다. ③ 고용노동부 장관은 근로자의 고용을 촉진하기 위하여 직장어린이집의 설치·운영에 필요한 지원 및 지도를 하여야 한다.

17) 여기서 말하는 '상시근로자'는 임시직, 정규직, 일용직을 모두 포함하며 전년도 매월 말에 근로자수를 합하여 12개월로 나누어 산정한다.

<표 10-9> 중소기업 내 직장어린이집 규모에 따른 지원금액

어린이집 규모(인)	월 지원금액(만 원)
19 이하	120
20~39	200
40~50	280
60~79	360
80~99	440
100 이상	520

출처: 고용노동부 (2013).

하며 나머지는 국가에서 보조한다. 사업주가 직장어린이집을 단독이
나 공동으로 설치할 경우 시설설치비와 교재교구비를 지원한다. 우선
지원대상기업[18] 및 영아·장애아 시설 소요비용의 80%, 대규모 기업
소요비용의 60%, 산업단지[19] 형 공동 직장어린이집 소요비용의 90%
를 국가에서 지원한다.

　시설설치비는 최고 2억 원까지 지원하며 교재교구비는 최대 5천만
원까지 지원한다. 융자지원의 경우 직장어린이집 설치에 필요한 시설
건립비, 매입비, 임차비, 개·보수비, 전환비 등을 장기 저리로 융자
해 준다. 융자수준은 최대 7억 원까지이며 대출금리는 우선지원 대상
기업의 경우 연 1.0%, 대기업의 경우 연 2.0%이며 5년 거치 5년 균등

---

18) 제조업 500명 이하/광업, 건설업, 운수업, 출판·영상·방송통신 및 정보서비
　스업, 사업시설관리 및 사업지원 서비스업, 전문·과학 및 기술 서비스업, 보
　건업 및 사회복지서비스업 300명 이하/도매 및 소매업, 숙박 및 음식점업, 금융
　및 보험업, 예술 스포츠 및 여가관련 서비스업 2백 명 이하/그 밖의 업종 100명
　이하 또는 중소기업 기본법 상의 중소기업이 대상이다.
19) 산업단지 외에 관련 법률에 의한 물류단지, 첨단의료복합단지, 산업기술단지,
　과학연구단지, 소프트웨어진흥단지(컨소시엄 구성) 등도 대상이다.

분할상환의 조건이다.

시설 외 직장보육교사 등 인건비에 대한 지원도 함께 실시된다. 직장어린이집에 고용된 시설장, 보육교사 및 취사부의 인건비가 1인당 월 80만 원 지원되며 우선지원대상기업의 경우 이보다 많은 월 100만 원이 지원된다. 중소기업의 경우 운영비를 일부 지원하며 지원수준은 직장어린이집의 수용인원에 따라 월 120만 원에서 520만 원으로 차등화되었다(〈표 10-9〉 참조).

그 외 정부는 사업주의 비용부담을 낮추고자 세금감면을 통한 간접지원도 실시하는 중이다. 예를 들면, 어린이집 설치 시 부동산 관련 세제지원, 소득세 및 법인세 공제, 개별소비세 면제, 어린이집 운영비용의 필요경비 인정 등을 세제지원에 포함하였다(김정호, 2013).

4) 기업복지 프로그램의 과제

지금까지 살펴본 내용을 바탕으로 몇 가지 기업복지의 과제를 다음과 같이 제시할 수 있다.

첫째, 과거 연공서열에 의존했던 인사관리 체계가 능력 위주로 변화함에 따라 고용관계만으로 기업 내 모든 근로자에게 제공되었던 기업복지의 방향이 변화할 필요가 있다.

둘째, 여성의 경제활동참가율이 증가하고 고령 근로자의 비중이 높아지면서 이들의 욕구에 부합하는 보다 세부적 기업복지 프로그램의 필요성이 대두된다. 또한 노동시장 유연화로 외부노동시장이 급격한 팽창하면서 비정규 고용이 증가한 결과, 공식적으로 기업복지 혜택을 받지 못하는 근로자가 늘어났다. 따라서 이들에 대한 보완적 기업복지 프로그램이 실시되어야 한다.

셋째, 자본조달 능력이 충분한 대기업과 달리 중소기업의 경우 시설 등 기업복지 프로그램을 위한 인프라를 기획·제공하는 것이 현실적으로 쉽지 않다. 때문에 전문적 주체를 통해 서비스를 위탁하는 방식을 검토할 수 있다.

마지막으로, 기업복지는 국가복지의 보완에 그치지 말고 근로자의 생산성 향상 및 생활안정을 위한 다원적 복지주체로 자리매김해야 한다.

제11장
근로자 지원 프로그램의 이해

오늘날 업무조직과 이를 둘러싼 주변 환경 간에 남았던 장벽들은 양자(兩者) 공유의 필요에 의해 점차 와해되었다. 그리고 각 가정에서 발생하는 문제들이 업무조직 내로 유입되면서 전통적 노동현장의 작업구조 및 정책 그리고 노동 행위들이 재개념화되었다.

이는 피용인이 노동현장에서 수행하는 역할과 가정 내에서 수행하는 역할 간 균형관계가 현대사회로 접어들면서 파괴되고 새로운 관계 정립을 필요로 하기 때문이다.

이러한 일련의 변화과정 속에서 많은 기업들이 노동자의 근로의욕 고취와 생산성 향상을 위한 대책으로써 미국의 근로자 지원 프로그램(*employee assistance program* · EAP) 을 주목하게 되었다.

이 장에서는 근로자 지원 프로그램에는 대표적으로 어떤 것이 있는지 살펴보고자 한다.

1. 근로자 지원 프로그램의 성격

근로자 지원 프로그램은 근로자들의 개인적 문제 및 가정문제를 해결하는 데 도움을 주고 직장과 가정 내에서 수행해야 하는 역할과 책임을 상호 조화시키는 과정에서 발생하는 스트레스 등의 문제를 다루거나 해결하기 위한 수단으로 개발되었다.

개발 초기에는 알코올이나 약물의 남용 · 중독문제를 해결하는 데 주로 관심을 두었다. 그러나 점차 취급 범위가 늘어나고 다루는 문제도 다양해졌다. 이전에는 개입하지 않았던 가정문제도 이제는 근로자 지원 프로그램의 대상영역이 되었다. 이제 근로자 지원 프로그램은 직장생활에 영향을 미치는 거의 모든 문제를 다룬다.

1) 근로자 지원 프로그램의 성격 변화

근로자 지원 프로그램은 1930년대 미국에서 도입한 직장 알코올 중독문제 프로그램(*occupational alcoholism programs* · OAP)을 시초로 본다. 즉, 약물 · 알코올 남용 근로자에 대한 지원 서비스로 출발했다. 그 후 1970년대 초반부터 조직적이고 통일된 운동으로 발전하였다.

과거 수십 년 동안 노동현장에서 문제가 된 알코올 중독과 약물 남용을 막기 위한 이 운동은 '알코올 중독을 다루는 노무관리자와 상담가협회'(Association of Labor Management Administrators and Consultants on Alcoholism · ALMACA)와 정부에 의해 조직된 '국립 알코올 남용 · 중독 연구소'(National Institute on Alcohol Abuse and Alcoholism · NIAAA)를

통한 정부의 재정적 지원과 지도, 운영을 토대로 본격적으로 전개됐다.

이들 프로그램의 명칭은 알코올 중독이라는 낙인을 제거하기 위하여 EAP로 통일됐으나 서비스의 범위는 주로 알코올 중독문제에 두었다. 1970년대 후반까지 많은 수의 보건 및 정신보건 전문가가 이 분야에서 활동했으며 서비스 범위가 점차 피용인의 직무수행과 급여 사용에 영향을 미치는 개인적, 정서적 문제까지 확대되자 전문사회복지사들이 개입했다. 조사에 따르면 1960년대 이전까지 근로자 지원 프로그램의 수는 50여 개에 불과했으나 1980년대는 1만여 개 수준으로 증가했다.

이렇게 근로자 지원 프로그램이 획기적으로 발전한 계기를 살펴보면 다음과 같이 정리할 수 있다(Roman & Blum, 1985).

첫째, 근로자 지원 프로그램은 관리자·감독자들이 근로자 업무 감독에만 집중할 수 있도록 도와주었다. 이 프로그램이 확산되면서 피용인들은 음주에 대한 간섭을 받지 않은 대신 직무성과에 책임을 지게 되었다.

둘째, 근로자 지원 프로그램에 대한 인식이 변화했다. 경영자들은 이 프로그램이 경영이나 관리에 도움이 된다고 판단하고 음주습관을 가진 노동자를 다루기 위해 활용했다. 즉, 이 프로그램을 통하여 직무수행 성과가 상대적으로 떨어지는 종업원들을 관리했다. 이러한 성격과 관련하여 근로자 지원 프로그램을 관리지원 프로그램(*supervisory assistance programs*)이라 부르는 경우도 있었다.

셋째, 근로자 지원 프로그램은 인도주의 전략과 직무성과 관리를 잘 혼합시켰다. 기업은 생산성 향상을 위해 소극적으로 노동자들에게 호소하기보다는 이와 병행하여 규범적 접근과 효과적 치료대안을 동시에 제공하여 노동자 관리에 적극적으로 나설 필요가 있었다. 근로자 지원 프로그램은 이러한 기업의 요구를 충족시켜 큰 마찰이나 갈등이 없이 통합, 운영될 수 있었다.

과거의 전형적 EAP는 알코올 중독문제 상담가를 고용하거나 외부 치료 프로그램에 의뢰하여 문제를 해결했지만 예방적 서비스는 거의 제공하지 못했다. 반면 현대적 EAP는 노동자의 다양한 문제에 대해 예방적, 치료적 양 측면에서 사회서비스를 제공하는 것은 물론 알코올 중독 예방프로그램으로도 더욱 효과적이다.

현대적 EAP는 가족, 직업상, 재정적 문제, 대인관계 및 행동문제, 심리적/정신과적 문제 등을 포괄한다. 구체적으로는 스트레스, 장애, 일과 가족의 갈등, 발달장애, 부양가족 보호, 정신질환, 정신건강 등의 문제를 다룬다. 이러한 복잡하고 다양한 문제들을 해결하기 위해서는 변별력 있는 진단과 세련된 임상적 사정이 필요한데 이는 EAP 담당자로 하여금 전문가적 역량을 요구한다. 이런 이유로 EAP는 대학원 학위수준의 사회복지사를 필요로 한다.

2) 근로자 지원 프로그램의 개념

실천가나 이론가들이 EAP의 구체적 정의에 대해 어떤 합의를 내린 것은 아니다. 그렇게 때문에 EAP에 대한 정의와 유형은 매우 다양하다(Googins & Godfrey, 1987). 대표적 정의를 살펴보면 다음과 같다.

미국 사회복지사협회(NASW)는 EAP를 "근로자의 직무만족이나 생산성에 부정적 영향을 주는 문제를 근로자가 극복하도록 도와주기 위하여 고용주가 제공하는 제반 서비스"로 정의했다(Barker, 2003).

세계EAP협회(Employee Assistance Professionals Association · EAPA)는 "생산성 문제가 있는 직무조직을 돕고 건강문제, 부부 · 가족생활문

제, 법·재정문제, 알코올·약물문제, 정서문제, 스트레스 등 업무성과 전반에 영향을 미치는 제반 근로자 문제를 해결하기 위해 개발된 사업장 기반의 프로그램"으로 정의했다.

미국 연방법무부(U. S. Department of Justice)는 "생산성 향상을 위해 근로자와 그의 가족이 일상생활에서 겪는 다양한 문제의 해결을 돕는 서비스로서 자발적 근로를 전제로 하며 비밀유지를 바탕으로 근로자에게 무료의 단기 상담, 의뢰, 사후관리 서비스 등을 제공하는 것"으로 정의하여 자발적 실행과 비밀유지를 강조했다.

우종민·최수찬(2008)은 EAP를 "직무성과에 영향을 미치는 개인적 문제를 완화하기 위해 조직 내부나 외부의 자원을 이용해서 제공하는 사회 심리적 서비스로서 개입 대상은 문제를 가진 근로자와 가족, 친지, 직무조직, 지역사회 전체를 포괄한다"고 정의했다.

근로복지공단은 "근로자의 개인/가정/직장/스트레스/재무/법률 등의 문제를 관련 전문가를 통해 해결토록 지원함으로써 직장과 가정의 균형(고용안정)에 대한 욕구를 충족해 주는 프로그램"으로 규정했다.

종합하여 정의하면 EAP는 근로자의 직무만족이나 생산성에 부정적 영향을 주는 건강문제, 부부·가족생활문제, 법·재정문제, 알코올·약물문제, 정서문제, 스트레스 등 제반 근로자 문제를 근로자가 극복하도록 돕기 위하여 고용주가 제공하는 제반 사회심리 서비스를 말하며 근로자와 가족, 친지, 직무조직, 지역사회 전체를 개입 대상으로 둔다.

이런 점에서 EAP는 '종합서비스 체계'(full service system), '건강개입'(health intervention) EAP, '포괄적'(comprehensive) EAP, '종합 가족서비스 모형'(full family service model), '가족 원조 프로그램'(family assistance programs) 등으로 개념과 영역이 점차 확대되었다(Kurzman, 1997).

3) 근로자 지원 프로그램의 개입모델

　EAP 개입모델은 EAP 제공 시 강조점을 어디에 두는가에 주목하는 관점이다. 보통 핵심기술모델(*core technology model*)과 포괄서비스모델(*comprehensive service model*)로 구분이 가능하다(Kurzman, 2013).

　핵심기술모델은 알코올·약물 등의 문제를 야기하는 근로자에 대해 사후치료 관점으로 접근하는 방식을 말하며 특화된 전문기술을 요하고 효과성을 입증하는 데 유리하다.

　반면 포괄서비스 모델은 근로자에게 영향을 미치는 직·간접적 요소를 종합적으로 분석, 지원하는 방식으로 핵심기술모델의 근원을 규명하면서 발전한 모델이다. 따라서 상담, 교육, 전문정보 제공, 복지서비스 연계 등 다양한 서비스 양태를 보인다.

4) 근로자 지원 프로그램의 유형

　EAP의 일반적 유형으로는 사내모형, 외부모형, 컨소시엄모형, 노조모형, 협회모형, 정부지원형이 있다(한국EAP협회, 2009).

　사내모형은 조직 내 담당부서를 두거나 담당자를 채용하여 운영하는 방식이다. 근로자의 접근성과 조직문화 이해 차원에서 탁월하지만 비밀보장에 대한 신뢰도 확보가 어렵고 비용이 많이 드는 것이 단점이다.

　외부모형은 EAP 전문기관에 서비스를 의뢰하는 형태로 사내모형과 장단점이 반대이다. 그래서 일반적으로는 사내모형과 외부모형의 장점을 결합한 혼합형을 활용하는 편이다. 국내에서는 금융권에서 많이 선택하는 유형이다.

270

노조모형은 노동조합에서 운영하는 모형을 말한다. 비밀보장에 대한 신뢰도 확보에 유리하지만 개입기술의 한계와 서비스 전문성 부족이 단점으로 지적된다. 국내에는 아직 도입된 사례가 없다.

컨소시엄모형은 지역사회자원 간 연계를 통하여 지역사회기업에 프로그램을 제공하는 모형이다. 국내에서는 보건복지부에서 바우처 사업 형태로 수행 중이나 개인 근로자 단위의 접근에는 한계를 보인다.

협회모형은 EAP 이용률이 고객의 선택에 영향을 미칠 수 있는 업종에서 협회를 중심으로 서비스를 제공하는 방식으로 국내에는 도입된 사례가 아직 없다.

정부지원형은 정부에서 사회적일자리 사업의 일환으로 지원하는 한국EAP협회의 프로그램을 예로 들 수 있다. 고용노동부에서는 중소·영세사업장 및 희망 사업장을 중심으로 EAP 전문가의 인건비 일부를 보조하여 지원 사업을 진행한다. 최근에는 구직자, 실직자, 산재환자에 대한 포괄적 심리지원 서비스까지 추가되어 지원 범위가 넓어졌다.

5) 근로자 지원 프로그램의 효과

근로자 지원 프로그램이 산업조직에 주는 이익을 보면 다음과 같다 (Googins & Godfrey, 1987).

(1) 비용 효과성

기업이 EAP를 채택하는 주된 이유는 비용절감이다. 만약 회사에서 알코올 중독 피용인들의 손상된 직무수행 능력 때문에 수많은 비용을 지불하는 상황이라면 EAP는 그들을 재활시키고 계획적 결근, 지각,

사고, 판단 오류 등을 줄이는 수단이 된다. 즉, EAP를 시도함으로써 산업조직들은 비용 절감 프로그램을 세울 수 있다.

(2) 경영에 도움 제공

경영자들은 직무수행 기준을 통제하는 것에 관심이 있는데 EAP는 이러한 기본경영 실천을 강화하는 보충적 메커니즘을 제공하여 도움을 줄 수 있다. 개인적, 가족적, 사회적 문제를 가진 피용인의 문제를 사정하고 치료하는 EAP의 목표와 이사회의 경영 목표 간의 상호의존은 각각의 목표를 달성하기 위해 서로 도움을 주는 이상적 상황을 만든다.

(3) 노동자와 경영진의 관계 향상

EAP는 노조와 경영진의 역할 차이 때문에 형성된 경쟁과 갈등 관계를 개선하고 문제나 쟁점을 함께 토론할 포럼의 기회를 제공한다. EAP를 통해 많은 노동자와 경영진이 조직의 정책과 절차에 대해 합의했으며 이를 통해 알코올 중독 등의 개인적 문제들뿐만 아니라 가정문제와 관련된 여러 노동 쟁점들을 해결했다. 노동자와 경영진이 함께 협력하여 수립한 EAP는 노동자와 경영진 간의 의사소통 장애를 없애고, 긴장을 최소화하고, 분규를 처리하며, 갈등을 없애는 절차를 수행하여 결과적으로 조직에게 이익을 준다.

(4) 기업 이미지 향상

EAP는 회사 내부나 외부의 지역사회에 다양한 이미지 메시지(*image messages*)를 제공한다. 이러한 메시지 중 하나는 보호, 관심 그리고 복지와 관련이 있다. 적절하게 수립된 EAP는 회사가 개인적 문제를 겪는 피용인들에게 도움을 제공하고 그들을 보호하기 위해 적극적으로 개입함을 보여주는 상징으로 기여한다.

이러한 이미지는 기업 이미지가 생산성을 좌우하는 외부 지역사회에서도 똑같이 효과적이다. 피용인들에게 건강한 환경을 마련하기 위해 노력하는 이미지를 가진 회사는 공공 이미지가 강화되어 소비자에게 매력적으로 다가갈 수 있다.

2. 근로자 지원 프로그램의 내용

근로자 지원 프로그램은 ① 공식적 정책과 절차 ② 프로그램의 조직 내 위치 ③ 문제가 있는 피용인이 EAP에서 자신의 길을 발견하는 과정 ④ 직무수행 상 의뢰를 정당화하는 정도 ⑤ 프로그램이 개입하는 문제 유형 ⑥ 외부 치료기관의 활용 정도 ⑦ 외부 의뢰과정의 성격과 추후지도 범위 ⑧ 프로그램 전담직원 구성 정도 ⑨ 재정 계획 등의 사항에 의해 달라진다. 이러한 사항을 기반으로 하여 EAP 프로그램의 맥락과 요소를 제시하면 〈표 11-1〉과 같다(Googins & Godfrey, 1987).

〈표 11-1〉 근로자 지원 프로그램의 맥락과 요소

프로그램 맥락	프로그램 요소
• 이데올로기: 알코올 중독, 고용인 원조, 고용인 건강 • 방향: 개인적, 환경적 • 구조적 특성: 프로그램 후원, 조직 내 배치, 프로그램 디자인	• 조직 구성요소: 정책 및 절차들, 현장접근, 마케팅, 슈퍼바이저 훈련, 피용인 교육 • 프로그램 메커니즘: 규명, 기록관리, 사정과 모니터링, 의뢰, 옹호, 평가 • 치료서비스

출처: Googins & Godfrey(1987: 109).

1) 이데올로기

EAP의 가장 기본적 변수는 이데올로기이다. 이데올로기는 프로그램의 철학, 디자인, 실천방향을 상세하게 반영한 가치와 아이디어를 가리키는데 이것은 프로그램과 전담직원에 의해 설정된다. 이데올로기에는 알코올 중독, 근로자 지원, 정신건강 등 세 가지가 있으며 각각 특별한 프로그램 접근방법을 갖는다.

첫째, 알코올 중독 이데올로기는 OAP의 초기 발달에 근원을 둔다. 산업체에서 알코올 중독의 영향에 대하여 관심을 기울였던 이 분야의 초기 개척자들은 알코올 중독 피용인들을 확인하고 원조하는 전문적 방법을 수립하였다. 그 계획의 주요 요소들에는 관리직과 노동자를 위한 알코올 중독의 원인, 효과, 예방에 관한 교육적 구성요소가 포함되었다. 이 프로그램은 알코올 중독으로 인해 직무수행에 손상을 입은 피용인으로 대상이 한정됐다.

이것은 1940년대부터 1970년대 초에 수립된 모델인데 1940년대와 1950년대의 알코올 중독방지 정책에서 파생되었다. 그 정책은 알코올 중독 환자들에게 널리 퍼진 빈민굴의 이미지를 탈피하고 도덕적 속성들을 변화시키는 시도였다. 그러므로 알코올 중독 이데올로기는 직업적 맥락에서 알코올 프로그램에 합법성을 부여하여 알코올 중독 치료를 작업장으로 끌어오기 위한 노력으로 이해할 수 있다.

둘째, 근로자 지원 이데올로기는 미 국립 알코올 남용·중독 연구소에 기원을 둔다. 이 이데올로기는 행동문제 통제, 문제 피용인, 근로자 지원 등 다양한 이름으로 부르는 프로그램을 통해 피용인에게 영향을 미치는 개인적 문제와 업무관련 문제에 대응한다.

셋째, 정신건강 이데올로기는 피용인의 정신건강에 초점을 둔 프로그램을 통해 정서적, 정신적 건강 문제를 주제로 삼는다. EAP와 마찬가지로 정신건강 프로그램은 전문가들(의사, 심리학자, 사회사업가)로 실무진을 구성하며 작업장을 정신건강 문제 예방을 위한 잠재적 자원으로 생각한다.

이러한 세 가지 이데올로기들은 프로그램 각각에 영향력을 미치고 방향을 설정한다. 특히, 전담직원진, 프로그램 목적 그리고 치료 선택권에 영향을 미친다.

2) 방향

이데올로기의 변수에 덧붙여 두 가지 방향(*orientation*)이 노동자에게 서비스하는 확실한 접근방법으로 등장한다. 이러한 두 가지 방향들(개인적 및 환경적)은 3가지 모든 이데올로기들을 앞질러간다.

개인적 방향은 개인 내에서 문제를 파악하고 해결하도록 돕는 데 집중한다. 예를 들면 개인 근로자가 우울함을 극복하도록 지원하거나 작업 집단에 참여시키는 방법이 이에 속한다. 반면 환경적 방향은 사회적 맥락이라는 노동환경 내에서 문제를 이해하며 문제정의와 문제해결에서도 환경적으로 개입하고 변화시키는 방식을 취한다.

그러므로 두 가지 방향 중 어느 것이든 프로그램 목적, 목표, 역할, 활동, 전략을 채택하고 절충하는 것은 작업장과 작업장 내 인간봉사 전달의 성격에 영향을 준다. 예를 들어 스트레스 개입의 경우, 상담이 필요한 피용인의 스트레스만이 아니라 환경적 스트레스까지 포함하여 그 요인을 파악하고 적절한 치료단계에 들어가야 한다.

3) 구조적 특성

구조적 특징은 EAP의 또 다른 변수를 구성한다. EAP는 독특하게 발전했으며 개인 회사는 그들의 조직 구조 내에서 EAP 기능을 구성하므로 다양한 구조적 배열을 갖는다. 프로그램 운영 부서의 위치 선정이 하나의 예다. 의료 부서에 소속된 EAP가 있는가 하면 인사관리를 위해 부사장의 책임 하에 자유 부서로 독립된 EAP도 있다.

또한 프로그램은 스폰서에 따라 다르다. 대부분은 회사의 후원으로 실시되지만 어떤 프로그램은 노조와 노동자 조직 그리고 전문가 협의회의 후원 하에 이루어진다. 노동자와 경영진 모두의 후원 하에 이루어지는 프로그램도 있으며 부분적 후원을 통해 컨소시엄에 위임된 프로그램도 있다. 치료 센터와 같은 외부기관과 계약을 맺는 프로그램도 점차 늘어나는 추세다.

스폰서, 프로그램 위치, 조직적 디자인 등 다양한 변수가 함께 엮이면 프로그램 운영에 어려움이 생긴다. 의사결정 통치 디자인, 위치 그리고 스폰서는 지식만큼 독특한 조직 문화와 정책의 영향을 받는다. EAP는 계속 발달했지만 조직적 제약과 현실을 조망하면서 프로그램을 안정적으로 운영하여 성공적 결과로 이끄는 것은 쉽지 않다. 이러한 변수들에게 계속 의식적으로 주의를 기울여야 프로그램의 효과를 다른 것과 비교할 기회를 얻을 수 있다.

4) 조직 구성요소

EAP는 단순히 노동환경에 설치하는 인간봉사 기관이 아니며 특별한 종류의 환경에서 구성원이 함께 작업을 하도록 고안된 프로그램이다. EAP가 효과적이기 위해서는 조직이 새로운 프로그램을 계속 준비하는 동시에 구성원들이 프로그램을 이해하고 활용하도록 보장해야 한다. EAP의 조직 구성요소(organizational components)에는 다음과 같은 것들이 있다.

(1) 정책과 절차

인사 정책들은 회사와 피용인들 사이의 관계를 안내해 주는 문서를 인가한다. 이러한 정책들은 일련의 가치들을 반영하고 기대를 형성한다. EAP 프로그램을 지지하는 정책은 중요하지만 이것만으로는 프로그램의 성공을 보장할 수 없다.

정책은 정치적 맥락을 포함하는 정적 차원뿐만 아니라 조직의 수용성과 수행을 포함하는 동적 관점도 고려하여 효과적으로 조작되어야 한다. 헌법이 미국 민주주의의 활력소인 것처럼 회사정책은 직업사회의 본질적 원동력이다.

철학적 일치 외에 프로그램 정책가들은 수행평가체계, 불만 호소 과정, 징계절차, 보험정책 등의 조화에 힘써야 한다. 또한 엄격한 비밀보장을 통해 고용인의 사생활을 보호하는 것도 EAP 실행가능성에서 중요하다. 정책과 절차의 통합, 정책통합을 달성하고 유지하기 위해서는 직업사회의 모든 중간 개입자(stakeholders)와 끊임없는 상호작용이 필요하다.

(2) 현장접근

EAP는 조직 내 다른 직원과 관계를 형성하여 다수의 반자동화된 단위에서 집단을 정렬시켜야 한다. EAP는 노조, 인사관리부서, 균등한 고용기회 관리사무소, 의료 부서, 은퇴집단, 작업관계 형성을 위한 훈련집단과 조화를 이루어야만 한다.

현장을 적극적으로 찾지 않는 EAP는 동떨어진 부산물이 되어 직업사회의 역동에 기여하지 못한다. EAP와 관련 조직 단위의 연결은 회사의 문화와 운영을 기능적으로 통합시킬 뿐 아니라 쌍방의 의사소통을 보장한다.

이런 공유영역은 적극적 현장접근(outreach)과 정책 확산을 필요로
하며 이러한 활동들은 공식적·비공식적으로 이루어진다. 문제를 가
진 피용인과 EAP의 정상적 접촉은 종종 개인의 문제를 회사정책상으
로 좀더 규모가 큰 체계의 문제로 이끌 수 있다.

따라서 EAP 상담자는 피용인의 문제해결을 위해 슈퍼바이저와 함
께 일하면서 좀더 가까운 관계를 형성해야 한다. 현장접근은 EAP 직
원과 노동 집단들이 서로를 더 잘 이해하는 수단이 된다.

(3) 마케팅 : 고객 개발

정책과 절차를 채용한 후에도 여전히 사용되지 않는 EAP가 있다면
근로자들이 서비스에 관심을 가지게 할 방법에 대해 생각해봐야 한다.
종종 마케팅 전략이라 부르는 이것은 직장체계의 평가와 요구에 대한
반응이다. 기존 프로그램과 달리 비정통적 방법을 사용하는 새로운 프
로그램이 있다면 존재와 시행목적 그리고 유용성을 알리기 위해 마케
팅 전략을 배워야 한다.

(4) 슈퍼바이저 훈련

슈퍼바이저 훈련은 EAP의 성공에 필수적이다. 이 훈련은 EAP가 조
직 내에서 자신들의 목표를 설정하는 지식과 태도에 변화를 유발하도
록 도와주며 동시에 의사소통을 위한 강력한 도구가 된다. 훈련의 내
용은 회사 정책과 절차에 관한 정보를 포함한다. 즉, EAP 자체에 대한
설명과 직무수행상의 문제를 가진 피용인을 규명하고, 상담하고, 의뢰
하는 절차에 관하여 감독을 담당하는 인력을 훈련하는 것이다.

(5) 피용인 교육

직원 훈련으로 설정되지 않더라도 피용인 교육의 중요성은 갈수록 커진다. 피용인 교육의 목표는 예방과 개입이다. EAP는 소책자, 프리젠테이션 자료, 회사 소식지의 기사를 통해서 피용인에게 EAP를 소개하고 이용방법에 대한 정보를 제공한다.

피용인 교육의 또 다른 목표는 알코올 중독의 경우처럼 오점을 줄이고 넓은 범위에서 건강문제에 관한 최신 정보를 제공하여 예방 문화를 발달시키는 것이다. 대체로 사회에 영향을 미치는 문제는 작업장에서도 영향을 미친다. 작업장은 흡연, 스트레스, 알코올, 약물, 아동·배우자 학대 같은 다른 사회문제에 대한 지식을 늘리고 더 많이 지각하기에는 적절한 환경이다.

5) 프로그램 메커니즘

프로그램 메커니즘은 간편하고 일상적으로 이루어지는 확인, 문서화, 직면 그리고 의뢰의 수단들이다.

(1) 규명

노동조직에서 문제가 있는 피용인을 규명(*identification*)하는 것은 EAP의 기본이다. 기존의 작업장 메커니즘은 직무수행을 측정하고 평가하기 위해 존재한다. 피용인의 개인적 문제들은 작업장 내에서 부정적 행동과 직무수행의 질적 저하로 이어진다. EAP는 이러한 현상을 피용인에게 행동 문제가 있음을 알리는 신호로 가정한다. 따라서 각 EAP는 직무수행 모니터를 위한 기존의 작업장 메커니즘을 이용하여 문제를 가진 피용인을 규명해야 한다.

장기결석, 지각, 질병, 사고 등은 피용인의 질적 저하를 명백하게 보여주는 증표이므로 규명 기제들 또한 이러한 영역과 연결된다. 월별 장기결석 용지, 피용인 평가서, 사고 보고서, 그 밖에 다른 절차들은 알코올 중독 고용인들이 EAP에 노출되고 연결될 때 첫 번째로 거치는 규명 기제다.

산업사회복지사는 다수의 공식적 규명 기제의 효과를 향상시키기 위해 많은 기술을 활용해야 한다. 경청, 환경에 대한 감지(*enviromental sensing*), 관계구축은 개인 수준과 조직 수준 모두에게서 문제를 규명하는 데 필수적이다. 비록 이러한 규명 기제가 전통적으로 개인문제에 이용되었을지라도 EAP는 피용인 개개인뿐 아니라 조직의 건강을 방해하는 환경문제를 규명하기 위해 체계적 기제를 이용할 필요가 있다.

(2) 기록관리

기록은 인사관리 프로그램의 필수 요소이며 기록관리(*record keeping*) 또한 규명 기제와 매우 밀접한 관계를 맺는다. 수행정보가 알코올 환자를 임상적으로 직면하고 부정과 알리바이 체계를 깨뜨리는 데 중요하기 때문이다.

EAP 기록관리 체계는 승인된 조직 채널을 통해 얻은 클라이언트 자료와 외부 치료기관으로부터 수집된 비밀 자료로 구성된다. 이러한 기록들은 문제를 평가하고, 부정을 직면하고, 결과를 평가하기 위한 도구이다. 기록관리 체계는 조직 내에서 EAP를 촉진시키는 데도 유용하지만 이것의 주된 기능은 문제를 직면하고 치료결과를 감시, 평가하는 도구의 역할에 있다.

(3) 사정과 모니터링

각각의 EAP는 초기사정을 하고 문제를 모니터링하며 계속해서 문제의 해결을 도와야 한다. 이를 수행하는 가장 좋은 방법은 사정과 초기평가에 능숙한 전담직원이 계획된 절차를 통해 클라이언트를 인터뷰하는 것이다.

특히, EAP에서는 더 많은 치료를 의뢰하는 일이 빈번하므로 사정이 중요하다. 문제해결은 문제의 정의부터 시작한다. 잘못되거나 부실한 사정은 잘못된 개입을 낳으므로 주의해야 한다. 사정과 모니터링이 예리할수록 긍정적 결과가 나올 가능성도 커진다. 개입은 때때로 EAP 외부에서 이루어지기 때문에 직장 내에서 개입에 대한 진행과정을 모니터링 하는 것은 중요하다.

(4) 의뢰 기제

EAP는 완전한 문제해결 체계가 아니므로 외부 체계와 프로그램을 연결할 의뢰(referral) 기제가 필요하다. 기관들 간의 협력을 통한 의뢰는 서비스 제공자 각각의 약점과 장점, 적격성 기준, 후보자 명단, 지불비용 구조 등 고려할 사항이 많아 복잡해진다.

EAP 내에서 안전하게 의뢰 기제를 형성하지 못하면 피용인에게 제공할 프로그램의 효과도 감소한다. 특히, EAP 담당직원은 지역사회 자원을 잘 파악해야 한다. 외부 기관과의 관계는 피용인에게 효과적 정보를 제공하고 의뢰 서비스를 촉진하는 데 꼭 필요하다. 그러므로 외부 기관에게 작업장의 실태에 대해 교육해야 한다.

외부 기관의 실천은 노동조직과는 동떨어져 있는 경우가 많다. 때문에 이러한 기관들은 작업장을 기반으로 둔 프로그램의 성격, 관련된 개입과 경영 문제들 그리고 개입의 필요성을 EAP 직원과 노동조직에 알리고 훈련시켜야 한다.

(5) 재통합

치료 프로그램을 마친 피용인은 같은 작업장에 재배치하기 어려울 수 있다. 만약 고용인이 장기결근을 했거나, 의무를 이행하지 않았거나, 동료 사이의 불화로 발생한 직무수행상 문제가 있었다면 개입과정은 더 복잡해진다.

완전한 개입을 위해서는 재배치 문제에 대한 해결책과 재활 후 피용인이 받을 서비스가 계획에 포함되어야 한다. 재배치에 대한 재통합 (reintegration) 문제는 피용인의 직장 감독관과 노조위원장이 갈등을 완화하는 분위기 조성을 위해 함께 노력하면 원만하게 해결할 수 있다.

(6) 옹 호

옹호(advocacy)는 사회복지실천의 기본이다. 사려 깊은 옹호기제는 사회복지실천에 적절하고 필요하다. 옹호는 수준이나 역할에 관계없이 모든 피용인에 대한 권리와 책임을 확인한다. 옹호는 차단된 대화의 통로를 개방하는 것을 의미한다.

대외적 신용과 인가를 보장해 주는 EAP가 조직 내에서 성장함으로써 더욱 광범위한 환경 안에서 기관의 변화를 옹호할 수 있다. 나아가서 이러한 형태의 옹호는 기관은 물론 모든 개인의 건강과 복지에 혜택을 주는 환경변화를 지지한다.

(7) 평가

평가 기제는 EAP의 효과 검증을 위한 정교한 연구를 말한다. 최근에는 회사 내부 프로그램과 외부환경 프로그램 모두 평가의 유용성을 추구한다. 더욱 개선된 기록관리 체제, EAP 연구가, 프로그램 평가자들은 필요성을 긍정하고 평가를 발전시켰다. 평가 기제는 프로그램의 신뢰성을 더하고 서비스 향상을 위한 정보를 제공한다.

6) 치료서비스

EAP의 주요 프로그램을 구성하는 중요한 요소 가운데 하나는 치료서비스(*treatment services*)이다. 치료서비스는 알코올 중독, 약물 남용 통제, 정신질환, 가족문제, 법적·재정적 문제, 스트레스, 대인관계 문제, 직업과 관련된 문제, 정신적 문제에 개입한다. 각 EAP는 사회복지기관의 실천가들과 자조집단의 원조를 통해 이러한 문제들을 확인하고 치료할 수 있도록 준비해야 한다.

EAP는 내·외적 자원을 연결하여 회사, 노조 그리고 피용인 개개인의 개인적 문제와 집단문제를 해결하는 데 도움을 주어야 하며 이를 통해 신뢰받는 전문 치료서비스가 되어야 한다. 직장 내에서 치료서비스를 제공한다는 것은 이러한 맥락 안에 치료를 이해하고 외부 치료자원에 대하여 철저하게 아는 것을 포함한다.

7) 근로자 지원 프로그램의 서비스 영역 확대

1990년대 들어 근로자 지원 프로그램의 서비스 영역이 확대되었다. 대표적으로 가족 서비스 영역과 스트레스 상담 서비스 영역, 직장 내 성희롱과 관련된 서비스 영역이 여기에 포함된다.

(1) 가족 서비스 영역

가족 서비스 영역은 오늘날 EAP의 주요한 개입대상이다. 최근에는 초기 개입대상인 노동자들의 알코올 및 약물 남용 문제보다 오히려 노동자들의 가족 문제가 더 활발히 다루어진다.

미국의 피용인 35,000명을 둔 한 기업체가 EAP를 통해서 노동자의 생산성에 미치는 알코올 및 약물 남용 문제에 대응하기 위해 조사를 했다. 조사 결과, 피용인의 직무수행에 영향을 미치는 문제들은 약물 남용 문제가 아니라 엄청난 수의 가족상황을 다루는 문제들임을 발견하였다. 이렇듯 미국의 가족 이슈가 EAP의 변화를 가져온 이유 중 하나는 맞벌이 부부, 모자·부자가족 그리고 함께 사는 미혼모 부부가 오늘날 노동력의 90% 이상을 구성한다는 점이다(Kurzman, 1997).

따라서 가족과 직장은 이제 불가분의 관계를 갖게 된다. 직장체계는 가족체계에 대한 고려 없이 존재할 수 없는 상호의존적 체계임이 근로자 지원 프로그램에서 강조된다. 이러한 가족 이슈의 강조는 가족을 중시하는 우리나라의 경우도 마찬가지다. 가족복지의 대상이 되는 여러 문제에 대한 해결방안이 근로자 지원 프로그램의 주요한 부분을 차지할 것임은 분명하다.

가족 서비스 영역의 대상이 되는 주요 문제들을 보면 재정적 문제,

가족의 정서적 문제, 가족갈등, 가족구성원의 스트레스, 우울증, 슬픔, 불안, 공포 등 정신건강 문제 그리고 결혼, 이혼, 노부모 부양에 관한 문제 등을 들 수 있다.

(2) 스트레스 상담 서비스 영역

현대사회와 산업 영역의 변화가 극심해짐에 따라 EAP가 많이 개입하는 분야 중 하나는 스트레스 상담(*stress counseling*) 서비스 영역이다. 스트레스란 불쾌한 자극에 대한 육체의 반응이다. 삶의 모든 것이 즐거운 것은 아니기 때문에 다소의 스트레스는 자연스러운 것이고 피할 수 없다. 또 다루기 쉬운 스트레스는 오히려 건강에 유익하며 실제로 수명을 연장하는 데 도움이 된다고 한다.

스트레스와 관련된 환경적 압력과 그 해결방법에 대해서는 다음과 같이 정리할 수 있다.

① 적재적소에 직원을 배치하면 스트레스를 줄일 수 있다. 성공적 배치뿐만 아니라 작업환경 및 업무의 본질 자체도 매우 중요하다.

② 피용인들은 독단적 경영자들을 피해야 한다.

③ 역할이 분명해야 한다.

④ 업무의 책임성이 과도하지 않아야 한다. 즉, 권위와 책임성을 조화시키는 것이 중요하다.

⑤ 지루한 작업은 욕구불만을 초래한다. 그러므로 작업자체가 지루하지 않도록 한다.

⑥ 노동자들은 업무를 적절히 수행하고 이를 유지하기 위해 충분한 수면을 취해야 한다.

따라서 산업사회복지사는 피용인의 스트레스를 다룰 때 많은 선택적 대안을 가져야 한다. 우선 피용인에게 스트레스에 대한 교육을 실시하고 적당한 운동과 좋은 식사 습관을 갖도록 뒷받침해야 한다. 다음으로는 직업적 사명감을 가진 지도감독자들에게 자문을 하여 그들과 피용인들의 긴장과는 어떤 관련이 있는지 살펴야 한다.

이외에도 생체환류(*biofeedback*), 인지 재평가 기법, 긴장완화와 관련된 기술들을 개발할 수 있다. 또한 산업사회복지사는 예방적 역할도 할 수 있는데 여기에는 교육 프로그램을 실시하고 긴장완화를 위한 시설을 운영하는 일 등이 포함된다(Masi, 1982).

(3) 직장 성희롱 문제 서비스 영역

EAP 실천은 미시적 수준에서 거시적 수준까지 문제해결 가능성의 영역이 확대됐고 그중 하나로서 직장 내 성희롱 예방과 해결을 위한 노력이 실천영역으로 부각됐다. 미국의 경우와 마찬가지로 우리나라에서도 직장 내 성희롱은 불법적이고 생산성을 저해하며 과도한 의료서비스 비용을 창출하기 때문에 받아들일 수 없는 행동으로 규정한다.

연구에 의하면 성희롱 피해자 중 절반은 누구에게도 피해 사실을 말하지 않는 것으로 나타났다. 침묵의 이유 중에는 직장상실의 공포, 심각하게 받아들여지지 않는다는 두려움, 가해자의 보복에 대한 두려움, 낮은 자아감, 수치심, 자신의 행동이 희롱에 기여했을지도 모른다는 불안감 등이 있다.

그러나 일부 피해자는 산업사회복지사에게 조언과 도움을 구한다. 산업사회복지사는 성희롱 문제를 겪는 클라이언트를 돕기 위해 법적 상황에 익숙해져야 한다. 법정해석에 따르면 성희롱은 시민권법이 보장한 권리를 침해한 차별이며 직장 성희롱 문제로 인하여 승진 또는 직업안전을 저해하거나 개인이 고통 받는 것은 금지된다(Akabas, 1995).

한편, 성희롱 문제는 예방이 중요하다. 관련기관은 성희롱에 대처를 위한 분명한 정책을 세우고 이를 지속적으로 공정하게 강화해야 문제를 예방할 수 있다. 기관은 사실 발견과 갈등 해결을 수행하기 위한 훈련 프로그램을 마련해야 하고 불만이 신속하고 철저하게 다루어지도록 해야 한다. EAP 또한 상담, 사실 발견 및 갈등 해결을 위한 직접 서비스를 제공하고 더욱 광범위한 수준에서 성희롱이 일어난 상황분석을 해야 한다.

성희롱 문제는 가해자와 피해자 모두에게 영향을 주기 때문에 작업장에서는 매우 조심스럽게 다루어야 한다.

3. 근로자 지원 프로그램의 도입현황

EAP는 1930년대 미국에서 직장 내 알코올 중독 예방프로그램으로 시작된 후 1988년에 '직장 내 마약퇴치운동' 법령으로 시행되었다. 1990년대 초에는 홍콩, 싱가포르, 대만, 일본 등 아시아에서도 시작되었으며 1990년대 후반에는 다국적 기업들을 중심으로 아시아 내 다른 지역으로도 확산되었다. 우리나라의 경우 2000년 초 유한킴벌리, 듀폰 등 몇몇 기업들이 처음으로 실시하였다(한국EAP협회, 2009).

1) 국내 현황

1990년대부터 EAP의 서비스 영역이 우리나라에서 확대됐다. 대표적으로 가족, 스트레스, 직장 내 성희롱과 관련된 서비스 영역이 꼽힌다. 그 배경에는 법률적 제도 장치 구축이 있다. 2010년 6월 8일에 〈근로자복지기본법〉을 개정한 〈근로복지기본법〉 제83조 1항[1]과 2항[2]을 통해 관련 서비스의 제공이 법적으로 권장됐다.

이러한 영향으로 근로복지공단은 EAP를 도입하여 '근로복지넷'을 통

---

[1] 사업주는 근로자의 업무수행 또는 일상생활에서 발생하는 스트레스, 개인의 고충 등 업무 저해 요인의 해결을 지원하여 근로자를 보호하고 생산성 향상을 위한 전문가 상담 등 일련의 서비스를 제공하는 근로자 지원 프로그램을 시행하도록 노력하여야 한다.

[2] 사업주와 근로자 지원 프로그램 참여자는 제1항에 따른 조치를 시행하는 과정에서 대통령령이 정하는 경우를 제외하고는 근로자의 비밀이 침해 받지 않도록 익명성을 보장하여야 한다.

<표 11-2> EAP 상담서비스 분야

구분	직장 분야	개인 분야	기타 전문 분야
서비스 분야	· 직무 스트레스 · 조직 내 관계갈등 · 업무과다	· 정서성격 · 자녀양육 및 부부관계	· 건강관리 · 재무관리 · 법률관계 · 학업정보 · 이직 및 전직지원 · 직장 성희롱 및 성폭력 상담

출처: 근로복지넷(www.workdream.net).

<표 11-3> 국내 EAP 시장 발전현황

구분	개요	운영 주체	상세 내용
내부 모형	사내상담실 등의 형태로 EAP 초기 모델인 기업상담이 출현 (1994~2004)	삼성그룹	상담실을 비롯한 복지문화센터 설립
		포항제철	서울 광양에 대규모로 도입
		삼성전자	열린상담센터(서울, 수원, 구미 등 총 9곳)
		LG전자	MC연구소, R&D캠퍼스, LG CNS 등 총 3곳
		SK	하모니아 직원 상담 프로그램 운영
외부 모형	EAP 전문기업 출현 (2004~2007)	EAP 전문기업	GS 칼텍스, KTF, 유한 킴벌리, 하이마트, 현대 하이스코, 듀폰 코리아, 한국 P&G, 구글 코리아, 한국 Microsoft, 엘카코리아, 능률교육, 한국전력기술, 한국수자원공사, 한국수력원자력, 한국화학연구원, 한국전자통신연구원
정부 지원형	정부 지원사업 개시 (2007~)	노동부 (사회적일자리 사업)	근로자 심리상담 지원 프로그램, 한국EAP협회를 중심으로 서울, 인천, 구미 등 전국 주요 산업단지 11곳에 센터 개소
		서울시	직원대상 스트레스 관리 프로그램 및 자녀의 정서관리 프로그램 운영
		보건복지부 (지역사회서비스 혁신 사업)	부산광역시를 선두로 대구, 광주광역시가 동참, 근로자들의 근로의욕 향상과 가족문제 예방을 위한 근로자 지원 프로그램, 제조업 종사 근로자 대상으로 직장생활 적응 및 업무 효율성 향상 프로그램 운영

출처: 한국EAP협회(2009).

해 총 11개 분야(〈표 11-2〉참조)에서 상담 서비스를 제공한다. 근로복지넷은 근로복지공단의 온라인 복지전달체계로서 인터넷을 통해 어느 곳에서든 서비스에 접근할 수 있도록 편의를 제공하며 숙련된 EAP 전문가가 24시간 내에 상담을 해준다.

국내에 EAP와 유사한 서비스의 도입은 역사를 따지기 어렵다. 다만 EAP라고 명명된 서비스를 도입한 것은 1999년 듀폰코리아를 시초로 보는 것이 타당하다. EAP 중 심리상담 부문에 특화된 기업 상담 프로그램은 삼성의 생활문화센터를 중심으로 1994년부터 시작됐다. EAP 전문기업이 나타난 2004년부터는 외부형 EAP가 본격적으로 발전했다(한국EAP협회, 2009). 국내 EAP 시장 발전현황은 〈표 11-3〉과 같다.

국내 EAP 시장은 2004년 휴먼다이내믹(Human Dynamics) 한국지사가 설립되면서 시작됐다. 이어 2005년에 순수 국내자본으로 설립된 다인 C&M이 설립되면서 EAP 시장을 형성했다(우종민·최수찬, 2008).

2) 외국 현황

(1) 미국

미국의 경우 20세기 초부터 산업현장에서 음주 문제를 일으키는 근로자들에게 대처하기 위해 EAP의 전신격인 OAP를 사업장에 도입했다. 특히, 1940년대 설립된 예일 알코올 연구센터는 알코올 중독자도 재활을 잘 받으면 직장에 성공적으로 복귀할 수 있음을 증명했다(Van Den Bergh, 1995).

1970년대부터 EAP는 더욱 조직적으로 발전했다. 미국의 경우 1970년에 〈알코올 남용 및 알코올 중독 예방·치료·재활 종합법〉(Comprehensive Alcohol Abuse and Alcoholism Prevention, Treatment, and Rehabilitation Act) 의 제정으로 국립 알코올 남용·중독 연구소가 설립됐고 모든 연방기관과 군(軍) 기관은 직장 알코올 중독 프로그램을 의무적으로 시행했다(Van Den Bergh, 1995).

1980년대 이후에는 알코올 중독문제뿐만 아니라 부부관계, 스트레스 상담서비스, 융자나 재테크와 같은 금융 상담 서비스, 이혼이나 각종계약에 관한 법률상담서비스, 자녀양육이나 노부모 부양과 관련된 서비스 등 직장 및 일상생활과 관련된 다양한 분야로 서비스 지원이 확대됐으며 EAP 도입 기업도 증가하는 추세다.

2005년 현재 12,000개 이상의 EAP 기관이 있으며 500대 기업의 95%가 EAP를 이용한다. 또한 100인 이상 기업 80%가 EAP를 이용하고 미국 내 기업의 62%가 EAP를 시행 중이며 33%는 시행계획 수립을 검토 중이다(Deloitte Consulting, 2005).

(2) 일본

일본 EAP 도입의 경과를 보면 다음과 같다(한국EAP협회, 2009).

1990년대 중반 이후 스트레스로 인한 뇌심혈관계 질환이 산업재해의 주요 질환으로 나타났다. 이러한 상황을 해결하기 위해 일본 정부는 뇌심혈관 질환 예방 법규를 강화했으며 기업은 사회책임을 이행하고 집단소송에 대비하기 위해 과로사나 우울증을 관리했다.

이러한 흐름은 1990년대 후반 거대 광고회사 덴쯔(Dentzu)에서 일어난 사건이 결정적 계기가 되었다. 이 회사의 직원이 초과근무로 인한 스트레스로 자살하는 사건이 발생했고 이에 대한 책임을 물어 회사는 피해자 가족에게 2억 5천만 엔을 배상했다.

결과적으로 일본 특유의 초과근무 문화에 대한 반발이 확산됐다. 일본 정부는 초과근무 시간에 따른 책임 규정을 신설하고 2002년 '마음의 건강 만들기 지침'을 내는 등 대책을 마련했다. 이 결과 경영자와 근로자, 국가 모두가 근로자의 생산성 향상을 위해 고민하기 시작했고 이러한 배경 아래 기업 경영인들이 근로자들의 정신건강관리 방법으로 EAP에 주목했다.

일본의 EAP는 과로사의 사회 이슈화 이후 1990년대 크게 발전했고 2000년대부터 정부가 체계적 가이드라인을 제시하여 기업들에게 EAP 등 정신건강 관리 시스템의 도입을 적극 장려한 점이 특징이다.

(3) 영국

1990년대 초 경제상황이 후퇴하였음에도 불구하고 영국의 EAP 산업은 성장세를 이어갔다. 1990년대 후반 영국의 전체 사업장 중 5%, 200만 명이 EAP 서비스 수혜대상이 될 정도였다. 여기에는 1994년 벌어진 Watershed Walker 사건이 결정적 역할을 했다. 당시 사건을 담당했던 고등법원은 지방법원의 결정을 뒤집고 처음으로 근로자들에게 일의 결과로 발생한 스트레스 장해에 대해 보상하도록 판결했다.

그 후 12개 이상의 EAP 제공기관이 설립되었으며 2002년도와 2004년도에도 비슷한 판례를 남겨 2000년대 영국 EAP 시장의 성장을 견인하였다. 영국에서는 국민보건서비스(NHS)를 통해 상담, 정신치료, 심리서비스 등을 무료로 지원하며 지역사회와 자원봉사 부문의 다양한 서비스도 이용가능하다(한국EAP협회, 2009).

1980년대부터는 정부 부서별로 EAP를 시행했으며 많은 부서들이 EAP와 비슷한 서비스를 운영하는 것으로 알려졌다. 이를 위해 각 기관은 외부 기관(80% 이상)과 계약을 맺어서 서비스를 시행하며 장기간 계약을 통해서 서비스가 이루어진다. (UK EAPA, 2005)

(4) 독일

독일에서는 EAP보다 직장소셜워크(*occupational social work* · OSW)라는 말을 일반적으로 사용하며 다국적기업이나 민간대기업에서 주로 내부형으로 운영한다. 극소수의 외부형을 제외하고 500여 개 업체에서 내부형 EAP를 운영한다(UK EAPA, 2005).

제 12 장

기업의 사회적 책임

업무조직과 관련된 다양한 관계자의 이해관계를 반영하려는 기업의
노력이 점차 늘어난다. 흔히 기업의 사회적 책임으로 요약되는 이러한
활동은 최근 중요성이 더욱 커졌다.

업무조직, 그중에서도 기업의 역할은 무엇인가? 이에 대한 대답은
오랫동안 한결 같았다. 수익 창출만이 기업의 유일한 사회적 책임이라
고 말한 프리드먼(Friedman, 1970)의 생각은 오랫동안 기업이 가진 답
이었다. 하지만 과거에는 기업활동이라 여기지 않았던 부분에 점차 눈
을 돌려야 할 때가 왔음을 기업들은 점차 알게 되었다. 기업의 성장과
수익창출에 직접적 또는 간접적으로 연결된 다양한 이해관계자가 기업
으로 하여금 경제적·법적 책임을 넘어 환경과 사회 문제에 대해 책임
있는 행동을 요구했기 때문이다.

기업에 대한 기대치가 달라진 것은 사회의 변화와 밀접한 관련이 있
다. 신자유주의 조류의 확산과 함께 진행된 세계화, 탈규제화, 민영화

의 바람은 기업과 정부, 기업과 시민사회와의 경계선을 불분명하게 만들었고 이는 기업이 사회의 일원으로서 공익을 위해 어떠한 역할을 할 수 있고 어떠한 책임이 있는가를 진지한 문제로 제기하게 만들었다.

1. 기업의 사회적 책임

1) 기업의 사회적 책임이란 무엇인가

기업의 사회적 책임에 대한 개념정의는 다양하게 이루어진다. 그중 몇 가지의 개념정의를 살펴보면 다음과 같이 정리할 수 있다.

세계지속가능발전기업위원회(World Business Council for Sustainable Development)는 기업의 사회적 책임을 "근로자와 그들의 가족, 지역사회와 더 나아가 전체 사회의 삶의 질을 향상시키면서, 윤리적 행동과 지속가능한 경제 발전에 지속적으로 기여하는 것"으로 정의하여 인권, 근로자의 권익, 환경보호, 공급업체와의 관계, 이해관계자의 권리 측면을 강조한다(주성수, 2003).

한편, 유럽집행위원회(European Commission)에서는 기업의 사회적 책임에 대해 "사회적, 환경적 관심을 포용해야 하며 자발적으로 다양한 이해관계자들의 이해 또한 고려되어야 하는 것"이라고 기술한다(European Commission, 2001). 이는 주주의 이해 못지않게 근로자, 소비자, 지역사회 등 다양한 관계자의 이해관계 충족을 기업의 주요한 목적으로 삼음을 보여주며 이를 달성하기 위해서는 관계자와의 파트너십이 관건임을 강조하는 것이다.

학계에서는 보웬(Bowen, 1953)이 《기업인의 사회적 책임》(*Social Responsibilities of the Businessman*)을 출간하면서 기업의 사회적 책임에 대한 논의가 본격적으로 시작되었다고 본다(Jenkins & Hines, 2003). 현재 학계에서 가장 많이 활용되는 캐롤(Caroll, 1979)의 정의에 의하면, "기업의 사회적 책임은 기업이 사회에 대해 갖는 경제적, 법률적, 윤리적, 재량적(혹은 자선적) 책임"이다(Caroll, 1979; Jenkins & Hines, 2003에서 재인용). 여기에서 기업이 갖는 경제적 책임은 소비자가 원하는 상품과 서비스를 생산, 적정 가격에 공급하고 지속적 수익 창출로 투자자에 대한 책임을 다하는 것을 의미한다.

법적 책임은 사회가 정하는 법률적 범위 안에서 활동하는 것을 말한다. 윤리적 책임은 사회가 적절한 행동의 규범으로 규정한 도덕적 규율을 준수하는 것이며 재량적 혹은 자선적 책임은 법과 도덕적 규율과는 별개로 이루어지는 기업의 자원적이고 순수한 사회참여 활동을 의미한다(주성수, 2003).

이 개념들을 종합적으로 정리하면, 기업의 사회적 책임은 기업이 사회적·환경적 가치 창출의 극대화 전략을 기업의 정책과 경영 전략에 통합시킴으로써, 다양한 이해관계자의 요구를 만족시키고 사회가 요구하는 책임을 다하는 것을 의미한다고 할 수 있다.

기업의 사회적 책임에 대한 더욱 명확한 이해를 위해서는 실제로 기업의 사회적 책임이 전개되는 영역과 구체적 활동범주를 파악할 필요가 있다. 기업의 사회적 책임은 흔히 사회적 책임의 3대 축 혹은 지속가능경영의 3대 축(triple bottom line · TBL)으로 언급되는 경제, 환경, 사회를 영역으로 하여 전개된다. 또한 이 3가지의 영역 내에서 기업의 사회적 책임은 각각 구체적으로 전개되는 활동범주를 가진다.

가령, 환경 영역에 대한 기업의 사회적 책임을 살펴보면 ① 환경적으로 안전한 상품과 서비스 제공 ② 환경관리시스템의 구축 ③ 환경보고서 작성 ④ 에너지, 물, 토지, 자원 이용의 적정성 ⑤ 생물다양성 가치의 존중 ⑥ 공해물질 및 쓰레기의 처리 등의 6가지 활동범주로 구성

<그림 12-1> 기업의 사회적 책임: 영역과 활동범주

기업의 사회적 책임		
경제적 분류	**환경적 분류**	**사회적 분류**
· 사업 성과 (수익)	· 환경적으로 안전한 상품/서	· 근로자의 건강과 안전
· 투자 성과 - 자본/R&D	비스	· 근로기준 및 조건
· 직원 · 인적 자원 개발	· 환경 관리 시스템	· 인권 및 다양성
· 공급망 관리	· 환경 보고서	· 사회적 영향 평가/관리
· 세금 및 대정부 지원금	· 에너지/물/토지/자원 이용	· 기업사회공헌
· 지적소유권/특허/기술이전	· 생물다양성	· 사회 투자
· 뇌물/부패	· 공해/쓰레기 처리	· 사회 보고서

범분야적 과제
• 기업지배구조　• 윤리경영　• 지속가능성　• 이해관계자 참여　• 공공정책

출처: 김교성 외 (2005).

된다. 〈그림 12-1〉은 기업의 사회적 책임이 이루어지는 영역과 활동
범주들을 나열한 것이다.

2) 기업의 사회적 책임에 대한 관점

기업의 사회적 책임에 대한 논의는 크게 보아 세 가지의 관점으로 분
류할 수 있다. 첫 번째 관점은 앞서 언급한 프리드먼의 주장으로 대표
되는 것으로 기업은 단 하나의 역할인 경제적 성과에만 집중하면 된다
는 시각이다.

이러한 관점에 따르면, 기업은 주주(*stockholder*)의 이익을 극대화하
기 위해 조직된 결사체이다. 따라서 기업의 역할은 수익을 극대화하는
데 있으며 그 외의 다른 사회적 이슈에 대한 관심은 비용의 증가를 초
래하고 그에 비례하여 주주의 이익은 감소될 것임을 강조한다. 비용의

증가는 더 나아가 생산하는 제품의 가격을 올려 소비자에게 피해를 주며 경쟁력의 상실을 초래한다. 물론 사회적 이슈와 관련한 기업의 역할수행에 대하여 사회의 압력이 증가될 수는 있다. 이 경우, 기업은 세금을 더 내면 된다는 것이 이러한 관점의 주장이다.

기업의 사회적 책임에 대한 두 번째 관점은 사회적 책임을 긍정하는 시각이다. 이에 따르면 기업은 주주를 포함하여 종업원, 소비자, 지역사회 성원 등 기업과 관련된 다양한 이해관계자(*stakeholder*)의 이익을 극대화하기 위한 결사체이다.

이 관점에서는 첫 번째 관점이 단기적 판단을 바탕으로 하며 장기적으로 볼 때 사회의 요구를 외면할 경우 결국 사회 전체의 비용증가를 초래하며 기업의 비용지출 역시 그에 따라 증가할 수밖에 없다고 본다. 따라서 기업은 사회전체의 발전을 위해 충분히 기여해야 한다는 것이다. 가령, 드러커(Drucker, 1984)는 기업은 이익만 추구하는 조직이 아니며 기업의 행위 역시 윤리적 표준에 맞춰서 평가된다고 주장한다. 사회성원들이 사회 속에서 건전한 시민의 역할을 요구받는 것처럼, 기업 역시 사회에서 '건전한 기업시민'(*good corporate citizen*)으로 기능해야 한다는 것이다.

기업의 역할은 수익을 극대화하는 데 있다는 첫 번째 관점을 부정하기는 어렵다. 하지만 또한 기업이 여러 사회적 이슈에 대해 무관심해야 한다는 주장을 수용하기는 어렵다. 더욱이 우리나라의 경우 기업의 발전과정을 둘러싼 여러 가지 부정적 인상(가령 정부의 특혜 지원이나 소유와 경영의 미분리)이 국민에게 깊게 각인되어 기업의 사회적 책임에 대한 압력은 대단히 높은 실정이다.

하지만 기업이 그러한 사회적 책임만을 수행하려 한다면 별로 바람직하지 않은 것 또한 사실이다. 더욱이 세계화와 그에 따른 무한경쟁의 무대에서 기업의 수익창출 기능은 사회의 발전을 위해서도 어느 무엇보다 필수적이다. 이런 관점에서 본다면 앞서 제시한 두 개의 상반된 시각 중의 하나에 기초하여 기업의 사회적 책임을 말하는 것은 합당치 않아 보인다.

최근에 제시된 세 번째 관점은 이러한 측면에서 좀더 적절해 보이는데 이는 기업의 사회적 책임을 사회적 투자(social investment)의 맥락에서 파악한다(Reich, 1998; Stump, 1999). 이러한 관점에 따르면, 주주의 이익을 극대화하는 기업의 역할은 여전히 중시되어야 한다. 다만, 그 이익 극대화는 단기간에 계산되기보다는 장기적 관점에서 추구되어야 한다. 사회적 책임을 적절하게 수행하는 조직은 그렇지 않은 조직보다 사회로부터 더 많은 정당성을 확보할 수 있다.

환경으로부터 정당성을 확보하는 것이 조직 생존에 불가결하다는 점을 감안한다면 그러한 조직은 더 오래 생존할 수 있으며 장기적으로 보면 주주에게도 더 많은 이익을 가져다준다는 것이다. 따라서 사회적 이슈에 대한 기업의 사회적 책임과 수익 극대화는 별개의 문제가 아니며 동시적으로 추구되어야 할 기업의 역할인 것이다.

3) 사회적 책임 수행의 추세

오늘날 기업의 사회적 책임은 대부분이 전략적 관점에 기초하여 이루어진다. 지금부터는 전략적 관점에 기초한 기업의 사회적 책임 수행이 어떤 추세를 보이는지 살펴보고자 한다.

첫째, 공식화 및 절차를 중시한다. 기업의 사회적 책임과 관련한 활동도 여타의 기업활동과 마찬가지로 기업의 자원을 할당하고 사용하기 때문에 무계획적이거나 임기응변적으로 이루어질 것이 아니라 기업의 장기목표와 연관성을 갖고 계획성 있게 이루어져야 한다는 것이다.

둘째, 기업의 사회적 책임에 대해 전문적으로 접근한다. 기업경영자는 기업의 사회적 책임 활동에 대한 전문적 분석과 평가를 통해 기업의 시간과 비용을 절약하고 기업의 이미지를 높여야 한다는 점을 강조한다. 기업은 자신의 사회활동 프로그램의 장기적 수익을 결정하기 위한 비용/편익 분석법(*cost/benefit analysis*)을 개발했다.

여러 기업은 사회적 책임 활동에 대한 전담조직을 설치하는 한편, 담당인력은 각 분야에서 목표설정, 전략계획 및 성과에 책임을 지도록 하며 결과에 대해 다른 기업의 업무활동과 마찬가지로 성과가 측정된다.

셋째, 기업이 대중의 요구에 대해 사후반응적(*reactive*)이기보다 사전대처적(*proactive*)이 되고자 하는 경향을 보인다. 기업의 이해관계자 관리 측면에서도 기업의 독자적 의지에 의하여 주요 이해관계자를 만족시키기 위한 자발성(*voluntarism*)을 강조한다.

넷째, 기업의 사회적 책임에 대한 이해관계자의 요구 및 감시가 증대되는 추세다. 세계화와 IT 혁명으로 전 세계의 소비자와 투자자, 비영리단체(NGO/NPO)가 기업에 관한 정보를 신속하게 접하게 되고 이것이 구매와 투자, 사회운동에 즉각적으로 영향을 미치는 실정이다.

여러 보고서에 따르면, 시민은 기업활동에 관한 정보에서 기업이 내놓는 자료보다 비영리단체가 평가한 자료를 더 깊이 신뢰하는 것으로 보고되었다. 또한 비영리단체의 기업 평가가 실제로 소비자의 인식에 크게 영향을 주는 것으로 나타났다.

다섯째, 기업의 사회적 책임에 대한 정부 역할에 대한 관심이 점차 커진다. 지금까지는 개별 기업이 어떠한 동기에 의해 어떠한 사회적 책임 수행을 하는가 등 기업의 행위 자체에 관심의 초점이 있었다. 그러나 이제는 기업의 사회적 책임 수행과 관련한 의사결정에 영향을 주는 경제적, 사회문화적, 정책적 환경을 어떻게 만들어 가야 하는가에 눈을 돌리기 시작한 것이다.

이러한 환경 조성을 위해 정부가 맡아야 할 역할에 대한 논의가 벌어지며 자발적 접근이냐 규제적 접근이냐를 두고 의견이 분분하다. 어떤 접근 방법을 택하든, 다양한 이해관계자의 요구를 조정함으로써 기업의 사회적 책임에 대한 균형 있는 시각을 제시하고, 자국의 상황에 맞는 비전과 기준을 제시하며, 역량이 부족한 기업의 사회적 책임 수행을 지원해 주는 것이 정부가 해야 할 역할이다.

여섯째, 기업의 사회적 책임과 관련한 기준, 지표, 가이드라인, 관리 및 인증체계가 점차 확립된다. 최근 UN기구, 국제 비영리단체, 관련 산업단체 및 협회 등에서 기업의 사회적 책임에 대한 다양한 기준과 지표, 사회적 책임 수행이 일정한 질을 유지하도록 돕는 가이드라인과 활동규약, 관리 체계 및 인증 시스템 등을 선보인다. 또한 투자자들이 '사회적 책임을 다하는 기업'(*socially responsible business*)에 투자함으로써 기업과 사회의 지속가능한 발전에 기여하고자 하는 사회책임투자(*socially responsible investment; social invetment*)도 등장한다.

이러한 변화는 모두 기업의 사회적 책임 수행을 더욱 효과적・체계적으로 성숙하도록 돕고 전반적 질적 수준을 향상시키려는 관련 기구 및 단체가 기울인 노력의 결과라 할 수 있다.

2. 기업사회공헌

이 절에서는 우리나라 기업이 기업의 가치를 사회적으로 실현하고 다양한 이해관계자와 소통하는 주된 방법으로 선택하는 기업사회공헌에 대해 살펴보고자 한다. 최근 윤리경영, 지속가능경영, 환경경영 등의 개념이 사회적 힘을 얻으면서, 우리나라 기업의 사회적 책임 수행의 폭도 점차 넓어졌다.

앞서 살펴본 바와 같이 기업의 사회적 책임의 영역은 경제, 환경, 사회를 포괄하는 넓은 영역에서 이루어지는데, 사회공헌활동은 주로 사회복지 영역에서 이루어지는 사회적 책임 수행의 한 활동범주로 이해할 수 있다. 산업복지의 개념정의와 관련해서 생각해 보면 기업의 사회적 책임보다는 기업사회공헌에 초점을 두는 것이 산업복지의 맥락에서 더 적절할 수 있다.

1) 기업사회공헌의 개념과 유형

(1) 기업사회공헌의 개념

우리나라에서 '기업사회공헌'이란 용어는 1절에서 논의한 기업의 사회적 책임 관련 용어와 함께 사용하는 경우가 많다. 때문에 이를 쉽게 이해하도록 정리하고 정의 내리는 것은 쉬운 일이 아니다. 기업사회공헌에서 선도적이라고 할 수 있는 미국에서조차 관련 용어는 매우 다양하게 표현된다.

그 흐름을 살펴보면, 과거에는 '기업 자선'(*corporate philanthropy*), '기

업 기부'(corporate giving) 등과 같이 자선 및 기부활동에 초점을 맞춘 용어가 많이 사용된 반면, 최근에는 '사회 참여'(community involvement), '사회 투자'(community investment), '사회 경제발전'(community economic development) 등 지역사회와의 관계성, 지역사회에의 참여를 중시하는 용어를 많이 사용한다. 이는 지역사회의 역량 그 자체를 강화함으로써, 사회문제해결에 기업의 적극적 파트너로서 참여할 수 있도록 하는 최근의 경향성을 잘 보여주는 것으로 이해할 수 있다.

이를 반영하듯 그레이슨(Grayson, 1994; Wilson, 2000에서 재인용) 은 사회공헌 역사를 3대 물결로 이해하는데 제 1의 물결인 자선 중심의 기부활동에서 제 2의 물결인 전략적 사회공헌으로 그리고 제 3의 물결인 지역사회 투자로 발전한다고 본다. 이외에도 많은 영미권 연구에서 기업사회공헌이 '수표책 사회공헌'(check book philanthropy) 에서 '전략적 사회공헌'(strategic philanthropy) 과 '지역사회 투자'(community investment) 로 발전 중이며 이것이 기업의 사회적 책임이나 기업시민정신(corporate citizenship) 의 단초를 마련할 것으로 본다(Parker, 1999).

〈표 12-1〉 기업사회공헌 모형의 변화

	제 1의 물결 온정주의적 접근	제 2의 물결 경영전략적 접근	제 3의 물결 지역사회참여 접근
목표	자선	전략적 자선	지역사회 투자
관리	임시변통의 관리 분리 구조	체계적 관리 라인 구조	전문 관리와 컨설팅의 통합
접근법	수동적 대표자의 기분 현금 중심 1회성	욕구에 대한 반응 지역의 선택 다양한 원조 이슈 중심	주도적 비즈니스 중심 비즈니스 자원 능력의 개발과 배양

출처: Wilson(2000)을 기초로 추가함.

이와 같이 선진 기업의 사회공헌이 점차 전략화되고 더 나아가 '지역사회 투자'(corporate community investment)로 발전하는 데 주목할 필요가 있다. 또한 지역사회에 대한 투자를 통해 사회의 역량 자체를 강화시키고 이로써 기업과 사회가 함께 사회를 변화시킬 수 있도록 한다는 점도 우리에게 시사하는 바가 크다. 〈표 12-1〉은 기업사회공헌의 변화과정을 요약한 것이다.

일부 우리나라 학자들을 통해서도 개념정의가 이루어졌다. 이를 살펴보면, 기업사회공헌은 "기업의 사회적 책임을 달성하기 위한 여러 가지 방법 중의 하나"로 이해되며(김통원, 2004), 현재 우리나라 기업의 현실에서 보면 사회공헌은 기업의 사회적 책임 중에서도 자선적 책임 분야에 한정된 것으로 이해된다(정무성, 2003).

우리나라에서의 개념정의와 선진국의 경향성을 반영하여 기업사회공헌의 개념을 정리한다면 다음과 같다. 기업사회공헌은 기업이 사회에 대해 갖는 책임활동의 한 형태로서, 재정적 지원과 비재정적 지원(상품과 서비스, 직원들의 자원 활동, 경영 조언, 기술 및 시설 지원) 등 다양한 기업의 자산과 핵심 역량을 사회에 투자하여 사회적 가치를 창출하고 지역사회의 역량을 강화하며 동시에 기업의 지속가능한 발전을 도모하는 사회 참여 및 투자 활동(corporate community investment & involvement) 이다.

(2) 기업사회공헌의 유형

기업사회공헌의 전개방식은 다양하다. 기업의 사회적 가치 창출에 대한 다양한 이해관계자의 요구와 기대가 확산되는 가운데, 지역사회에 대한 기업의 참여 역시 다양성을 보인다. 장학사업에 치중하던 우리나라 기업사회공헌은 현재 사회복지, 의료복지, 학술연구, 환경단체 등으로 지원 분야가 확대되었으며 최근에는 미술관, 박물관, 문화공연 등을 지원하는 메세나 활동도 활발한 모습을 띤다.

기업은 직접 혹은 비영리단체 및 정부와의 파트너십을 통해 사회공헌활동을 전개하며 더욱 효율적이고 전략적인 방법으로 사회의 문제를 해결하는 데 기여한다.

① 현금기부

기업 및 기업재단을 통해 기부하는 유형이다. 기업사회공헌 활동 중 가장 보편적이고 전통적인 방법으로, 대개는 개인에게 직접 전달하기보다는 경쟁력 있는 비영리단체나 공익프로그램을 지원하는 형태로 이뤄진다. 이외에도 비영리단체나 모금단체에 기업명의의 기금을 설립하는 방법도 있다.

② 현물기부

최근에는 경제 침체, 전략화 요구에 대한 대응책으로 현물 기부에 관한 관심과 의지가 더욱 커진다. 현물 기부의 방법은 종류가 무척 다양하다. 상품 기부, 임직원의 전문 지식 및 경영 어드바이스 제공, 금융 컨설팅, 법률 자문, 기업의 시설 제공 및 공간 대여, 시장 조사, 인쇄 서비스, 오디오 및 비디오 제작, 우편 발송 서비스, 교통편의 제공, 컴퓨터 및 인터넷 서비스 제공, 통신 서비스 제공, 대출, 인턴십 및 직장 체험 프로그램 도움, 기업이 소유한 예술품 대여 등이 속한다.

특히, 자원이 부족한 중소기업이나 벤처기업에서 많이 활용할 수 있는 방법이다. 특히, 현물 기부는 지역사회에 기반을 둔 비영리단체들을 돕는 비용효과적 방법으로 인식된다.

③ 직원들의 사회공헌 활동 지원

직원의 사회공헌 활동 지원은 크게 두 가지로 나눌 수 있는데 매칭 기부 프로그램(employee matching gift programs)과 직원의 자원활동 지원 (employee volunteerism)이 그것이다.

매칭 기부프로그램은 직원이 기부하기 원하는 비영리단체를 지정하여 일정액을 기부하면, 기업이 그 금액의 일정 비율을 적용하여 함께 단체에 기부하는 방법이다. 대개 기업과 직원 기부의 비율은 1:1이지만 기업이 직원이 기부한 액수의 2배 내지 3배를 매칭 금액으로 기부하기도 한다. 직원이 직접 기부처를 선택한다는 의미에서 민주적 기업 기부 방법으로 볼 수 있다.

직원의 자원활동 지원은 지역사회를 대상으로 한 전략적 참여활동의 주요 방법으로 인식된다. 규모가 큰 기업일수록 사업적으로 연계된 지역이 많고 지역 출신의 직원이 많다. 각 지역의 직원을 활용하는 경우, 지역 내에 네트워크를 형성하고 직원의 자긍심과 사기 진작에 크게 도움이 되어 많은 대기업이 자원활동을 적극 지원한다.

④ 공익연계 마케팅

공익연계 마케팅은 기업과 비영리단체가 함께 공익을 위해 소비자의 제품 구매나 서비스 이용을 촉진시키는 마케팅 활동으로, 기업과 비영리단체의 조인트 벤처(joint venture)이다.

연계된 공익에 대한 소비자들의 인식을 제고하고 참여를 유도한다는 점에서, 기업-소비자-비영리단체가 모두 파트너가 되어 진행하는 사회공헌활동으로 볼 수 있다.

공익연계 마케팅을 통해 기업은 판매를 증가시키고 새로운 시장에 접근할 가능성을 확보하여 기업의 브랜드 및 상품의 가시성을 증대시킴으로써 기업의 사회적 이미지 향상과 대외적 위상을 제고한다.

비영리단체 역시 인지도를 높이고 단체의 이미지를 향상시킴으로써 더욱 활발한 모금 활동의 기초를 다지고 이를 통해 문제해결 역량을 강화한다. 따라서 효과적으로 활용하면 기업과 비영리단체가 모두 윈윈(win-win)의 결과를 얻는 전략적 파트너십 방법이자 홍보 방법이다.

⑤ 직접운영 프로그램

기업 혹은 기업재단이 직접 공익 프로그램을 계획하고 운영하는 사회공헌 방법으로 우리나라에서 많이 활용되는 방법이다.

직접운영 프로그램은 대상자에 대해 직접적으로 자원을 제공할 수 있기 때문에 자원의 전달과정에서 나타날 수 있는 간접적 거래비용을 줄일 수 있다. 가령, 비영리단체 등을 지원하는 것과 비교할 때, 직접운영의 방식은 전달비용을 절감하는 효과를 가진다.

하지만 직접운영 프로그램은 수혜 대상자의 선정 과정에서 그들에 관한 충분한 정보를 얻지 못하거나 자의적 논리가 개입할 가능성이 높아질 수 있으며 개개의 서비스 대상자나 사회복지 시설 및 단체와 접촉해야 하기 때문에 직접적 거래비용은 커진다는 단점을 가진다.

종합하면, 직접운영 프로그램은 기업이 갖는 고유의 비즈니스 가치와 사회 철학에 맞게 사회공헌활동을 직접 전개한다는 점에서 큰 의의가 있다. 그러나 다른 한편으로는 우리나라 비영리 영역의 전문성 미비와 맞물린 결과로도 볼 수 있다.

⑥ 사회투자 프로그램

미국의 금융권에서 많이 활용하는 방법으로 도시 빈민지역 같은 소외
지역의 경제개발과 주택보급 등을 위해 활동하는 비영리단체에게 장기
간 저리로 대부해 줌으로써 사회에 기여하는 방법이다. 투자의 환급을
보장받는 영리 활동이기 때문에 종래의 사회공헌활동과는 사뭇 다르다.
하지만 기회비용과 리스크가 클 수 있음에도 불구하고 지역사회 발
전을 위해 투자하고 그 결과를 통해 사회적 효과를 불러일으킬 수 있는
대규모 사업에 중점적으로 지원되기 때문에, 지역 사회의 입장에서 매
우 유익하며 기업의 사회적 영향을 크게 실감할 수 있는 사회공헌방법
이라 할 수 있다.

2) 기업사회공헌의 논리와 효과

기업이 사회공헌활동을 하는 이유는 다양하다. 소비자나 비영리단
체, 정부의 압력에 밀려 방어적으로 사회공헌활동을 하던 것에서 벗어
나 사회공헌을 비즈니스 전략의 핵심으로 삼는 기업들도 많아졌다. 이
는 기업사회공헌이 사회뿐 아니라 기업의 이해를 위해서도 중요하다는
것이 널리 인정됨을 의미한다. 지금부터는 사회공헌활동의 논리와 효
과를 살펴본다.

(1) 기업사회공헌의 논리

기업사회공헌에 대한 노력 정도나 형태는 기업마다 다르다. 즉, 그
것은 기업의 정책적 고려에 의해 결정된다. 따라서 기업조직의 속성에
대해 어떤 식으로 가정하느냐에 따라 기업이 사회공헌활동을 수행하는

이유를 구분할 수 있다.

먼저 개방성에 대한 가정이란 기업조직을 '열린 조직'으로 보느냐, 아니면 '닫힌 조직'으로 보느냐의 문제이다. '열린 조직'으로 기업조직을 바라보는 관점에 따르면, 기업조직은 환경에 개방되어 있는 존재이며 사회공헌활동 역시 환경에서 제기되는 압력에 대한 기업조직의 생존전략이다.

물론 여기에서 말하는 환경은 시장이라는 기술적 환경(task environment) 뿐 아니라 기업조직이 정당성과 지지를 획득하기 위해 따라야 하는 신념, 역할, 규칙 등의 상징적 요소로 구성된 제도적 환경(institutional environment) 까지도 포괄한다(Scott, 1991).

반대로 기업조직을 '닫힌 조직'으로 바라보면, 생산체계에 대한 효율적 통제가 기업조직의 생존을 좌우하는 핵심적 요소이며 기업조직은 주주의 대리인(agency) 이다. 따라서 주주의 이해를 반영하는 생산 효율성의 추구가 수익의 극대화를 달성할 뿐 아니라, 조직의 생존을 보장한다는 것이다.

한편 합리성에 대한 가정이란 합리적 계산을 통해 자기이익을 극대화하는 경제주체(Homo Economicus) 에 대한 가정을 전적으로 수용하느냐 아니면 제한적으로 수용하느냐의 문제이다. 완전히 합리적으로 구성된 기업조직을 가정하면 기업조직의 행위는 전적으로 이윤추구의 동기에 입각한 것으로 파악된다. 반면, 제한된 합리성(bounded rationality) 의 가정을 수용한다면, 기업조직은 규범이나 관습, 사회적 압력 등에 따라 행동할 수도 있다.

개방성과 합리성에 대한 상반된 가정을 교차시켜서 정리하면 〈표 12-2〉과 같이 기업사회공헌과 관련한 4가지 논리를 도출하는 것이 가

<표 12-2> 기업사회공헌의 논리

합리성 \ 개방성	닫힌 조직	열린 조직
완전 합리성	이윤추구	사회투자
제한된 합리성	자선	동형화

능하다. 1) 우선 이윤추구 모형은 기업의 사회공헌활동이 수익 극대화의 맥락에서 이루어진다고 본다. 또한 기업조직의 행위는 수익 극대화를 추구하는 주주들의 의사를 반영할 뿐이라고 본다는 점에서 기업조직을 '닫힌 조직'으로 인식한다.

한편, 자선 모형은 기업조직의 정책이 수익의 극대화와는 무관하게 이루어짐을 강조한다는 점에서는 이윤추구 모형과 다르지만 기업조직을 '닫힌 조직'으로 본다는 점에서는 동일하다. 즉, 기업의 사회공헌활동은 자선적 동기를 가진 주주들의 의도를 반영하는 것으로 파악된다.

그러나 사회투자 모형과 동형화 모형은 정당성과 지지를 획득하기 위해 기업조직이 준수해야 하는 신념, 역할, 규칙 등의 상징적 요소로 구성된 제도적 환경이 기업조직에 막대한 영향을 미친다고 본다는 점에서 앞의 두 모형과는 다르다.

즉, 사회투자 모형과 동형화 모형은 기업조직이 조직 외부의 제도적 환경을 구성하는 다양한 이해관계자의 압력에 대해 열려 있기 때문에, 사회공헌활동 역시 그러한 맥락에서 이루어진다고 본다. 물론 사회투자 모형은 그 환경의 압력에 잘 적응하는 것 역시 수익 극대화의 한 방편이라고 보는 반면, 동형화 모델은 적응 그 자체는 이윤 극대화와는

---

1) 물론 이 4개의 가설은 이념형에 가까운 것이므로, 기업조직이 사회공헌활동을 수행하는 이유는 이 여러 논리가 결합되기 때문이라고 보는 것이 더 현실적이다.

무관하다고 보는 점에서 서로 다르다.

① 이윤추구 모형

기업이 수익을 극대화하기 위해 만들어진 조직임을 감안하면 기업조직의 모든 정책은 직접적, 간접적으로 수익의 극대화를 목표로 함을 쉽게 짐작할 수 있다. 이윤추구 모형(company self-interest model)은 기업의 사회공헌활동 역시 이윤추구 때문임을 강조한다(Useem, 1987).

즉, 사회공헌활동을 수행함으로써 기업조직은 생산활동에 필요한 각종의 투입비용을 절감하고 최종 생산물에 대한 수요를 확대하며 조세부담을 경감시킬 수 있다(Webb, 1994). 우선 기업은 사회공헌활동을 수행함으로써 사회적 평판도를 높일 수 있다. 높아진 기업의 평판도가 가져오는 긍정적 영향을 살펴보면 다음과 같다.

첫째, 시장에서 그 기업이 생산한 생산물에 대한 수요를 확대시키는 데 긍정적 영향을 미칠 수 있다.

둘째, 사회복지 수준의 향상으로 인해 발생한 편익은 기업에 고용된 피용인과 그의 가족에게도 미치기 때문에, 이들의 삶의 질은 높아질 수 있다. 이는 생산활동에 대한 피용자의 기여 정도를 높일 수 있어 생산성 향상에 기여한다.

셋째, 사회공헌활동을 통해 증진된 기업의 평판도는 양질의 피용인을 확보하는 데 긍정적으로 작용하기 때문에, 기업은 채용·훈련·이직과 관련된 비용을 절감할 수 있다.

넷째, 사회공헌활동은 투자자나 정부로 하여금 기업조직에 유리한 결정을 하도록 유인하는 데도 긍정적 효과를 낳는다.

다섯째, 사회공헌활동은 조세상의 혜택도 가져온다. 왜냐하면, 그러한 참여에 대해 많은 국가에서는 면세 혜택을 제공하기 때문이다.

사회공헌활동이 이윤추구의 목적에서 이루어진다는 주장은 많은 경험적 연구를 통해서도 뒷받침된 바 있다. 우심(Useem, 1987)에 따르면, 최종 소비자와 직접 거래관계의 보험업이나 은행업, 소매업, 숙박업 등은 광산업, 건설업, 일차 금속업 등보다 더 활발하게 사회공헌활동을 한다.

가령, 1982년에 1차 금속업은 세전소득(*pre-tax income*)의 0.8% 정도만을 기부한 반면, 은행업은 두 배에 가까운 규모를 기부했다. 또한 기업의 사업영역이 전국을 대상으로 하는 업종의 경우 사회공헌활동 역시 전국적 범위에서 이루어지는 반면, 사업의 영역이 특정 지역만을 대상으로 하는 경우에는 참여 역시 그 지역만을 표적으로 하는 경향이 있음이 밝혀졌다.

기업조직이 주로 참여하는 영역 역시 이윤추구의 동기를 잘 보여준다. 가령, 미국의 경우 첨단학술연구의 성과에 상대적으로 많이 의존하는 첨단산업의 기업은 다른 업종보다 학술연구 사업에 더 많이 기부하는 것으로 조사되었다(Useem, 1987).

② 자선 모형

기업조직의 목적은 수익의 극대화이지만 기업조직의 모든 행위가 그것만을 위해 존재하는 것은 아니다. 특히, 어떤 기업의 주주는 도덕적 의무에 따른 자선의 동기로 사회공헌활동 수행을 결정할 수 있으며 이러한 유형을 자선 모형(*philanthropy model*)으로 볼 수 있다.

바틀링(Bartling, 1999)에 따르면, 사회적으로 성공한 주주나 경영인에게는 성공한 과정에서 사회에 진 빚을 갚고자 하는 보상심리가 내재되었다. 사실 기업조직이 사회공헌활동을 수행하는 중요한 이유가 자선 동기라는 믿음은 상당히 널리 유포되었다. 자본주의 사회에서 상대적으로 많은 부를 소유한 기업조직이 사회적으로 곤궁한 개인이나 집단을 원조하기 위해 자발적으로 기여하는 행위는 빈번히 목격되었다.

자선 동기에 따라 기업가나 기업조직이 사회공헌활동을 수행하는 현상은 우리나라에서도 쉽게 발견할 수 있다. 특히, '기업이익의 사회적 환원'이라는 맥락에서 이루어지는 기부나 재단 설립 등이 자선의 동기에 의한 것임을 기업가는 빈번히 밝힌다. 기업가와 기업조직의 분리가 뚜렷하지 않은 우리나라에서는 기업가에 의한 자선이 사회공헌활동을 설명하는 유력한 이유가 될 수 있다.

③ 사회투자 모형

사회투자 모형(social investment model)은 기업조직이 수익을 극대화하기 위한 목적으로 만들어진 조직이라는 점을 강조한다는 점에서는 이윤추구 모형과 유사한 시각을 공유한다. 그러나 이 관점이 수익극대화의 조건을 바라보는 관점은 이윤추구 모형과 다르다. 사회투자 모형은 주주뿐 아니라, 기업이 위치한 환경의 다양한 행위자인 기술적 환경을 구성하는 경쟁기업, 노동조합, 거래기업 등과 제도적 환경을 구성하는 지역사회, 공공기관, 전문단체 등의 이해관계를 적절하게 반영할 때 기업의 수익이 극대화될 수 있다고 본다.

이 모형에 따르면, 기업조직은 사회공헌활동을 통해 환경으로부터 정당성을 확보할 수 있고 이는 장기적으로 볼 때 기업의 생존능력을 증대시킨다. 기업의 생존능력 증대란 결국 기업의 수익을 극대화하는 조건이 된다. 기업조직은 조직외부 환경을 구성하는 다양한 행위자와 조직들의 압력에 대해 열려 있기 때문에, 그 압력을 잘 관리하는 것이 기업의 수익을 극대화하는 방편이기 때문이다(Mescon & Tilson, 1987).

이 모형은 기업조직의 사회공헌활동이 마케팅 전략의 일환으로 치밀하게 이루어진다는 점에 주목한다면 그것이 장기적 차원에서의 수익극대화 전략임을 알 수 있다고 주장한다(Useem, 1987). 그 근거는 다음과 같이 정리할 수 있다.

첫째, 기업의 사회공헌활동은 대부분 공식화 및 절차를 중시하는데 그것은 이 활동이 기업의 장기 목표와 밀접한 관련을 가지기 때문이라는 것이다.

둘째, 장기적 수익을 결정하기 위한 비용/편익 분석이 사회공헌활동의 범위와 정도를 결정하는 방법으로 사용된다는 점이다.

셋째, 기업의 사회공헌활동은 치밀한 계획 하에서 수행되며 기업의 독자적 의지에 의해 참여한다는 식의 자발성을 강조하는 경향이 있는데 이는 사회적 투자의 효과를 극대화하는 전략이라는 것이다.

④ 동형화 모형

기업조직에 대한 동형화 모형(*isomorphism model*)의 가정은 '영속적으로 실패하는 조직'(*permanently failing organization*)이라는 개념이 잘 설명해 줄 수 있다(Meyer & Zucker, 1989). '영속적으로 실패하는 조직'이란 수익 극대화의 조건을 확보하지 않았으면서도 환경에 대한 정당성을 통해 생존해 나가는 기업조직을 말한다.

가령, 기업조직이 채용하는 관료제는 합리적이기 때문이 아니라 합리적일 것이라는 신념이 제도적 환경으로부터 창출되었기 때문에 확산된다. 이들은 기업조직이 제도적 환경으로부터 합리화된 신화(*rationalized myths*)를 수용함으로써 특정의 제도적 기제를 갖추어 나가는 과정을 제도적 동형화라고 칭한다.

기업이 사회공헌활동을 수행하는 이유 역시 제도적 동형화의 맥락으로 설명할 수 있다. 이 관점에 따르면, 기업조직은 이윤의 추구라는 합리적 목표나 기업가의 도덕적 동기 때문에 사회공헌활동을 수행하는 것이 아니다. 그보다는 어느 정도 성공한 기업은 으레 사회에 공헌해야 한다는 사회적 규범이나 그러한 활동에 참여하는 타 기업조직에 대한 모방이 기업참여를 이끈다.

물론 그 참여가 결과적으로는 기업의 수익 극대화에 도움이 될 수는 있다. 하지만 그 자체가 처음부터 의도한 목적은 아니라는 점이 중시된다. 이 관점에 따르면, 특정 업종의 기업이 타 업종의 기업보다 사회공헌활동에 더 많이 참여하는 이유는 동일한 업종에 종사하는 유력한 기업의 행위방식을 다른 기업이 모방하기 때문이다.

달리 말한다면, 기업은 소비자에게 좋은 이미지를 주어 이윤 확보에 유리한 조건을 창출하기 위해 사회공헌활동을 수행하는 것이 아니다. 경쟁기업과 유사한 행위를 하는 것이 환경의 압력에 대한 적절한 대응방안이기 때문에 그렇게 한다는 것이다. 기업조직에 고용된 사회복지 전문직의 실천이 활발할수록 사회공헌활동이 활발한 이유도 규범적 동형화의 맥락으로 설명할 수 있다.

기업 이사회 구성원 중 사적 모임에 참여하는 이사가 많은 기업일수록 사회공헌활동에 대한 참여가 더 활발하다는 경험적 연구결과(Galaskiewicz, 1989)나 기업의 사회공헌활동과 경제적 성과 간에는 통계적으로 유의미한 상관관계가 없다는 분석(Kedia & Kuntz, 1981; 이상민 외, 2000에서 재인용)들은 이러한 시각을 뒷받침한다.

(2) 기업사회공헌의 효과

1990년대 후반에 들어 많은 국내외 주요 기업이 사회공헌에 대한 대대적 재정비를 실시하였는데 이는 사회공헌에 대한 기업 이해관계자들의 시대적 요구와 사회공헌을 전략적으로 활용하고자 하는 기업 내부의 필요에 대한 반응으로 이해된다.

이에 대해, 기업의 책임만 강조하기보다는 사회공헌을 통해 기업이 실제로 얻는 효과에 초점을 맞춤으로써, 기업의 자발적 참여를 이끌어내고 기업이 사회공헌에 더욱 전략적으로 접근할 수 있도록 해야 한다는 목소리가 높다(Rochlin & Christoffer, 2000). 기업이 사회공헌활동을 통해 얻는 효과는 다음과 같이 정리할 수 있다.

① 기업의 명성 및 브랜드 이미지 향상

기업의 명성은 소비자가 상품을 구매하고 정부가 영업허가를 내리거나 규정을 적용하며 개인이 구직을 하는 것에 이르기까지 다양한 영역에서 기업의 경쟁력에 영향을 미친다.

지금까지 기업의 명성은 상품의 가격, 품질, 서비스 등에 의해 결정되었지만 점차 사회공헌이 기업의 명성을 좌우하는 주요 변수로 등장해 명성과 브랜드 이미지가 기업의 사회공헌활동에 가장 중요한 이유 중 하나로 제시된다.

기업명성 분야의 권위자인 찰스 폼브런(Charles Fombrun)은 사회공헌이 기업의 전반적 명성에 매우 중요한 부분이며 사회공헌을 통해 구축된 명성은 소비자, 투자자, 근로자의 관심을 끌고 이는 소비 및 투자의 증가, 양질의 노동력 확보로 이어진다는 연구 결과를 내놓은 바 있다(Rochlin & Christoffer, 2000).

② 고객의 충성도 증대 및 판매의 증가

사회공헌활동은 기업의 브랜드 이미지와 명성을 제고함으로써 제품에 대한 신뢰를 주고 이는 매출의 증대로 이어진다. 소비자가 어느 기업이 사회공헌활동을 전개하는 것을 알게 되면 소비자는 그 기업의 사회공헌에 대한 정보에 기초하여 기업 및 사회공헌에 대해 전반적으로 인식한다.

이러한 인식은 다른 소비자들 간의 의견 공유를 통해 더욱 공고해 지고, 따로 집합적 활동에 참여하지 않더라도 개별 소비자는 나름대로 기업에 대해 취할 행동을 결정하게 되며 이를 구매행위를 통해 실행에 옮긴다. 이러한 개별 소비자의 행동이 모여 상품의 매출 증대로 이어지는 것이다.

③ 직원의 충성도 향상, 인재 확보 및 유지 가능

직원의 만족도는 이제 기업의 정체성으로 자리매김한다. 기업의 사회공헌은 직원의 충성도와 사기 진작에 도움이 되며 기업이 필요로 하는 인재를 확보하는 데 도움이 된다는 연구와 기업 보고서가 많다.

이러한 자료에 따르면, 기업사회공헌은 직원의 직장 만족도와 기업에 대한 충성도에 긍정적 영향을 미치는 것은 물론, 기업이 필요로 하는 인재를 확보하는 데도 기여한다. 브랜드는 소비재 시장에만 있는 것이 아니라 노동시장에도 존재한다. 좋은 인재의 직장 선호도는 기업 경영성과에도 영향을 미친다.

④ 기업활동의 허가 획득과 위기관리에 기여

기업사회공헌은 지역사회로부터 기업활동을 할 수 있는 사회적 허가
(*license to operate*)를 받는 데 도움을 준다. 사회공헌을 통해 지역사회,
정부, 비영리단체의 신뢰를 얻고 호의적 관계를 맺음으로써 새로운 시
장 진입과 생산지 개척이 좀더 용이해질 수 있다. 또한 신뢰를 통해 법
적 공방이나 비영리단체의 비판, 정부의 감시로부터 어느 정도 자유로
울 수 있다. 반대로, 지역사회를 통해 얻은 이익을 다시 그 사회에 투
자하지 않으면 사회로부터 외면당하여 기업활동 자체가 어려워진다.

사회공헌을 통해 신뢰를 쌓았다 할지라도 기업이 이를 잃는 일은 부
지불식간에 일어날 수 있으므로 이에 대한 위기관리(*risk management*)
가 필요하다. 기업의 명성과 이미지에 타격을 주는 사건은 다시 그 명
성을 회복할 때까지 기업으로 하여금 많은 비용을 지불케 한다. 이와
같은 위기 발생 시, 사회공헌을 통해 쌓은 소비자와 비영리부문, 정부
로부터의 신뢰는 기업에게 충격 완화의 역할을 할 수 있다(Jenkins &
Hines, 2003).

⑤ 혁신과 개발, 시장의 확대에 기여

많은 세계적 기업이 사회문제를 해결하는 데 그치지 않고 기업에도
이익을 줄 수 있는 방향으로 기업사회공헌을 활용한다. 캔터(Kanter,
2003)는 사회공헌을 책임(*responsibility*)의 측면이 아닌 혁신(*innovation*)
의 도구로 활용할 필요가 있다고 지적한다. 즉, 사회공헌을 새로운 아
이디어를 개발하고 비즈니스 기술을 선보이며 새로운 시장을 개척하는
R&D 및 전략적 비즈니스 투자로 활용할 수 있으며 실제로 많은 세계적
기업이 이에 성공했다는 것이다.

제 13 장

산업소셜워크의 이해

산업소셜워크(*industrial social work*)는 업무조직에서 제기되는 노동자
와 그 가족의 사회적 기능수행(*social functioning*)의 향상을 목표로 사회
복지전문직이 수행하는 사회복지의 실천영역 중 하나다. 미국에서는
직장소셜워크(*occupational social work*)로 통칭한다. 일반적으로 산업소
셜워크는 업무조직과 관련하여 국가와 기업, 노동조합이 제공하는 전
문적 인간서비스라고 정의할 수 있다.

이 장에서는 산업소셜워크의 개념, 기능과 대상, 변천과정, 개입모
델 등에 대해 살펴보고자 한다.

1. 산업소셜워크의 개념

일반적으로 노동은 개인의 삶에 가장 영향을 주는 중요한 영역이다. 개인은 노동이 이루어지는 업무조직에서의 인간관계를 통해 자신의 가치를 형성하고 사회적 지위나 위치를 확보한다.

따라서 노동과 직장은 사회복지의 핵심적 패러다임이라고 할 수 있는 '상황 속에 놓인 개인'의 차원에서 볼 때 매우 중요한 요소다. 그러므로 사회복지사는 노동자 개인의 위치, 직장 및 동료와의 관계, 사용자와 소비자와의 관계 등에 관심을 갖고 접근한다.

1) 산업소셜워크의 정의

일반적으로 산업복지는 노동자 대상의 사회복지, 근로·직업생활 영역의 복지대책이라는 의미가 있지만 앞에서 언급했듯이 광의적 의미와 협의적 의미를 함께 갖는다. 광의적으로 산업복지란 국가 또는 지방자치단체, 기업, 노동조합, 협동조합 등이 주체가 되어 노동자와 그 가족의 생활 안정, 생활수준의 향상, 복지서비스의 증진 등을 목적으로 운영하는 제반 시책, 시설, 서비스 활동의 총체를 의미한다.

협의적으로는 미국에서 일반적으로 쓰는 산업소셜워크(*industrial social work*)의 의미를 갖는다. 이러한 산업소셜워크와 유사한 직장소셜워크(*occupational social work*), 작업장 사회서비스(*social services in the workplace*) 등의 용어도 일반적으로 산업소셜워크의 의미로 통용된다. 즉, 산업소셜워크란 직장 내외에서 노동자 생활의 질을 전반적 향상시키기 위하여 경영주나 노동조합 또는 양쪽의 후원을 받아 전문사회복지사가 개입하는 프로그램이나 서비스를 의미한다(Akabas, 1983).

정리하면, 산업소셜워크는 사회복지사의 직업윤리를 기반으로 전문적 지식과 기술을 동원하는 전문소셜워크의 한 분야로 볼 수 있으며 업무조직과 관련하여 국가와 기업, 노동조합이 산업사회복지사를 통해 제공하는 전문적 인간서비스라고 정의할 수 있다. 전문적 소셜워크의 지식과 기술로 산업이라는 장에서 발생하는 사회심리적 문제에 효과적으로 대처하여 노동자와 그 가족의 복지를 추구하는 제반 노력을 기울인다면 이를 산업소셜워크라고 볼 수 있다.

따라서 산업소셜워크는 다음의 특징을 가진다. 첫째, 산업소셜워크는 국가, 기업, 노동조합 또는 이들 3자가 연합하여 제공하는 후원 아래 이루어진다. 둘째, 산업소셜워크는 직장 내외 노동자와 가족의 전체적 삶의 질에 관심을 갖고 이를 개선하고자 한다. 셋째, 산업소셜워크는 산업 분야 전문의 사회복지사인 산업사회복지사의 전문적 사회복지 실천활동이다. 넷째, 산업소셜워크는 소셜워크의 한 분야에 속한다.

2) 산업소셜워크의 목표

산업소셜워크의 목표는 "정서적 문제와 사회적 관계의 갈등 및 다른 개인적 문제를 다루는 서비스를 제공하여 노동자와 노동자 가족의 인간적·사회사업적 욕구 충족을 돕는 것"에 둔다(Skidmore, 1997). 즉, 전문적 소셜워크의 지식과 기술을 적용하여 노동자와 노동자 가족의 사회기능수행(social functioning) 능력을 향상하고자 한다.

예를 들어, 직장 영유아 보육프로그램의 목표는 자녀를 가진 노동자

(특히, 여성)가 양질의 보육서비스에 좀더 쉽게 접근하도록 도와주어 결근율을 줄이고 일에 더욱 전념할 여건을 마련하는 것이다. 마찬가지로 직장 내 상담서비스는 노동자의 업무수행에 방해를 줄 수 있는 심리적·가정적 문제와 알코올·약물 중독 문제 등에 잘 대처하도록 도와줌으로써 더욱 생산적으로 일할 여건을 만드는 것이 목표이다.

실질적으로 일과 가정생활은 서로 상관관계가 있어 직장에서 발생한 일이 가정생활에 영향을 미치고 역으로 가정에서 발생한 일이 직장에서의 업무에도 영향을 미친다.

따라서 응용과학으로서 소셜워크는 이 두 영역의 상관관계를 확인하는 차원에서 나아가 두 영역의 긍정적 관계를 강화하는 데 관심을 가져야 하며 이것이 바로 소셜워크의 한 분야로서의 산업소셜워크라고 할 수 있다. 이러한 맥락에서 산업소셜워크는 인간의 '삶의 질'과 '노동의 질'을 동시에 향상시켜주는 복지활동(Googins & Godfrey, 1987)이다.

산업소셜워크는 실업에서부터 직장 스트레스까지 노동자의 개인 문제뿐만 아니라 노동자 가족이 직면한 문제까지 광범위하게 다루기 때문에 거시적 실천에 속하며 동시에 개인적 임상 활동으로 볼 수도 있다. 이런 점에서 산업소셜워크의 개입 수준을 개인 수준, 조직 수준, 지역사회 수준으로 구분할 수 있다.

3) 산업소셜워크의 필요성

산업소셜워크가 오늘날 산업현장에서 필요한 이유는 다음과 같이 정리할 수 있다.

첫째, 산업소셜워크는 업무효율성을 증대시킨다. 미국 기업이 산업소셜워크 프로그램을 도입하는 주요 근거는 이 프로그램이 산업현장에서 업무효율성을 증대시키는 데 있다. 예를 들어, 가족갈등을 빚는 노동자들에게 프로그램을 제공하여 가족관계를 개선하는 것, 알코올 문제 때문에 일어나는 지각과 결근을 방지하여 사고를 예방하는 것, 각종 스트레스의 원천을 제거하여 스트레스를 감소시키는 것은 업무효율성의 증대로 이어진다.

둘째, 산업소셜워크는 노동자와 경영진의 관계를 향상시킨다. 산업소셜워크를 통해 노동자와 경영진은 조직의 정책과 절차를 합의하고 이를 통해 노동환경의 문제뿐만 아니라 개인과 가족에 관련된 여러 가지 노동 쟁점을 해결할 수 있다(Googins & Godfrey, 1987).

셋째, 산업소셜워크는 회사 내의 노동자들이나 외부 지역사회가 가진 기업 이미지를 제고할 수 있다. 산업소셜워크를 통해 회사가 노동자들에게 세심한 관심을 갖고 필요한 서비스를 제공한다는 이미지를 전파하면 해당 기업에 대한 노동자와 지역사회의 인식도 좋아진다.

2. 산업소셜워크의 기능과 대상

산업조직을 배경으로 이루어지는 소셜워크인 산업소셜워크는 산업현장이라는 독특한 대상을 중심으로 전문적 기능을 수행한다.

1) 산업소셜워크의 기능

산업소셜워크는 소셜워크의 지식과 기술을 활용하는 전문사회복지실천이자 소셜워크의 한 분야이며 일반적으로 다음의 기능을 수행한다.

(1) 비용절감 기능
산업재해나 다양한 사회위험에 대응하여 노동력을 보호함으로써 비용지출을 절감하고 기업의 이윤증대에 기여한다. 산업소셜워크를 통한 복지투자의 생산적 측면이 강조된 기능이다.

(2) 노동력 안정 기능
산업소셜워크의 서비스나 부가급여를 통하여 노동자의 전직·이직 의사를 약화시켜 노동력의 안정을 도모한다.

(3) 노동 인간화 기능
산업소셜워크는 비인간화되기 쉬운 작업장에서 직무와 조직을 인간화하려는 노력이며 노동자를 고용하고 사용하는 데 따르는 책임을 완수하도록 비화폐적 보상에 대한 실제적 방법론을 제공한다.

(4) 노동력 표준화 기능

산업소셜워크는 노동자 각자의 독특한 욕구들을 수렴하여 노동력의 장애요소를 경감시킨다. 이를 통해 노동자를 준비시키고 효율적으로 노동력을 활용하도록 돕는다.

(5) 사회적 책임 수행기능

기업은 이윤추구의 조직이지만 지역사회와의 상호협조는 불가피하다. 이것은 성장, 발전하기 위한 개방체계로서 갖는 기업의 본질적 성격이다. 지역사회는 기업에게 기대와 관심을 주고 이에 부응하는 노력을 요구한다.

이때 산업사회복지사는 사회기능 수행을 통한 사회관계 수립의 전문가로서 개입하여 기업과 지역사회의 관계를 조정한다. 이로써 기업이 사회적 기관으로서 더욱 바람직한 사회적 책임을 수행하도록 공헌한다.

2) 산업소셜워크의 대상

산업소셜워크의 대상은 산업에 관련된 모든 인간 및 환경을 포함한다. 주 대상은 개별 노동자를 중심으로 노동자 가족, 노동자가 처한 상황, 노동자가 속한 집단 및 조직 등으로 파악 가능하다.

산업소셜워크의 대상은 크게 산업 내부 대상과 산업 외부 대상으로 구분한다. 산업 내부 대상에는 각 노동자와 노동자 집단이 포함되고 산업 외부 대상에는 가정과 지역사회가 포함된다.

(1) 산업 내부 대상

산업 내부 대상으로는 첫째, 개별 노동자를 들 수 있다. 개별 노동자가 처한 상황에 따라 산업소셜워크 대상은 다양한 형태로 나타난다. 신규 실업자, 전직 실업자, 잠재적 실업자 등 구직자로부터 신임 노동자, 부적응 노동자, 산업재해자, 직업병 환자, 전직자 및 정년퇴직자 등이 여기에 속한다.

둘째, 노동자 집단을 들 수 있다. 노동자 집단은 공식적 조직과 비공식적 조직으로 나눌 수 있다. 공식적 조직으로는 최소 작업집단의 분임조 또는 작업반과 단위 업무부서가 있으며 비공식적 조직으로는 자조집단 등이 있다.

(2) 산업 외부 대상

산업 외부 대상으로는 노동자의 가족과 지역사회를 들 수 있다. 가정은 노동자의 정서적·육체적 안식처로서 직장의 적응과 생산성을 높이며 노동자의 직장 적응 상태에 따라 가족 구성원도 직접적 영향을 받는다. 지역사회 또한 개방체계인 기업과의 상호작용을 통해 영향을 주며 이는 산업소셜워크의 주요 관심대상이 된다.

3. 산업소셜워크의 변천과정

우리나라의 전반적 산업복지 전개 과정은 앞서 살펴보았듯이 보통 5단계로 구분한다.

즉, 1961년 이전까지의 산업복지 공백기, 국가 주도의 산업화가 본격적으로 시작된 1962년부터 1972년까지의 시기, 국가가 산업복지에 관심을 가지면서 국가복지의 영역이 조금씩 발전한 1973년부터 1987년의 시기, 노동운동의 급격한 성장에 맞물려 본격적으로 산업복지가 발전한 1987년부터 1997년의 시기, 마지막으로 환난을 경험한 1998년 이후의 시기로 구분한다.

우리나라의 산업복지는 대부분 현금, 현물, 시설 등의 물질적 급여로 이루어졌다. 때문에 전문적 사회복지실천인 산업소셜워크가 산업현장에서 활용되는 사례는 아직도 찾기 힘들다.

그러나 산업소셜워크는 산업영역에서 발생하는 사회심리적 문제에 대한 효과적 대처 방법으로 활용가능성이 있으며 노사관계의 변화와 인간존중의 새로운 경영 기술 발전을 이룬 우리 산업영역에서도 최근 관심을 보이는 중이다. 따라서 우리나라에서도 산업소셜워크를 본격적으로 도입할 가능성은 매우 높다.

여기서는 현재 산업소셜워크가 세계에서 가장 발달한 미국의 산업소셜워크 변천과정을 살펴본다. 우리나라에 본격적으로 산업소셜워크 도입을 추진하는 데 참고가 되길 기대한다.

1) 미국 산업소셜워크의 변천과정

앞선 논의에서는 미국 산업복지의 변천과정을 5단계로 구분했다. 여기서는 이를 기반으로 하여 미국 산업소셜워크의 변천과정을 다음과 같이 4단계로 나누어 살펴보려 한다.

즉, 업무조직이 주체가 되어 피용자에게 복지를 제공하는 산업복지가 출현한 1880년에서 1910년까지 시기를 1기, 산업복지가 과학적 관리운동과 결합하여 발전한 1910년대부터 1930년대까지 시기를 2기, 노동조합과 국가정책의 영향 속에서 산업복지가 제도화되는 1930년대 말부터 1940년대까지 시기를 3기, 3기에서 형성된 미국의 산업복지가 계속 유지된 1950년대 이후 현재까지 시기를 4기로 구분한다.

(1) 기업 공동체의 시기 : 1880~1910년대

산업소셜워크의 효시는 미국 초기 산업화 시대까지 거슬러 올라간다. 19세기 후반 산업화와 노동력이 확대되면서 공장지역이 생기고 노조 결성이 늘어났으며 노동자를 위한 사회적 지원의 필요성이 증대됐다. 특히, 당시 열악한 처지에 있던 노동자 대다수는 결혼 비용을 마련하기 위해 섬유 제조공장에 근무하는 농촌 출신의 젊은 여성이었다.

이러한 농촌 인력을 산업적 필요에 맞게 사회화하고 이들이 가진 문제를 해결하기 위해 각 산업현장에는 인보관(*settlement house*)의 나이 많고 인자한 사회복지사가 채용되거나 임시 배치됐다. 이러한 형태는 산업소셜워크의 초기 모델이라 할 수 있으며 지금도 제3세계 여러 국가에서 사용한다(Akabas, 1995).

1800년대 후반, 산업화와 노동세력의 확장에 따라 '기업도시'(*company*

town: 기업이 노동자고용을 위해 조성한 주택단지로 만들어진 도시)가 출현했다. 또한 노동조합 형성의 확산으로 고용주의 강압과 간섭주의가 공격 받았다. 노동조합은 노동자의 사생활에 대한 권리를 위해 고용주에게 압력을 넣었으며 업무와 업무 외 활동의 분리를 요구했다. 또한 노동조합이 수립한 자조(*self-help*) 계획은 산업소셜워크의 주요한 원천으로 자리 잡았다.

동시에 인보관에 소속된 사회복지사는 가혹한 처우를 경험한 공장 노동자 클라이언트를 위해 강력한 옹호자가 되었으며 이에 따라 사회사업과 기업조직의 연계는 점차 강화됐다. 한 예로 초기 인보관인 시카고의 헐 하우스(Hull House) 관장이었던 애덤스(Jane Addams)는 남성의류 기업 사장에게 찾아가서 공장 노동자의 가족이 경험하는 극도의 빈곤을 지적하여 장기 파업을 안정시키기 위한 보장을 받아내기도 했다(Germain & Hartman, 1979).

(2) 복지자본주의의 시기 : 1910~1930년대

풍요한 1920년대까지 여러 재벌 기업체는 복지자본주의(*welfare capitalism*) 혹은 복지사업(*welfare work*)의 발전을 예고하면서 호의적 고용정책을 폈다. 1920년대는 기업에 다시 한 번 사회서비스가 공급될 좋은 기회였다. 이 시기 뉴욕대학 소셜워크대학원(New York School of Social Work)의 졸업생의 과반수가 산업소셜워크 실천가로 취업한 것은 이를 뒷받침하는 단적인 예다(Popple, 1981).

제 1차 세계대전 후 독일과 프랑스에서는 면허증을 가진 정식 직업으로 산업소셜워크가 등장하였고 영국과 미국에서도 경제 호황을 누린 1920년대까지 많은 사회복지서비스 전문가들이 기업에 진출했다. 이들은 통칭 산업사회복지사로 불렸고 이들의 업무는 산업복지사업이라 일컬었다.

(3) 복지 자본주의의 쇠퇴 시기 : 1930~1940년대

1930년대 대공황이 시작되면서 기업에서 사회복지서비스 프로그램은 외면당했다. 기업체로부터 거부당한 산업사회복지사는 정부가 노동자의 임금, 근로시간, 작업환경에 관한 단체교섭권과 단결권을 인정하는 정책을 수립할 것을 요구하면서 노동조합과 연대하여 직장에 관련된 활동을 재개했다. 그들이 요구한 정책은 노동자의 실직과 질병 발생 시 소득상실의 위험을 막기 위한 것이었다(Akabas, 1995).

한편, 1940년대는 미국 노동자의 알코올 남용·중독이 심각해져 문제해결에 드는 많은 비용에 대해 고민하기 시작한 시기였다. 이 시기부터 경영자와 노동조합 모두가 노동자의 알코올 문제를 해결하기 위한 여러 가지 특별한 프로그램을 개발했다.

이러한 경험을 바탕으로 산업심리학(industrial psychology)이 등장했고 산업소셜워크라는 새로운 전문직이 출현하기에 이르렀다. 미국에서 산업소셜워크란 용어는 1970년대부터 1980년대까지 계속 사용되다가 1980년대 이후부터 직장소셜워크란 명칭으로 변경되었다(Googins & Godfrey, 1987).

(4) 산업소셜워크 제도화의 시기 : 1950년대 이후

1950년대 이후 산업소셜워크는 극적으로 성장했다. 처음에는 직장 알코올 문제에 초점을 두었으나 그 후 접근방법이 폭넓게 확대됐다. 경영진은 노동자 개개인의 문제가 생산성에 막대한 영향을 미치는 것

을 이해했다. 이들은 기업조직이 경쟁력을 가지고 살아남으려면 노동
자 집단의 다양한 요구에 부응해야 한다고 판단하고 EAP를 지원했다.
한편, 노동조합은 조합원들의 유대감과 충성심을 증진시킬 목적으로
사회복지서비스 제공에 관심을 가지고 조합원 프로그램(membership
assistance program · MAP)을 발전시켰다.

EAP와 MAP의 특징은 사회복지사를 배치하여 조직과 노동자 또는
노조회원에게 예방, 조언, 자문 서비스를 제공하는 데 있다. 이는 노
동자 복지에 도움을 주고 생산성을 저해하는 생태학적 문제를 처리한
다. 내부 프로그램이든 외부 제공 프로그램이든 간에, 산업소셜워크는
서비스 전달에 관한 체계적 접근법을 사용한다. 실천분야는 아동보육
서비스와 의료서비스 의뢰, 결혼과 가족상담, 직장의 스트레스 관리,
노인 부양에 대한 지원, 물질남용 치료, 차별과 성희롱 방지를 위한 전
담기구의 변화 노력 등을 포괄한다.

그러나 이러한 모든 프로그램의 우선적 목표는 실직위기에 처한 노
동자에게 도움을 제공하는 것이다. 또한 이들 프로그램의 성공을 위해
서는 급변하는 직장 환경에 대한 민감하고 유연한 대처가 꼭 필요하며
프로그램이 장기간에 걸쳐 실천될수록 프로그램의 내부 신뢰도와 기관
의 발전 기여도가 더욱 커지는 것이 입증됐다(Akabas, 1995).

한편, 1964년 〈시민권법〉 제7장(Civil Rights Act: Title Ⅶ)을 포함한
일련의 법 제정과, 1988년 〈작업현장 약물추방법〉(Drug-Free Work-
place Act)의 제정, 1993년 〈가족휴가 및 병가법〉(Family and Medical
Leave Act) 등의 제정은 고용조건의 새로운 방향을 제시하고 노동자의 직
장관련 문제들에 대한 경영자 측의 새로운 역할을 정의하는 법적 뒷받침
이 되었다.

이러한 과정을 거쳐 일부 사회복지사는 노조와 기업에 고용되었고 좀더 넓은 채널이 사회복지서비스 기관과 직장 간에 발달했다. 지역사회복지관도 작업현장에 서비스 제공을 시작했고 작업중심치료(*work-focused treatment*), 스트레스관리 훈련, 가족상담, 아동보육과 노인보호서비스 의뢰와 같은 노동자와 가족의 다양한 욕구를 충족하는 일련의 프로그램도 제공됐다.

사회복지사는 처음에는 파트타임 인력으로 기업체에 채용됐으나 기업의 인력관리 업무를 담당하면서부터 점차 전문적 인간서비스를 제공하는 전문가로 인정받았다. 거의 20년간 노동자에게 산업소셜워크 서비스를 제공한 보스턴(Boston)의 기업 폴라로이드(Polaroid)를 이에 대한 예시로 들 수 있다. 폴라로이드는 1958년에 파트타임 산업소셜워크 전문가 한 사람을 고용하여 상담부를 시작했으며 현재는 사회복지학 석사학위를 가진 네 사람의 정식 사회복지사를 채용하여 12,000명의 노동자에게 서비스를 제공한다(Skidmore, 1997).

2) 미국 산업소셜워크 변천과정의 함의

미국 산업소셜워크의 변천과정을 역사적으로 살펴볼 때 이것이 주는 함의는 다음과 같이 정리할 수 있다.

첫째, 미국 산업소셜워크는 활발한 직장 지원과 노동자 생산성 간 관련성에 대한 경영자의 깊은 인식에 힘입어 발전했다. 미국의 경영자는 산업소셜워크가 생산성 제고에 기여하는 점을 분명히 인식하여 이에 대한 재정적 지원을 아끼지 않았다. 아울러 기업조직 내부에 산업사회복지부를 설치하고 산업사회복지사들을 채용하여 운영했다.

둘째, 노동조합도 산업소셜워크의 필요성을 이해하고 적극 지원하였다. 미국의 노동조합은 노동자 개인과 노동자 가족 모두에게 산업소셜워크가 도움이 됨을 인정하고 경영자가 이를 실시하도록 적극적으로 권고했다. 나아가 노동조합 자체적으로도 산업소셜워크를 실시했으며 이를 위해 조직 내부에 사회복지부를 설치하여 산업사회복지사를 채용했다.

셋째, 노동자라면 누구나 산업소셜워크 서비스에 쉽게 접근이 가능하다. 실제로 미국 산업소셜워크는 '혼란 없는 도움'(help without hassle)을 표어로 사용한다(Akabas, 1995). 이는 산업소셜워크 서비스 제공이 노동자의 자연스러운 삶의 공간의 일부로서 충분히 체계적으로 이루어져야 하며 이러한 보호와 혜택은 당연히 산업영역 안에서 제공되어야 함을 뜻한다.

넷째, 산업소셜워크 실천의 범위가 점차 확대됐으며 전문적 기술과 방법도 발전했다. 초기의 산업소셜워크는 직장 내의 알코올 문제에 초점을 두었으나 그 후 작업중심 치료, 스트레스 관리 훈련, 가족상담, 아동보육과 노인보호서비스 의뢰와 같이 노동자와 가족의 다양한 욕구를 충족하는 폭넓은 프로그램으로 확대됐다.

다섯째, 사회복지실천의 전제인 '환경 속의 인간'(person-in-environment) 개념을 충실히 적용하면서 산업소셜워크 실천의 범위가 넓어졌다. 산업사회복지사는 직업체계의 일부로서 노동자의 이익을 고려하여 급여 구조·서비스 전달체계와 같은 환경, 지역사회, 국가의 노동정책에 영향을 미친다.

여섯째, 고용주가 사회적 책임을 인식하고 자신의 기업을 넘어 다양한 사회참여 활동을 후원한다. 예를 들어, 미국 내 문화사업에 대한 필립 모리스(Philip Morris)의 공헌, 박애정신에 기초한 뉴욕 상호공제회 (Mutual of New York)의 에이즈 관련사업, 맥도널드(McDonald)의 입원치료 아동을 위한 오락기금 마련사업, 미국노동총연맹-산업별조합회의(AFL-CIO)의 지속적 고용지원사업 등은 기업이 사회적 책임을 수행하는 대표적 사례이다(Akabas, 1995).

3) 산업소셜워크의 국내 활용 가능성

우리나라의 경우 업무조직을 초점으로 실천하는 사회복지전문직은 거의 없는 실정이며 산업소셜워크가 활성화되지 못했다. 우리나라의 산업소셜워크는 정신보건사회복지, 학교사회복지, 의료사회복지 등 다른 소셜워크 분야와 비교할 때 상대적으로 발전이 늦은 편이며 교과서 안에서만 찾아 볼 수 있다.

이러한 현실은 크게 두 가지 배경과 관련이 있다. 첫째, 업무조직과 노동조합 등 산업소셜워크의 중요한 시행주체들의 인식 부족 때문이다. 우리나라의 기업복지 내용을 통해서도 알 수 있지만 업무조직이 노동자에게 제공하는 복지급여는 임금을 보완하는 생활보조적 성격을 강하게 내포한다.

이러한 상황에서 비물질적 서비스, 사회심리적 서비스에 초점을 둔 산업소셜워크의 필요성이 아직까지 충분히 알려지지 못했다. 하지만 최근에는 비록 사회복지전문직이 수행하지는 않지만 업무조직 내에 설치된 인사과나 노무과, 총무과, 의료보건실에서 유사한 서비스를 제공하는 경우가 많아졌다.

더욱이 외국계 기업이 우리나라에 많이 진출함에 따라 근로자 지원 프로그램과 같은 산업소셜워크의 실천영역이 도입될 가능성은 매우 높다. 전 지구적 세계화의 흐름에 따라 거대기업이 우리나라에 자회사를 설치하는 사례가 많아졌으며 미국식 경영기법으로 표준화 사례가 늘어나 향후 기업에서 산업소셜워크가 활발히 전개될 것으로 전망한다.

둘째, 산업소셜워크의 주 담당자인 사회복지전문직이 기업, 노동조합 등 산업조직을 중요한 실천영역으로 인식하지 못했기 때문이다. 우리나라에 소셜워크가 도입된 이후 상당한 시간이 흘렀지만 전문적 소셜워크 실천이 나름대로 제도화된 것은 비교적 최근의 일이다.

이 과정에서 지역사회조직 실천과 임상소셜워크 실천이 핵심 실천영역으로 등장했지만 아직까지 산업조직이나 학교, 교정, 군대와 같은 실천영역은 충분한 관심을 받지 못했다. 현대사회에서 산업조직 영역은 개인이 대부분의 시간과 노력을 투여하는 장이다. 때문에 산업조직 영역은 향후 사회복지전문직이 관심을 기울여야 할 실천영역으로 부각될 가능성이 무척 높다.

4. 산업소셜워크의 개입수준과 개입모델

산업소셜워크는 노동자와 구직자를 대상으로 기업과 노동조합의 후원하에 전개되는 제반 프로그램과 서비스를 중심으로 이루어진다. 또한 산업소셜워크는 보다 건전한 개인과 환경을 마련하기 위해 적절한 개입활동을 해나감으로써 노동공동체의 인간적 및 사회적 욕구를 충족시키기 위해 노력하는 사회복지실천 분야이기도 하다.

이제부터 산업소셜워크의 개입수준과 개입모델에 대해 살펴보고자 한다(Maiden, 2001; Gould & Smith, 1988).

1) 개입수준

산업소셜워크의 개입수준은 개인 사회기능수행 향상을 기본 목표로 하는 개인수준뿐만 아니라 개인이 처한 외부 사회환경까지 다양하다.

(1) 개인수준

산업소셜워크의 개인수준 개입은 근로자 개인이나 그 가족 개개인을 대상으로 산업소셜워크가 이루어지므로 산업소셜워크 전문직의 시간과 전문적 자아가 문제해결의 1차 자원이 된다. 이러한 개인수준의 산업소셜워크의 개입은 노동집약적 활동이므로 전문직의 많은 시간과 노력투입이 필요하나 상대적으로 업무조직이 투여할 자원의 양은 적다.

개인수준에서 개입하는 산업소셜워크 전문직의 역할은 개인이 과거의 효율성과 생산성을 회복할 수 있도록 도와주는 일을 하는 것이다.

근로자 개인이나 그 가족 개개인에 대한 진단적 평가, 상담, 정보수집과 의뢰, 사례관리, 집단지도 등의 역할이 주로 이루어진다.

(2) 조직수준

조직수준의 산업소셜워크 개입은 문제 원인을 개인보다 업무조직 자체의 내적 구조나 작동과정에서 찾으려고 한다. 따라서 상당한 규모의 자원투자는 물론 업무조직의 정책과 운영과정의 변화가 필요하다.

조직수준에서 개입하는 산업소셜워크 전문직의 역할은 업무조직에 영향을 주는 내외적 상황들을 평가하고, 업무조직이 새로운 상황에 적응할 수 있도록 변화를 계획하며, 조직의 내적 변화를 촉진케 하는 것이다. 조직수준의 개입들은 욕구측정, 계획, 훈련, 평가, 중개, 지지 등으로 이루어진다.

조직수준에 개입 시 다음과 같은 두 가지 문제가 발생할 수 있다.

첫째, 업무조직의 가치와 산업소셜워크 전문직의 가치의 불일치로 발생하는 역할갈등이다. 업무조직은 노동자의 욕구충족보다는 생산과 이윤가치를 더 중요시하는 반면 산업소셜워크 전문직은 개인의 자기결정과 욕구충족 가치를 더 중요시하는데서 가치갈등이 유발된다.

둘째, 노동자와 업무조직 사이의 갈등문제이다. 이는 노동자와 업무조직 중에서 한쪽 입장을 과감히 선택하거나 아니면 둘 사이의 중립 유지가 장기적 측면에서 유익할 수 있다.

(3) 지역사회수준

산업소셜워크의 지역사회수준 개입은 문제를 직, 간접적으로 업무조직에 영향을 미치는 지역사회의 문제로 간주한다. 따라서 이 수준의 산업소셜워크 개입은 업무조직도 혜택을 받지만 지역사회가 1차 수혜자가 된다. 지역사회수준에서 개입하는 산업소셜워크 전문직의 역할은 사회계획, 지역사회조직, 대외교섭, 정책분석, 로비활동 등으로 이루어진다.

2) 개입모델

산업소셜워크에서 서비스를 제공하는 개입방식은 다양한 모델로 구분할 수 있다(Straussner, 1990; Googins and Davidson, 1993; Akabas, 1995; Zastrow, 2000; 이정환 외, 2005).

첫째, 사회복지사를 누가 고용하느냐에 따른 구분이다. 이 경우 사회복지사는 고용주나 노동조합 둘 중 하나의 후원을 받거나 고용주와 노동조합의 공동후원을 받아 고용된다.

둘째, 내부방식과 외부방식의 구분이다. 내부방식은 산업사회복지사가 업무조직의 내부에 위치한다. 즉, 고용주나 개별 노조에 의해 직접적으로 고용되어 업무조직 내부에서 산업소셜워크 프로그램과 서비스를 제공하는 방식이다. 이러한 내부방식에는 기업주가 주체가 되는 EAP 모델과 노동조합이 주체가 되는 MAP 모델이 대표적이다.

반면에, 외부방식은 산업사회복지사가 업무조직의 외부에 존재하는 방식이다. 즉, 기업이나 노동조합 등과 계약을 맺은 외부의 사회복지기관이 프로그램과 서비스를 제공하는 것으로서 지역사회모델이라고 할 수 있다. 물론 이 경우에는 개별 조직이 연계할 수도 있고 컨소시엄 방식으로 연계할 수도 있다.

셋째, 개별기업 모델과 컨소시엄 모델의 구분이다. 한 업무조직이 산업소셜워크 프로그램과 서비스를 제공할 수도 있으며 여러 업무조직이 자원을 공동으로 모아서 산업소셜워크 프로그램을 제공할 수도 있다. 컨소시엄의 경우에는 주로 앞에서 말한 외부방식에 의해 이루어지는 경우가 대부분이다.

넷째, 제공되는 산업소셜워크의 서비스 내용을 중심으로 구분할 수 있다. 일반적으로 근로자 지원 모델, 고용주-업무조직 서비스 모델, 소비자-서비스 모델, 기업참여 모델, 노동관련 공공정책 모델 등으로 개입모델을 분류할 수 있다.

이러한 4가지 다양한 차원에서의 개입모델 분류 가운데 마지막 네 번째인 산업소셜워크의 서비스 내용을 중심으로 구분한 5가지 개입모델을 좀더 상세히 설명하면 다음과 같다.

(1) 근로자 지원 모델

근로자 지원 모델은 가장 널리 알려지고 잘 발전된 모델로서 개인적, 정서적 혹은 행동상의 문제를 가진 근로자를 대상으로 하는 상담 중심의 프로그램이다. 이런 이유로 종종 근로자 상담 모델이라고도 부른다. 이 모델이 갖는 특징은 직무수행과 관련하여 근로자가 갖는 개인적, 정서적, 행동적 문제에 대응하기 위한 심리사회적 서비스, 규정, 정책 등을 포괄한다는 점이다.

대표적 활동 프로그램으로는 근로자 상담이 있지만 근로자의 건강유지 및 증진, 질병예방 프로그램 등을 함께 수반한다. 따라서 근로자가 심리사회적 문제를 지닌 직접적 클라이언트라는 점에 근거하여 직접적 소셜워크 원조를 제공한다. 이 모델이 지향하는 사회복지전문직의 역할은 주로 교사-훈련자, 건설적 직면자(constructive confrontator), 상담자, 조정자, 옹호자, 중개자 등의 역할이다.

(2) 고용주-업무조직 서비스 모델

고용주-업무조직 서비스 모델(employer-work organization service model)은 개입의 1차적 초점을 근로자, 업무조직의 구성원에 두지 않고 업무조직 그 자체에 둔다. 즉, 산업소셜워크의 개입초점을 근로자나 조합원이 아니라 기업 혹은 업무조직체에 둔다.

이 모델이 갖는 특징은 업무조직에 소속된 근로자 전체의 이해관계, 피용인 욕구와 관련된 광범위한 정책과 서비스를 개발하고 시행하는 방식의 개입을 중시한다는 점이다.

대표적 활동 프로그램으로는 ① 업무조직이나 노동조합의 후원에 기초한 피용인 가족을 위한 직장보육서비스의 제공과 운영에 관한 자문 ② 기업복지 프로그램의 설계 및 확장 ③ 근로자 가족에게 긴장과 스트레스를 초래하는 인력배치 정책의 재검토 및 업무교대조 시간의 평가조정 ④ 동등한 고용기회와 차별철폐 등을 포함하는 공정한 직장 사규의 설계 및 정비 등을 통한 차별금지정책의 개발과 운영 ⑤ 투명하고 공정한 경영방침의 협의 및 개발 ⑥ 혁신적·전향적 퇴직, 조기퇴직, 부분 퇴직 프로그램의 개발 ⑦ 산업안전과 건강증진을 위한 작업환경의 조성 등을 들 수 있다.

이 모델이 지향하는 사회복지전문직의 역할은 주로 조언가, 평가-분석가, 훈련자, 프로그램개발자, 협상가 등의 역할이다.

(3) 소비자-서비스 모델

소비자-서비스 모델(*customer-service model*)은 오늘날 기업체가 자사에 맞는 고유한 서비스를 개발하여 고객의 특별한 요구에 부응하기 때문에 이들 기업과 어떠한 형태로든 상호관계를 맺는 고객이나 소비자를 위한 산업소셜워크가 필요하다는 관점에서 출발한다.

이 모델이 갖는 특징은 취약한 소비자나 고객에게 소셜워크 개입을 중시한다. 따라서 대표적 활동 프로그램으로는 소비자 교육활동, 회사의 상품이나 서비스 지급, 단기상담 등을 들 수 있다. 이 모델이 지향하는 사회복지전문직의 역할은 주로 상담자, 프로그램 계획가, 조언가, 옹호자 등의 역할이다.

(4) 기업참여 모델

기업참여 모델(*corporate policy model*)은 기업체가 지역사회의 경제 및 사회적 복지에 헌신하도록 지원하기 위해 마련된 것이다. 이 모델의 특징은 업무조직을 둘러싼 지역사회를 경제적, 사회적으로 더욱 풍요롭게 하기 위한 기업의 다양한 노력인 기업의 사회책임과 관련된 점이다. 따라서 지방 세제, 고용기회, 생필품의 가격과 질, 거주비용, 치안 등 지역사회의 다양한 요소가 업무조직의 생존과 발전에 직접적·간접적으로 영향을 준 사실에 대한 인식확산에 따라 반전될 수 있다.

이 모델의 대표적 활동 프로그램으로는 지역사회 복지증진을 위한 다양한 물적, 인적 자원의 기부활동이 있다. 이 모델이 지향하는 사회복지전문직의 역할은 주로 기부할당 분석가, 기업 사회책임에 대한 담당자, 지역사회관계 조언가, 지역사회 서비스 조정자 등의 역할이다.

(5) 노동관련 공공정책 모델

노동관련 공공정책 모델(*work-related public policy model*)은 업무조직
이나 근로자 전체의 삶의 질에 영향을 미칠 수 있는 공공정책 영역을
중시하는 모델이다. 따라서 이 모델이 갖는 특징은 노동관련 공공정책
에 지대한 관심을 갖는다는 점이다.

이 모델의 대표적 활동 프로그램으로는 업무조직과 근로자의 삶의
질에 직, 간접적으로 영향을 미치는 정부의 정책, 서비스, 프로그램
등을 개발하고 분석, 옹호하는 것이다. 이 모델이 지향하는 사회복지
전문직의 역할은 주로 정부의 노동관련 정책 입안 및 분석, 프로그램
개발, 네트워킹 등의 역할을 수행하는 것이다.

제 14 장
산업소셜워크의 실천내용

산업소셜워크는 앞으로 어려움이 있을지언정 기업 및 노동조합 그리고 지역사회에서 점차 많은 활동을 펼칠 것이다. 특히, 전문사회복지사의 기업 내 활동은 어느 전문직 분야보다 활발해질 것이다. 왜냐하면 기업은 조직 특성상 기업 밖의 지역공동체 구성원의 요구와 기업 내 노동자의 요구에 대해 끊임없이 대응해야 하기 때문이다.

이 장에서는 제 13장에 이어 산업소셜워크의 전반적 실천내용을 살펴본다. 구체적으로는 산업소셜워크 실천의 전제와 실천분야, 산업소셜워크 프로그램과 산업사회복지사(*industrial social worker*)의 역할, 산업소셜워크의 향후 과제와 제 4차 산업혁명에 대응하기 위한 산업소셜워크의 재구조화에 대해 살펴볼 것이다.

1. 산업소셜워크 실천의 전제와 실천분야

산업영역에 전문소셜워크를 도입하는 것은 그리 간단하지 않다. 이 과정은 많은 문제를 내포한다. 그중 가장 먼저 살펴볼 문제는 노동자 복지에 대한 전문직의 공헌과 이윤에 대한 기업의 공헌 사이에 존재하는 갈등이다. 따라서 양측의 긴장을 어떻게 해소하느냐가 산업영역에서의 전문소셜워크의 활성화 정도를 결정한다. 적어도 산업복지제도 속에 전문사회사업가를 배치하여 얻는 이익은 기업의 이윤추구에 부정적 영향을 주어서는 안 된다. 전문소셜워크의 활성화 방안은 기업의 목적에 합치되는 방향에서 논의해야 한다(Bakalinsky, 1980).

1) 산업소셜워크 실천의 전제

산업소셜워크 실천의 전제조건을 구체적으로 살펴보면 다음과 같다 (Masi, 1982; Akabas, 1995, 1997; Zastrow, 2000).

(1) 전문적 객관성의 유지

산업소셜워크 실천에서 중요한 문제는 사회복지사가 대리할 대상에 대한 고민이다. 사회복지사는 고용주·피용인·노동조합의 이해가 일치하지 않을 때 누구의 입장을 대변할지 갈등한다.

사회복지사는 분명 피용인을 위해 일하지만 때로는 노동조합뿐만 아니라 고용주의 입장에서도 전문가의 역할을 수행해야 한다. 따라서 산업사회복지사는 노동자와 기업의 요구가 대립하는 경우 한쪽에 치우치지 않는 실천지혜가 필요하다.

이는 양측 사이의 중립을 지키는 것이 아니라 객관성 유지를 말한다. 중립의 의미는 노동자와 기업 간 갈등에서 개입을 피하는 것을 내포하기 때문이다. 산업소셜워크 실천의 객관성 유지를 위해서는 전문성의 문제를 고려해야 한다. 전문적 객관성은 후원주체(기업 혹은 노동조합)에 상관없이 모든 산업소셜워크 실천의 중요한 전제조건이 된다.

(2) 기업조직 구성원 간 원활한 관계수립

기업조직의 맥락은 노동자에 의해 형성됨과 동시에 기업 경영자의 경영철학과 운영관리에 의해 영향을 받는다. 따라서 산업사회복지사는 자신이 속한 기업조직에 뿌리를 내리고 기업경영자, 중간관리자, 노동자의 언어적·비언어적 의사전달 방식에 주의를 기울여 사회사업실천에서 흔히 쓰는 '라포르'(rapport)가 형성된 인간관계를 수립해야 한다.

이를 위해, 산업사회복지사는 무엇보다도 기업조직 내외의 다양한 구성원의 말(혹은 비언어적 메시지)에 귀를 기울이고, 자주 말할 기회가 없는 자에게 의도적으로 대화의 장을 만들어야 하며, 이들의 요구를 흡수할 수 있는 기술을 가져야 한다.

특히, 노동자 간(노동자 + 노동자), 노동자와 상위직 관리자 간(노동자 + 중간관리자, 노동자 + 사용자), 기업대표(혹은 실무담당자)와 지역주민대표 간의 직원전체회의, 팀 모임, 소그룹 모임, 지역주민회의, 공식·비공식 석상의 모임을 주시해야 한다.

이런 모임에는 반드시 상호주관적 커뮤니케이션이 전개되는데 산업사회복지사는 이때 조직성원 개개인이 표현하는 요구의 신호(signal)를 놓치지 말아야 한다.

(3) 기업과 노동자의 요구에 맞춘 프로그램의 구성과 진행

사회복지사는 직업적 윤리체계 내에서 기업의 고유한 특성과 한계를 파악하고 개별 노동자에 대한 봉사를 우선하여 수요자 요구에 맞는 산업소셜워크 프로그램을 구성해야 한다.

프로그램 구성 단계에서는 조직 내 다양한 성원의 요구에 대한 자료를 충분히 확보해야 하며 필요한 경우 기업이 위치한 지역사회의 사회서비스 자원체계나 지역사회 주민의 욕구 등에 관한 조사자료를 수집해야 한다. 기업조직 내외에서 조사를 통해 얻은 체계화된 자료는 기업 특성에 맞는 프로그램을 개발하는 데 귀중한 정보가 된다.

기업 내 산업소셜워크 실천은 노동자 개인 및 가족의 문제를 중심으로 한 미시적 차원의 개입과 조직환경, 조직체와 관련한 정치·경제적 요소를 중심으로 한 거시적 차원의 개입으로 나뉜다. 그리고 운영되는 각종 프로그램은 사정 (*assessment*) - 계획 (*planning*) - 개입 (*intervention*) - 평가 (*evaluation*) 의 단계를 거쳐 체계화할 수 있다.

(4) 산업소셜워크 실천방법의 균형 유지

산업소셜워크의 다양한 실천방법 간에 균형을 유지하는 것은 사회복지사가 모든 사회적 상황에서 직면하는 문제이다. 예를 들어, 학교사회복지사는 학교의 요구와 개별 아동의 요구를 모두 고려해야 한다. 병원사회복지사는 한 명의 특별한 환자가 직면한 상황과 환자 집단의 요구를 모두 고려해야 한다.

마찬가지로 산업사회복지사는 개인의 이해와 조직의 이해 사이에서 균형을 맞춰야 한다. 직장과 가족 사이의 이해에 생활주기 측면의 문제가 반영되면 균형을 맞추는 일은 더욱 복잡해진다. 더구나 이 대책은 제한적 자원의 범위를 고려하여 수립해야 한다.

병원 조직은 간호사이자 어머니인 피고용자의 요구를 어떻게 충족시킬 것인가? 젊은 노동자의 교육비 지원을 위한 재정 배당과 퇴직이 임박한 사람을 보조하기 위한 연금정책에 관해서 사회복지사는 어떤 조언을 해야 하는가? 피용자의 가족을 위한 근로자 프로그램이나 조합원 원조 프로그램의 지원을 우선해야 하는가, 아니면 물질 남용 피용인을 위한 재활서비스를 우선해야 하는가? 이와 같은 문제에 직면할 때 어떠한 선택이 더 큰 요구에 부응하는가?

이처럼 산업사회복지사는 실천상황에서 발생하는 많은 소셜워크 실천방법의 선택 문제에 봉착하여 어려움을 겪는다. 산업복지사의 활동에 대한 지속적 평가는 이러한 문제해결에 도움을 주어 산업소셜워크 실천분야 발전에 기여할 수 있다.

(5) 산업소셜워크 실천에서의 비밀보장

산업소셜워크 실천 과정에서 비밀보장에 대한 문제가 자주 발생한다. 비밀보장은 일단 무너지면 개인의 생계를 위협하기 때문에 무척 중요하다. 비밀보장의 범위는 어디부터 어디까지인지, 기록물 열람 권한은 누구에게 있는지 등을 명확히 정해야 한다.

기록물과 관련된 구체적 쟁점으로는 ① 무엇을 기록에 포함시킬 것인지 ② 어떤 양식을 활용해야 하는지 ③ 누가 기록을 볼 것인지 ④ 사례를 어떻게 코딩(coding) 할 것인지 ⑤ 기록을 언제 소멸시킬 것인지 ⑥ 비서나 학생 같은 보조직원을 어떻게 훈련시킬 것인지 ⑦ 기록은 어디에 보관할 것인지 등을 고민해야 한다.

2) 산업소셜워크의 실천분야

산업소셜워크의 실천분야는 다양한 유형으로 나뉜다. 산업소셜워크 프로그램은 노동자나 경영자 또는 양자 모두의 후원을 통해 진행되며 프로그램 실천가는 후원자, 사회기관, 후원자와 계약을 맺은 프로그램 제공 단체에 의해 고용된다. 또한 서비스 제공기관은 직장 내부 혹은 특정한 직장 외부 지역에 위치할 수 있다.

서비스 제공기관의 위치 결정을 둘러싸고 열띤 논쟁이 있었다. 직장 외부 설치를 주장한 사람은 서비스 이용자가 높은 수준의 비밀보장을 제공받을 수 있음을 근거로 제시했다. 이에 대해 직장 내부 설치를 주장한 사람은 실천가가 변화대상 체계 내에 위치했을 때의 이점을 근거로 제시하면서 친밀한 직장 환경 내에서는 개인이 가진 문제가 동료와 상급자에게 잘 알려질 수밖에 없다고 주장했다.

그러나 사회복지사가 명심할 것은 서비스 기관이 내부, 외부에 위치하는 것과는 상관없이 비밀보장은 반드시 지켜야 한다는 점이다. 어떤 실천가도 클라이언트 동의 없이 제 3자에게 클라이언트 관련 정보를 유출해서는 안 된다.

산업소셜워크의 구체적 실천분야는 산업사회복지사의 고용분야와 직결된다. 산업영역에서 산업소셜워크의 실천은 일반적으로 ① 기업에 의한 고용 ② 노동조합에 의한 고용 ③ 기업과 노조 양자 모두에 의한 고용 ④ 기업, 노조, 혹은 양자 모두와의 계약에 의한 개별적 자문 ⑤ 지역사회 정신건강센터나 가족서비스 기관 등과 같은 사회복지 기관과의 계약에 의한 위탁사업 등으로 진행된다(Zastrow, 2000).

산업소셜워크 실천은 두 가지 방법으로 서비스를 제공한다. 하나는 일시적으로 계약을 한 전문가가 서비스를 제공하는 것이고 다른 하나는 조직이 고용한 전문가가 서비스를 제공하는 것이다. 이 문제는 조직이 프로그램을 설계할 때 고려할 사항이다. 이와 함께, 직장 내 프로그램과 직장 외 프로그램에 따라 직원 구성은 회사와의 일시적 계약에 의한 방법과 회사가 고용하는 방법으로 할 수 있다. 그러나 여기서 산업소셜워크 실천 장소나 피용인이 누구인가의 문제는 피용인에 대한 기업, 노조의 태도와 기대에 따라 다르다(Akabas, 1997).

한편, 현재 미국에서 실천하는 산업사회복지사의 기능별 직위를 보면 근로자 지원 프로그램 중재자(EAP coordinator), 피용인 카운슬러(employee counselor), 물질남용서비스 중재자, 약자 우대 사무원, 피용인 자원관리자, 직장 안전과 보건 사무원, 지역사회관계 자문역, 법인 재배치 사무원(corporate relocation officer), 훈련 자문역, 자선할당 분석가, 인적 자원정책 조언가, 경력계획과 발전 카운슬러, 도시사무 조언가(urban affairs adviser), 외부배치 전문가(outplacement specialist) 그리고 법인의 보건과 복지 프로그램에 대한 중재자 등 다양한 분야에서 종사함을 알 수 있다(Zastrow, 2000).

미국에서는 400만 이상의 기업체와 100만 이상의 노조(노동시장의 약 14%)가 산업소셜워크 프로그램을 통해 노동자와 노동자 가족을 돕는다(Akabas, 1995). 직장에서 산업사회복지사는 다양한 분야에서 일한다. 큰 회사는 산업사회복지사를 전임자로 고용해서 서비스를 제공하거나 외부 자문역(outside consultants)으로 계약해서 직접 서비스를 제공받고 훈련과 관리측면에서 자문을 받는다. 이와 같이 산업소셜워크 프로그램을 도입해서 노동자를 돕는 미국 기업체의 예를 요약해서 소개하면 다음과 같다(Skidmore, 1997).

첫째, 뉴욕 시 운송회사(New York City Transit Corp)는 약 20년에 걸쳐 알코올 중독 노동자를 위한 서비스를 제공했다.

둘째, 시카고의 유에스 제철회사(US Steel)는 11,000명의 노동자에게 예방적 서비스, 직접적 서비스 및 자문과 훈련프로그램을 제공한다.

셋째, 유타 주에 위치한 케네코트 구리회사(Kennecott Copper)는 'INSIGHT'라는 산업소셜워크 프로그램을 개설하여 7,300명 이상의 노동자에게 서비스를 제공했다. 이 프로그램은 노동자와 부양자를 돕기 위해 10년간 운영되었으며 약 5,500명 이상이 혜택을 보았다. 이 프로그램의 상담 분야는 가족, 알코올 문제, 법적 문제, 결혼과 재정 문제, 약물 남용 등 다양하다.

넷째, 제록스(Xerox Corporation)는 미국의 가족서비스협회(Family Service Association of America·FSAA)와 제휴하여 140개 이상의 사무소와 인근의 FSAA 회원기관들을 통해 제록스 피용인과 가족에게 산업소셜워크 서비스를 제공한다.

다섯째, 체이스 맨해튼 은행(Chase Manhattan Bank)은 1972년 9월부터 1973년 9월까지 12개월간 700명의 은행원을 대상으로 상담서비스 프로그램 'CONTACT'를 운영하고 결과를 분석한 조사보고서를 냈다. 이에 따르면 CONTACT 사용 이전보다 근로자의 의료 및 외과보험 비용이 74% 감소하여 프로그램의 효과를 입증하였다.

이외에도 AT&T 등 많은 기업체에서 산업소셜워크 상담서비스를 제공하여 긍정적 결과를 얻었다. 출근, 결근, 조퇴 등 직무 효과성(job ef-fectiveness)이 개선됐고 의료비용이 절감됐으며 알코올 문제를 가진 노동자의 약 55%가 만족할 만한 수준으로 직무수행 능력을 회복했다. 제너럴 모터스(General Motors)는 직장상담 프로그램에 제공되는 1달러당

거의 3달러의 회수(*return*) 효용을 계산하여 그 결과 1980년에 3, 700만 달러의 절감효과를 추산하기도 했다. 또한 직무수행 능력이 낮은 자를 위한 EAP에 참여한 노동자 중 85%가 치료 후 보통 수준으로 직무수행 능력을 회복한 사례도 보고되었다.

2. 산업소셜워크 프로그램

산업소셜워크의 특성을 규정하는 요소로는 다양한 집단의 이해와 자원, 서비스 대상군의 분포, 서비스 대상군의 요구 등이 있다. 또한 대상자의 직장에서 진행되는 산업소셜워크 실천은 소셜워크 분야의 선별된 개념과 전략에 의해서도 특성이 규정된다. 예방, 초기 개입, 간략한 위기치료는 직무 수행에 중심을 둔다. 이러한 서비스는 건강관리와 생산성, 구성원 복지를 저해하는 정신보건 문제를 감소시켜 후원자를 만족시킨다.

일반적으로 산업소셜워크 프로그램은 물질남용·정신보건·일반적 작업장 문제 등의 분야적 분류와 노동자·부양가족 등의 대상적 분류에 따라서 다양하게 분포한다. 산업소셜워크의 구체적 프로그램으로는 개인상담, 자문, 집단지도, 교육활동, 위기개입, 노동자 가족복지 서비스, 지역사회조직 활동이 있으며 이외에도 노동자에 대한 기초자료 수집을 위한 조사·홍보활동 등이 포함된다. 지금부터는 산업소셜워크 프로그램을 산업복지 주체별로 파악하고 가장 대표적으로 활용하는 프로그램과 산업소셜워크의 실천유형을 살펴볼 것이다.

1) 산업복지 주체별 산업소셜워크 프로그램

(1) 국가와 산업소셜워크

국가가 운영하는 산업소셜워크는 산업재해, 실업 등 사회적 위험에 대한 서비스를 제공한다. 이외에도 국가는 산업복지를 위해 다양한 영역에서 활동한다. 노동시장에 진입하기 전에 필요한 직업상담, 직업지도, 직업훈련, 직업소개나 근로자 재산형성 안내 및 상담, 근로청소년 복지회관 및 노동회관 등 노동자를 위한 공립 사회교육기관 운영을 예로 들 수 있다.

(2) 기업과 산업소셜워크

기업의 산업소셜워크는 본질적으로 노무관리의 일환으로 출발했다. 따라서 종래의 전통적 방법인 원조서비스 중심의 복리후생 제공에서 탈피하여 산업 카운슬러 등 전문가 중심의 기능주의적 방법으로 전환할 시점에 놓였다(우재현, 1998).

일반적으로 노동자를 둘러싸고 일어나는 문제는 ① 기업 내에서 발생하는 문제 ② 가족문제와 같이 기업 외부에서 발생하여 기업에 영향을 미치고 생산활동에 지장을 주는 문제 ③ 기업 내에서 발생하여 기업 외부에 영향을 주는 문제 등이 있다.

이렇게 볼 때 기업과 더불어 산업소셜워크가 개입할 수 있는 영역은 다음과 같다(우재현, 1998).

첫째, 개별소셜워크(social casework · CW)에는 ① 노동자에게 직업의식, 노동관, 직무의식 등을 갖도록 도와주는 일 ② 적성, 소질, 능력 등에 맞는 직무에 종사시키는 일 ③ 노동자 상호 간 혹은 상사와의 커뮤니케이션을 원활히 하고 더 나은 인간관계를 형성하는 일 ④ 개별접촉을 통하여 끈기를 기르고 개인의 인격발달, 건강유지, 감정순화, 불만과 불안 해소 등을 도모하는 일 ⑤ 노동자의 결근, 지각, 조퇴를 막고 알코올 및 마약중독을 예방하여 사고의 예방 등에 기여하는 일 ⑥ 생산의욕의 고취와 사기앙양으로 팀워크와 협동정신을 함양하는 일 ⑦ 각종 산업복지시설을 적절하게 활용하도록 돕거나 생애설계, 재산형성 등을 위해 원조하는 일 ⑧ 교육훈련, 기타 연수훈련을 통해 능력개발을 하고 기술향상을 도모하도록 돕는 일 ⑨ 제안제도, 이윤 참가, 종업원지주제, 노사협의회 등을 통하여 경영참가의 기회를 확대하는 일이 포함된다.

둘째, 집단소셜워크(social groupwork · GW)에 속하는 대표적 사항은 ① 소집단활동을 활성화하여 생산성을 향상시키는 일 ② 각종 여가집단 활동을 통하여 개인의 만족을 증진시키는 일 등을 들 수 있다.

셋째, 지역사회조직(community organization · CO)과 관련되는 사항으로는 ① 직장과 가정, 지역사회에서 부적응상태에 있는 노동자를 원조해서 정상적 근무활동과 생활로 복귀하도록 돕는 일 ② 노동자가 기업체 밖에서 사회참여를 원할 때 필요한 정보를 제공하고 조언하는 일 ③ 산업시설과 지역사회 간에 어떤 마찰이나 갈등이 발생했을 때 이를 조정하는 일 등을 들 수 있다.

이외에도 산업소셜워크의 예로는 각종 정보제공, 주택, 가정문제, 법률문제, 인사문제, 결혼문제 등에 따르는 상담, 노사관계의 개선 프로그램, 탁아시설의 운영·지도, 가정방문 지도 등을 들 수 있다.

(3) 노동조합과 산업소셜워크

노동조합이 중심이 되어 전개하는 산업소셜워크 프로그램은 다음과 같이 다양하게 존재한다(우재현, 1998).

첫째, 개별소셜워크와 관련된 것으로는 ① 가족문제와 가정문제에 대한 각종 상담활동 ② 조합복지시설과 각종 지역사회시설에 대한 활용안내와 정보제공 ③ 조합원 교육과 훈련 ④ 조합원 가족복지 프로그램 ⑤ 전직훈련 프로그램 ⑥ 보육사업 등을 들 수 있다.

둘째, 집단소셜워크와 관련된 것으로는 소프트볼 대회, 노동자 자녀를 위한 캠프, 크리스마스 모임, 연금수급자의 모임, 운동회, 연극회, 음악회, 독서회 등 문화, 레크리에이션, 생산성 향상을 위한 소집단 운동 등이 중심이 된다.

셋째, 지역사회조직 사업으로는 거주지 악덕주인의 적발, 다른 조합의 지원활동, 각종 지역사회 위원회 등에 대표파견, 정부에 대한 예산 및 정책요구의 안내, 입법활동, 선거권 등록 캠페인 등 사회행동에 대한 지도, 지역사회에의 각종 참여 등에 대한 지도·조언 등을 들 수 있다.

2) 상담서비스 프로그램

기업이 주관하는 근로자 지원 프로그램은 대표적 산업소셜워크 프로그램이다. 이외에도 주요한 산업소셜워크 프로그램에는 노동자와 가족을 위한 다양한 상담서비스 프로그램이 있다. 근로자 지원 프로그램은 이미 제 11장에서 서술했기 때문에 여기서는 상담서비스 프로그램을 상세하게 설명하고자 한다. 산업소셜워크는 거시적 실천이면서 동시에 임상적 실천이다. 임상적 실천의 대표적 서비스가 바로 상담서비스이다.

기업체의 EAP과 노동조합의 MAP가 제공하는 상담서비스는 일반적으로 시간제한적이다. 이들 프로그램의 1차 목표는 되도록 빨리 각 노동자가 직장으로 돌아가 직무기능을 효과적으로 수행하도록 하는 것이기 때문이다(Webb, 1990). 따라서 사정-의뢰 모델(assessment-referral model)은 노동자 클라이언트와의 상담기간을 1~3회 세션으로 하고 사정-치료 모델(assessment-treatment model)은 일반적으로 15회 세션 이하로 해야 한다(Fleisher & Kaplan, 1988).

이렇게 볼 때, EAP나 MAP의 효과적 실천을 위해서는 시간제한적 상담(*time-limited work*)이 필수적이다. 시간제한적 상담을 위해서는 단기(*brief*) 상담이어야 하고 또한 문제해결중심(*solution-focused*) 상담이어야 한다. 이 둘을 합쳐 문제해결중심 단기상담(*solution-focused brief counseling*)이라 한다(Corwin, 1997).

여기서 단기 상담은 전형적으로 15세션 이하로 계획된 시간제한적 개입으로 정의한다. 그리고 문제해결중심 상담은 구체적 목표를 가지고 이를 달성하기 위해 명료화되고 잘 조직된 절차를 가진 인지행동적, 과제수행적, 혹은 문제해결접근과 같은 실천접근이라 정의한다(Reid & Hanrahan, 1982). 이러한 문제해결중심 단기상담에는 대표적으로 위기개입 상담(*crisis intervention work*)과 단일세션 상담(*single-session work*)을 들 수 있다. 위기개입 상담은 보통 6~8주 동안 진행하며, 1회 세션 상담은 계획된 추수방문(*follow-up visit*)을 갖는 단일상담(*single-working session*)으로 진행한다.

이제부터 산업소셜워크의 중요한 임상적 측면으로서 상담서비스의 내용을 살펴보고자 하는데 주로 문제해결중심 단기직장상담(*solution-focused brief workplace counseling*)을 중심으로 이론적 원칙, 개입원칙, 실천모델들을 살펴보고자 한다(Corwin, 1997).

(1) 이론적 원칙

시간제한적 상담의 필요성에 대한 이론적 근거는 다음과 같다.

첫째, 실험을 통한 연구검증으로 시간제한적 개입이 효과적임이 확인됐으며 개입의 절약(*parsimony*)이라는 가치에도 부합한다. 또한 이 개입은 동과성(*equifinality*: 서로 다른 개입이 같은 결과에 도달하는 것)의 체계론 원칙과 물결효과(*ripple effect*: 개인의 기능수행에서 한 영역의 변화가 다른 기능수행 영역의 성장과 변화를 자극하여 전파시키는 것) 위에 세워졌다. 그러므로 단기상담의 전형인 제한된 목표 획득은 기능수행 시 동과성에 따라 좀더 일반적 변화를 이끌고 물결효과 또한 종결 후까지도 효과가 지속된다.

둘째, 효과적 시간제한 상담의 또 다른 주요 원칙은 상담자가 노동자 클라이언트가 현재 가진 강점(strength) 위에 구축하는 데 있다. 그러므로 사정과정은 문제를 야기하고 유지하는 요인뿐만 아니라 노동자가 처한 상황을 고려한 그의 내적 자원 평가를 포함해야 한다. 이는 개인이 결핍되거나 병리적으로 여기는 영역보다는 능력을 성취한 영역에서 더 지속적으로 발달하는 경향이 있다는 이론적 관점이다.

특히, 이 관점은 산업소셜워크와 관련되는데 클라이언트가 고용됐다는 사실이 자아 강점의 지표가 되며 여기서부터 클라이언트가 자신의 적응도와 업무능력을 향상하려는 동기를 획득한다고 보기 때문이다. 동기는 치료의 긍정적 결과에 대한 좋은 예측치가 되어 클라이언트의 직장 내 기능수행에 의미를 부여한다. 또한 '발달'은 성인의 생애주기를 통해 일어나고 중요한 변화는 성인기에도 일어남이 인정됐다.

셋째, 개인과 환경 간의 호혜적 상호작용은 단기치료의 또 다른 신조이다. 클라이언트의 사회환경은 생활 스트레스의 완충기로서 작용하거나 반대로 스트레스의 근원이 된다. 개입계획에서 사회적 맥락은 항상 고려해야 할 사항이다. 개입목표는 클라이언트의 지지체계를 극대화하고, 대인관계 갈등을 감소시키며, 클라이언트의 사회적 기능 수행을 향상하도록 설정해야 한다. 직장에서의 적응을 포함하여 클라이언트의 사회적응을 개선하면 문제해결, 판단, 충동조절, 현실에 대한 정확한 지각과 같은 자아 기능수행(ego functioning) 영역도 개선된다.

마찬가지로 개인 기능수행의 향상은 사회적응 개선에 기여한다.

넷째, 단기상담의 초점은 현재의 기능 수행에 둔다. 예를 들면, 산업사회복지사는 일로 인한 스트레스, 가족문제, 재정적 어려움에 대한 부적응 반응을 나타내는 행동유형에 따라 클라이언트의 직무수행을 평가한다. 그러한 행동은 직장에 지각, 조퇴, 연이은 결근, 회사에 대한 불평, 나쁜 건강, 투약 요구, 입원, 의료 휴직 등의 지출 관련 요인을 포함한다.

마지막으로 시간제한적 개입의 강조점은 클라이언트의 성격을 고치거나 재구조화하는 데 두기보다는 사람과 환경 간의 개선된 기능수행과 더 나은 적합성에 둔다. 그러므로 시간제한적 상담의 목표는 현실적이며 획득 가능해야 한다.

클라이언트는 새로운 스트레스 발생이나 스트레스의 축적으로 또 다른 비평형상태(*disequilibrium*)를 만들 수 있고 과거 문제가 재발할 가능성도 있다. 그러나 이런 경우 이전의 능력향상 상담경험이 있다면 클라이언트는 문제에 더 효과적으로 대처하고 후속 상담접촉을 빠르게 잘 활용할 수 있다. 단속적 단기접촉의 원칙인 접근가능성, 유용성, 유연성이 이들 프로그램의 특징이기 때문에 직장상담 프로그램의 구조와 기능과 일치한다.

(2) 개입원칙

효과적 단기상담의 개입원칙은 다음과 같다.

첫째, 계획된 개입(*planned intervention*)이어야 한다. 산업사회복지사가 제한된 시간의 틀 속에서 중요한 변화를 이끌기 위해서는 계획된 개입이 중요하다. 문제사정과 개념에 대한 정의가 명확하게 연계된 세부목표를 세우고 과업을 가진 개입계획으로 옮기는 기술은 시간제한적 작업에 필수적이다. 개입초점을 명확하게 정의하고 유지함으로써 산업사회복지사는 클라이언트 생활의 문제요소들을 연결하여 합의된 목표성취를 위한 매 세션을 구조화해야 한다.

둘째, 사정 과정은 '상황 속에 놓인 개인'의 욕구와 자원에 대한 신속한 종합평가에 관여해야 한다. 단기치료에서 평가와 개입과정은 무제한 치료(open-ended treatment)의 장기평가와는 대조적으로 첫 세션에 배치된 경우가 많다. 이때는 초점을 결정하고 단순하고 명확한 현실적 목표와 과업을 정한다.

이 접근은 다양한 문화·계층적 배경을 가진 많은 직장 노동자의 기대와 일치한다. 효과적 사정도구는 상담자가 다양한 체계(개인, 대인관계, 환경)로부터 신속히 자료를 수집하고 조직하도록 돕는다. 직장에서 일하는 상담자는 기관의 의사소통 경로, 인력정책, 비공식구조 등을 잘 파악한다. 때문에 클라이언트의 상황을 사정하고 신속하게 목표를 결정하는 데 이들 정보를 활용하는 것이 좋다.

셋째, 시간제한적 상담에서 산업사회복지사는 항상 클라이언트가 무엇을 문제로 정의하는가에 긴밀한 관심을 두어야 한다. 사정과정은 클라이언트의 가장 강한 관심과 가장 유망한 개입에 대한 정보를 산출해야 한다. 산업사회복지사는 문제해결 과정에 클라이언트를 신속하게 개입시켜야 하며 따라서 클라이언트가 일할 동기가 되는 목표를 선택해야 한다. 클라이언트는 의미를 두는 목표성취에 훨씬 더 쉽게 동기화되기 때문이다.

넷째, 단기치료에서 산업사회복지사는 적극적이고 지도적이어야 한다. 첫 세션부터 핵심 이슈와 원인이 되는 요소에 대한 가설을 검증해야 한다. 문제를 해결 가능한 용어로 재정의하고 상담 세션의 방향도 명확히 언급한다. 또한 클라이언트에게 즉각적 혜택을 제공해야 한다. 예로 들면, 불안과 같은 증상 완화, 혼란스럽고 결정에 주저하는 클라이언트에게 인지적 명료함의 제공, 사기가 꺾인 클라이언트에게 희망을 제공하는 것 등이다.

이러한 접근은 산업사회복지사에 대한 신뢰도를 빠르게 높이고 과업 성취와 문제해결을 위해 계속 일할 클라이언트의 동기를 증가시킨다. 장기치료보다 더 적극적으로 활용 가능한 방법은 자원에 대한 정보 제공, 새로운 기술 교육, 충고와 지침 제공, 클라이언트의 자아인식 향상을 위한 질문 유도, 건설적 관점 함양을 위한 과제 제시 등을 포함한다.

따라서 상담자는 매 세션마다 이를 유일한 세션으로 여기고 접근하는 것이 좋다(Budman & Gurman, 1988). 클라이언트의 표현과 관심의 변화에 유연하게 반응해야 하며 문제나 갈등해결에 대한 클라이언트의 진전사항을 모니터링해야 한다.

다섯째, 직장상담에서 클라이언트의 말로 표현되지 않은 감정과 관심에 민감하게 반응해야 한다. 직장상담의 클라이언트는 상관에 의해 서비스에 의뢰되거나 직업이 위험에 처한 경우 프로그램의 참여에 비자발적일 수 있다. 상담자는 클라이언트가 문제를 부정하는 일을 최소화해야 하며 문제와 결과의 범위를 최소화해야 한다. 상담 시작단계의 저항을 극복하기 위해서는 의뢰된 문제와 클라이언트의 관심 간의 공통분모를 찾도록 노력하고 문제를 말하지 않을 때 나타날 부정적 결과를 클라이언트에게 명백히 알려야 한다.

여섯째, 시간제한적 상담을 효과적으로 활용하기 위해서는 산업사회복지사가 시간, 자신, 개입기술의 탄력적 사용에 익숙해져야 한다. 클라이언트가 위기에 처했을 때는 세션을 더 길게, 더 자주 진행해야 한다. 클라이언트가 점차 현실세계에서 생각하고 느끼고 행하는 새로운 방법을 탐색하면 노력하는 기회를 극대화하는 방법으로 세션을 점점 줄일 수 있다. 초기에 위기수준이 높은 경우, 산업사회복지사는 클라이언트에게 병가나 결근계를 내도록 권하여 증상이 완화된 이후 적절한 시기에 복귀할 것을 권고한다. 직장 일을 하지 않거나 소외되어 불안·우울의 증상이 오히려 악화될 때에는 즉각 직장 복귀를 권고한다. 그리고 매 세션마다 산업사회복지사는 다른 역할을 생각하고 상황에 맞는 효과적 역할을 선택하여 수행해야 한다.

마지막으로, 단기치료 효과의 극대화를 위해 산업사회복지사는 자조집단, 지역사회의 사회적 집단, 직장의 동료집단 또는 실업이나 일시적 해고의 스트레스를 관리하기 위한 상호원조집단과 같은 새로운 사회관계망을 개발하도록 클라이언트를 지원해야 한다. 이들 집단은 클라이언트가 시험할 기회를 제공하고 사회적 기능수행 기술을 발전하는 데 도움을 준다.

이렇게 볼 때 지식개발, 사회적 기능수행 등의 능력 향상에 목표를 두는 시간제한적 치료는 장기치료보다 스트레스를 덜 받은 상태에서 종료하는 데 강조점을 둔다. 이는 대부분의 클라이언트가 숙달감과 독립감을 장기간보다 단기간에 더 많이 얻기 때문이다.

(3) 실천모델

대부분의 단기치료 모델은 용이한 문제해결을 위해 인지행동적, 가족체계론, 심리역동적 기술을 사용하여 치료개입에 필요한 실용적, 절충적, 통합적 접근을 취한다. 여기서는 과제중심 모델(*task-centered model*), 위기개입 모델, 단일세션 치료를 간략히 살펴본다.

① 과제중심 모델

과제중심 모델은 3~4개월 이상 진행하는 8~12세션의 계획된 개입이다. 산업사회복지사는 1~2개의 초점이 되는 대상문제를 선택하고 문제해결을 위해서 인지행동기술의 개입전략을 사용한다. 즉, 예상지침, 과제부과, 연습(rehearsal)과 같은 실천전략과 변화에 장애가 되는 왜곡된 지각, 역기능적 의사소통 및 행동패턴을 점검하고 과제검토와 감정분석을 통한 후속조치 등을 준비한다.

과제중심의 계획된 단기접근은 가족과 집단치료 과정에 적용하여 사용됐다. 갈등과 문제해결 기술의 결핍, 부정적 영향을 미치는 스타일, 다른 사람에 대한 비현실적이고 왜곡된 기대, 역기능적 상호작용 유형과 제휴, 사랑과 애착에 대한 욕구충족 능력을 갖지 못한 대인관계 문제를 가진 가족과 집단 구성원을 돕는 데 사용됐다. 역기능적 부모-자녀 제휴 문제가 있을 때는 부부관계와 아동-친구관계를 강화하도록 과제를 준다.

또한 이 접근은 외상적 경험을 통합하는 한편 집단 구성원에게 경험을 공유할 기회를 제공한다. 이는 직장에서 폭력과 사건발생이 증가함에 따라 같은 스트레스 요인에 노출된 사람들의 집단에서 부적응적 스트레스 반응을 예방하는 가장 효율적·효과적 방법 가운데 하나다.

② 위기개입 모델

위기개입 모델은 특수한 시간제한적 상담 형태이다. 위기는 생물·심리·사회적(biopsychosocial) 현상을 말한다. 클라이언트가 충격적 경험 때문에 받는 스트레스를 일상적 전략만으로는 도저히 극복할 수 없어 비평형 상태가 되면 이를 위기라고 한다.

이런 상황에서 노동자는 불안을 느끼고, 당황하고 혼동되며, 움직일 수 없고, 도움도 희망도 없고, 낭패하고, 잠을 자지도 먹지도 못하여 스스로 산업사회복지사를 찾아오기도 한다. 또 다른 경우는 집중력이 떨어지고, 업무수행능력이 감소하고, 화를 잘 내거나 갈등이 증가하는 등 객관적 증상표시 때문에 관련 부서의 상관 또는 동료가 의뢰한다.

산업사회복지사는 되도록 빨리 클라이언트의 불행 수준을 파악해야 한다. 특히, 그가 자해할 위험 또는 다른 사람을 해칠 위험이 있다면 신속하게 대응해야 한다. 이 클라이언트가 왜 이 사건을 극복할 수 없고 문제를 해결할 수 없었는지를 이해하기 위하여 산업사회복지사는 사건을 이끈 특성과, 클라이언트와 클라이언트 체계에 미치는 이 사건의 의미와 인식, 클라이언트의 전체 환경 내에서 개인의 자원 또는 강점에 대해 빠르게 사정해야 한다. 그 후 산업사회복지사는 장기적으로 부적응적 반응이 일어나지 않도록 스트레스 근원이 되는 사건에 빨리 개입해야 한다. 또한 클라이언트가 이전 수준으로 회복하도록 돕고 미래의 스트레스에 대한 대응능력을 발전시켜야 한다.

첫 세션에서 산업사회복지사는 적극적·지지적이어야 한다. 특히, 인지적 명확성을 적극적으로 제시하고 혼돈에 빠지거나 와해된 클라이언트를 지지적으로 이해해야 한다. 다른 한편으로는 스트레스 반응을 정상화시켜 희망과 용기, 고통스런 감정을 환기할 기회를 준다. 위기를 촉진한 사건이 어떤 것이든 클라이언트가 고통스런 상실감, 낮아진 자존감, 감소된 능력 등을 극복하기 위한 새로운 안녕 상태를 정의하도록 도와야 한다. 동시에 클라이언트는 환경차원에서, 역할차원에서, 또는 지위차원에서 변화에 적응하며 새로운 문제해결 기술을 학습해야 한다.

산업사회복지사는 사정의 토대 위에 달성할 과업을 정하도록 클라이언트를 돕고 정보와 지침을 제공하여 스스로 과제를 완수하도록 필요한 지원을 한다. 따라서 산업사회복지사는 세션의 길이와 횟수에 유연해야 한다. 면접할 사람을 선택하고 개입기술을 선택하는 데도 유연해야 한다. 클라이언트의 가족원이 역기능적, 부적응적 양상을 보이면 가족과도 상담할 필요가 있다.

위기에 처한 클라이언트의 경우 일반적으로 접촉 초기에 더 집중적으로 주당 수차례씩 보아야 하며 위기 상태가 줄어드는 데 따라서 접촉 횟수를 감소시킨다. 각 세션의 초기에는 클라이언트의 현재 심리상태 및 과업성취 진전 등을 검토하고 세션의 끝에서는 나타난 과제에 초점을 두고 그동안 다룬 주요 이슈를 요약하여 클라이언트에게 즉각적 성취감을 주는 것이 도움이 된다. 새로운 행동의 연습, 스트레스에 반응하는 예상지침, 과제부과 등은 위기에 처해 당황하고 혼란에 빠진 클라이언트를 돕는 데 유용한 개입기술이다. 종결 후에는 후속 방문을 계획하여 클라이언트의 위기 이후 적응을 모니터링 할 수 있다.

③ 단일세션 치료

제한된 접촉을 선호하는 클라이언트에게는 단일세션 치료를 통한 체계적 개입이 효과적이다. 단일세션 상담의 여러 이론적·기술적 원칙은 사정-의뢰 모델에 적용된다. 이들 원칙을 따르면 의뢰를 성공적으로 진행할 가능성이 높으며 많은 클라이언트가 문제해결을 시작하고 해방감을 얻을 수 있다.

시간제한적 상담의 많은 원칙이 단일세션 치료에도 필요하다. 즉, 빠른 사정, 초점의 조기 확정, 사소하지만 요점 중심으로 구성된 목표와 과제설정, 클라이언트의 강점 위에 구축, 필요한 변화의 방향을 가리키는 용어로 문제를 재구성하여 이를 통한 변화를 받아들이기 위한 클라이언트의 준비, 자기 삶을 관리하는 클라이언트의 능력 활성화 등의 원칙을 사용한다. 이 접근에서 상담자는 클라이언트와 긍정적 관계를 빨리 확립해야 하고, 지도적이지만 클라이언트의 표현되지 않은 욕구와 관심에 민감해야 하며, 변화를 구축하기보다는 용이한 변화 과정을 이끄는 역할에 치중해야 한다. 계획된 후속접촉도 이 상담의 개입전략이 된다.

3) 산업소셜워크 실천유형

각종 산업소셜워크 프로그램을 통한 산업소셜워크의 실천유형을 시기와 대상별로 분류하여 정리하면 〈표 14-1〉과 같다.

〈표 14-1〉 산업소셜워크 실천유형

대상/시기	문제발생 전	문제발생 중	문제해결 후
개인 및 가족	개인 · 가족의 상태변동에 대한 대비(이혼, 전직, 정년, 퇴직, 불치병, 재해 등)	· 정서적 스트레스, 질병 위기, 결혼생활의 문제, 산업재해, 직장에서의 문제 등에 대한 개인치료 · 클라이언트의 의뢰 및 지역사회 서비스 알선 · 만성적 문제의 개입	· 신체적 재활 또는 산업재해를 입은 노동자의 추후 지도 · 직무에 복귀한 알코올 및 약물 중독 회복자의 추후 지도
집단	· 건강 및 정신건강 교육 · 특수집단(미혼모, 10대 부모 등)의 집단상담	위기에 대처하는 자조집단의 형성(미망인, 이혼녀, 알코올 중독자 등)	자조집단의 자문과 자원 보유자로서의 역할
조직 또는 지역사회	· 사회복지사를 보좌할 대리인의 선정 및 훈련 · 경영 및 감독자, 노조 간부에게 인간관계 기술에 관한 교육 및 훈련 · 특수집단 대상 프로그램 개발(탁아, 소아과 진료, 육아 상담, 퇴직상담 등)	· 특정 부서의 위기 중재 · 노동자와 감독자 사이의 중재 · 노동자의 문제와 요구에 관하여 감독자와 경영 측에 자문 · 프로그램 운영에 대한 자문(탁아, 퇴직 등)	· 위기 극복 부서나 집단의 추후 지도(산업재해 부서의 병합, 인사이동 등) · 하나의 특수집단인 장애 노동자의 욕구충족을 위한 재활사업의 실시

출처: 우재현(1998).

3. 산업사회복지사의 역할

1) 산업사회복지사의 자격요건

산업사회복지사는 산업현장 또는 산업조직과 관련된 근로자와 근로자 가족의 복지문제를 다룬다. 산업현장 또는 산업조직은 산업소셜워크의 발생과 실천이 일어나는 장이며 동시에 산업소셜워크의 종류와 특성을 결정하는 환경이다. 그러므로 산업사회복지사는 작업현장에서 일어나는 근로자의 행동과 심리상태를 이해하고자 노력해야 한다.

산업사회복지사가 일반적으로 갖추어야 할 요건을 정리하면 다음과 같다(Vigilante, 1997).

① 철저하고 신속한 문제의 분석을 위해 직업정보 및 노동자 삶의 다른 측면과 관련된 정보를 이용한다. ② 위기개입 방법론을 사용하여 효과적으로 개입한다. ③ 고용주나 감독자와 같은 당사자와 협의한다. ④ 갈등상황을 해결한다. ⑤ 권리획득을 위한 옹호자로 활동한다. ⑥ 개인적 필요와 정책환경을 둘러싼 자문을 제공한다.

2) 산업사회복지사의 역할

여러 학자(Kurzman & Akabas, 1992; Akabas, 1995; Zastrow, 2000; 이정환 외, 2005; 노병일, 2014; 김의명, 2016)가 기업, 노동조합, 지역사회에서 수행하는 산업사회복지사의 역할을 다음과 같이 제시한다.

첫째, 상담이나 위기개입, 기타 활동 등을 통해 근로자 개인의 문제를 풀어나가도록 돕는다.

둘째, 근로자의 욕구 충족을 위해 지역사회의 서비스 이용에 대해 조언하고 나아가 이런 프로그램과 연계해주는 역할을 한다.

셋째, 현장감독 교육을 맡는다. 현장감독은 자기관할 근로자의 직무능력에 변화를 감지했을 때 어느 시점에 이 근로자에 대한 지원을 복지부서에 의뢰할지 판단할 능력이 필요하다. 산업사회복지사의 교육은 이 능력을 키우는 데 도움이 된다.

넷째, 서비스 정보 및 인적 자원 프로그램 분석에 필요한 자료를 제공하는 노동조합 정보체계 · 경영 정보체계를 개발하고 운영을 감독한다.

다섯째, 충족되지 않은 욕구와 현재의 인구 경향을 파악하고 이를 토대로 인적 자원 프로그램의 향후 추친 방향을 구상한다.

여섯째, 인적 자원정책의 개발과 관련하여 의사결정을 담당하는 노동 간부, 경영진에게 자문을 제공하거나 이해 당사자 사이에서 협상하는 역할을 한다.

일곱째, 현재 근무 중이거나 퇴직한 근로자 · 임원을 위한 복지 · 지역의료 · 여가 · 교육 프로그램을 시작하도록 돕는다.

여덟째, 복지급여제도와 의료제도의 운영을 도와주며 이와 관련한 새로운 대안 수립을 돕는다.

아홉째, 여성, 소수민족, 장애인 대상으로 한 적절한 차별철폐제도의 기획 · 실시를 위해 자문을 제공한다.

열째, 사회복지규정 현안에 관하여 각 조직의 입장에 대해 조언한다.

이처럼 다양한 산업사회복지사의 역할을 구체적으로 분석하여 산업현장에서 부딪히는 여러 문제영역 및 소셜워크 실천방법을 기준으로 구분하여 제시하면 〈표 14-2〉와 같다.

그러나 일반적으로 산업사회복지사는 기업 경영적 역할과 근로자 및 근로자 가족 복지 향상을 위한 역할을 동시에 수행한다. 때문에 산업사회복지사는 기업의 경영관리 차원에서 볼 때 경영자와 근로자 사이에서 중립적 입장을 취해야 한다. 아울러 노사관계에 관한 교섭이나 조언을 할 때에도 경영자와 노동조합과의 관계에서 중립적 위치를 지켜야 하는 딜레마가 있기 때문에 이에 대한 해결책을 늘 고민해야 한다.

〈표 14-2〉 산업사회복지사의 역할

역할	문제영역	실천방법		
		CW	GW	CO
조언자 (advisor)	① 금전 및 현물형태에 의한 서비스의 극대화	○		
	② 소득 상실자에 대한 보상	○		
	③ 선택의 기회를 주는 일	○		
계몽교육자 (educator)	④ 수급자의 무지		○	○
	⑤ 수급자의 지식보급		○	○
	⑥ 수급자 자신이나 수급자 대표의 참여의식		○	○
	⑦ 가치관과 산업복지	○	○	○
	⑧ 현직훈련과 실습생 지도		○	○
변화시키는 자 (change agent)	⑨ 수급자의 선입관	○	○	○
	⑩ 실패감에서 사회적 권리 개념으로 변화, 기업주의 산업복지에 대한 이해와 참여의 적극화		○	○
조정 · 계획자 (coordinator · planner)	⑪ 수급자의 변화에 따른 요구의 변화		○	○
원외 활동가 (lobbyist)	⑫ 산업복지의 향상 · 발전을 위한 입법가 및 관료와의 접근 역할	○	○	○
상담자 (counselor)	⑬ 개인과 가족과의 상담	○		
감독자 (supervisor)	⑭ 산업복지기관의 지도감독	○	○	○
제시자 (indicator)	⑮ 동기조성			○
옹호자 (advocator)		○		○
조직가 (organizor)			○	○
행동가 (actionist)			○	○

출처: 김덕준 (1975: 191~192).

4. 산업소셜워크의 재구조화 : 4차 산업혁명에 대한 대응

세계경제포럼(World Economic Forum · WEF)은 인류사회가 4차 산업혁명에 진입했다고 진단했다. 1차 산업혁명은 18세기 후반에 증기기관의 발명과 함께, 2차 산업혁명은 19세기 후반 분업과 대량생산체제의 발전 및 전기 발명과 함께, 3차 산업혁명은 20세기 후반 IT기술의 발전과 함께 촉발됐다.

지금 맞이한 4차 산업혁명은 가상현실세계(cyber-physical system)의 발전과 함께 급속도로 진전될 것으로 내다본다. 이러한 변화를 추동하는 동력은 사물에 센서를 부착해 실시간으로 데이터를 인터넷으로 주고받는 사물인터넷(internet of things · IoT), 클라우드 기술, 빅 데이터 활용, 인공지능 등의 신기술 발전이다.

이러한 4차 산업혁명의 영향력에 대해서는 낙관론과 비관론이 공존한다. 4차 산업혁명의 기술적 요인만 감안하면 기술발달에 따른 대량실업, 양극화의 심화, 인간사회의 지속가능기반 약화를 초래할 가능성이 높다는 비관론이 있다. 반면에 4차 산업혁명의 기술혁신이 새로운 경제시스템을 등장시킬 것으로 전망하는 낙관론도 있다. 이 거대한 변화를 가져오는 힘은 기술혁신에 따른 한계비용 제로 사회의 도래에 있다고 본다(Rifkin, 2014).

이러한 4차 산업혁명이 가져올 업무조직의 변화는 산업소셜워크에도 직접적 영향을 미칠 것이다. 완전고용이 불가능해지면서 발생하는 대규모의 실업자, 상시고용을 대체하는 임시직 노동자, 파트타임 노동자, 계약직 노동자, 일용노동자 등의 불규칙한 형태의 고용, 발전을 주

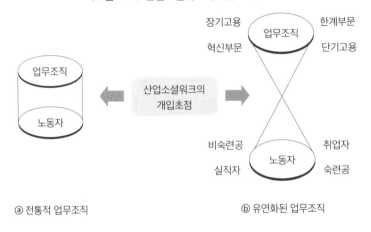

〈그림 14-1〉 산업소셜워크의 재구조화

장기고용　　한계부문
혁신부문　업무조직　단기고용

업무조직

산업소셜워크의
개입초점

노동자

비숙련공　　취업자
실직자　노동자　숙련공

ⓐ 전통적 업무조직　　　　　　ⓑ 유연화된 업무조직

도하는 성장산업과 경쟁력을 상실한 한계산업의 명확한 구분 등은 모두 업무조직의 유연성 증대가 초래한 현상들이다. 업무조직의 유연성 증대는 업무조직에 초점을 두고 거기에 관련된 개인에게만 서비스를 제공한 전통적 산업소셜워크의 실천영역의 재구조화를 요구한다.

업무조직의 변화에 맞춘 재구조화가 필요한 산업소셜워크의 과제는 결국 업무조직이라는 물리적 영역(practice location)에 기초하여 구축한 산업소셜워크 실천을 노동자의 삶과 노동관련 이슈(practice mission)에 기초하여 재구축하는 것으로 요약된다.

이러한 전환은 결국 〈그림 14-1〉과 같이 산업소셜워크 개입초점의 변화를 요구한다. 그동안 산업소셜워크가 초점을 둔 것은 업무조직이라는 상황 속에 놓인 개인이다. 이 개인이 업무조직과 결합된 경우에는 개입의 초점도 〈그림 14-1〉의 ⓐ처럼 자연스럽게 업무조직에 머무를 수 있었다. 하지만 업무조직의 유연성 증가는 업무조직과 개인의 분리 가능성을 〈그림 14-1〉의 ⓑ와 같이 증대시켰으며 이에 맞추어 산업소셜워크의 개입초점 역시 자연스럽게 이동해야 한다.

지금 산업현장은 4차 산업혁명이 일과 노동의 미래, 더 나아가 인간 사회에 가져올 혁명적이고 불확실한 변화를 앞뒀다. 현시점에서는 하루빨리 산업사회복지사가 산업소셜워크의 재구조화를 이뤄야 한다.

고용노동부. 2011. 《제 3차 근로복지증진 기본계획》. 과천: 고용노동부.

_ ___. 2013. 《직장어린이집 설치 지원제도 설명자료》. 과천: 고용노동부.

_____. 2015. 《2015년판 고용보험백서》. 세종: 고용노동부.

공사연금제도개선실무위원회. 2000. 《공사연금제도 개선의 기본구상》.

곽효문. 1995. 《산업복지론》. 서울: 제일법규.

권영성. 2010. 《헌법학원론》. 파주: 법문사.

근로복지공단. *n.d.* "근로자지원프로그램 (EAP) 지원". URL: https://www. kcomwel. or. kr/kcomwel/empl/eaps/eaps. jsp.

김교성・강철희・김연명・홍경준. 2005. 《기업의 사회공헌 활성화를 위한 민・관 파트너쉽 강화방안》. 서울: 중앙대학교.

김기태・박병현・최송식. 1999. 《사회복지의 이해》. 서울: 박영사.

김길동. 2004. 《안전경영시스템》. 서울: 북스힐.

김덕준. 1975. 《전문사회사업과 산업복지》. 서울: 한국사회복지연구소.

김병석. 2010. 《산업안전관리론》. 서울: 형설출판사.

김식현. 1996. 《인사관리론》. 서울: 무역경영사.

김원홍・이인숙・권희완. 1999. 《오늘의 여성학》. 서울: 건국대 출판부.

김의명. 2016. 《한국 산업복지론》. 고양: 양성원.

김정호. 2013. "직장보육시설과 여성의 고용안정". 〈노동정책연구〉, 13권 제 2호. pp. 127~154.

김진구. 1999. "한국 노동복지제도의 분배효과: 1986~1995년 기간의 국민연금, 산재보험, 최저임금, 기업복지를 중심으로". 서울대 박사학위 논문.

김진수. 1999a. 《중소사업주에 대한 산재보험 적용특례방안》. 서울: 한국노동연구원.

_____. 1999b. 《산재보험 선진화 방안과 정책과제》. 서울: 한국노동연구원.

_____. 1999c. 《산재보험 보험급여 최고·최저보상한도 산정방안에 관한 연구》. 서울: 한국노동연구원.

_____. 1999d. 《사회보험 통합에 대비한 산재보험의 역할 재정립 방안연구》. 서울: 한국노동연구원.

_____. 2000. 《국민연금 자영자 확대 1년에 대한 평가》. 서울: 경제정의실천연합.

김진수·권혁창·정창률·배화숙·남현주. 2015. 《사회복지법제》. 서울: 형지사.

김진수·신혜리. 2015. "장기요양급여와 건강보험급여와의 연계방안 연구". 〈노인복지연구〉, 67권. pp. 83~105.

김진수·정창률. 2012. "산재보험의 특수형태근로자 관리운영주체 설정에 관한 연구". 〈사회보장연구〉, 28권 제4호. pp. 185~206.

김태성. 1994. "분배정책의 유형과 쟁점". 서울대 사회복지연구소 편. 《소득분배구조에 관한 연구: I. 이론적 배경》. 서울: 서울대 사회복지연구소.

김태성·김진수. 2013. 《사회보장론》. 제4판. 서울: 청목출판사.

김통원. 2004. "기업의 사회적 책임(공헌) 평가방법론". 기업의 사회공헌 현황과 평가 세미나. 서울: 전국경제인연합회.

노병일. 2014. 《현대 산업복지론》. 고양: 공동체.

류건식·이상우. 2015. 《퇴직연금 도입 10년에 대한 종합평가와 정책과제》. 서울: 보험연구원.

박길상·조정적·진준민·이완영. 1992. 《근로자복지제도》. 서울: 삼일회계법인.

박내영. 1982. "근로자 생활안정을 위한 복지시책방향". 《근로복지세미나 결과보고서》. 서울: 노동부.

박세일. 1988. "공공근로복지의 전개방향". 《한국의 근로복지 미래상》. 서

울: 근로복지공사.

_____. 2006. 《법경제학》. 서울: 박영사.

박필수. 2005. 《산업안전관리론》. 서울: 중앙경제사.

송호근. 1995. 《한국의 기업복지 연구》. 서울: 한국노동연구원.

신광영. 1994. 《계급과 노동운동의 사회학》. 서울: 나남출판.

신유근. 1997. 《조직행위론: 인간존중의 경영》. 서울: 다산출판사.

신유근·한정화. 1990. 《한국기업의 사회참여활동》. 서울: 전국경제인연합
　　회 경제사회개발원.

실무노동용어사전. 2014. URL: http://www.elabor.co.kr/sub14.asp.

안춘식. 1989. "인사·노무관리". 한국경영자총협회 편. 《노동경제 40년사》.
　　서울: 한국경영자총협회.

양성환. 2011. 《안전관리시스템》. 서울: 현문사.

어수봉. 2012. "고용·복지 연계와 전달체계 혁신". 한국고용정보원 편. 《고
　　용과 복지체제의 연계강화를 위한 정책과제》. 서울: 한국고용정보원.

우 룡. 2005. "우리나라 근로자 지원 프로그램의 실태 및 욕구분석". 〈청소
　　년보호지도연구〉, 8권. pp. 75~99.

우재현. 1998. 《산업복지개론》. 서울: 경진사.

_____. 1998. 《산업복지원론》. 대구: 정암서원.

우종민·최수찬. 2008. 《근로자지원프로그램(EAP)의 이론과 실제》. 김해:
　　인제대 출판부.

유길상. 1991. 《근로복지증진을 위한 정책방향과 과제》. 서울: 한국노동연
　　구원.

윤희숙. 2016. "일자리 사업 심층평가의 시사점". 〈KDI FOCUS〉, 제 73호.
　　pp. 1~7.

이상민·최인철·신현암. 2000. "기업의 사회적 공헌". 동아일보사·삼성경
　　제연구소 편. 《나눔의 경제: 보다 나은 공동체를 위하여》. 서울: 삼성
　　경제연구소.

이상우. 2011. 《개인연금의 이해(1): 3층·다층 구조의 노후소득 보장체계》.
　　서울: 보험연구원.

이정환·노병일·변보기. 2005. 《산업복지론》. 서울: 교육과학사.

임종률. 2014. 《노동법》. 서울: 박영사.

전국경제인연합회. 1979. 《기업내 복리후생에 관한 실태조사》.

정무성. 2003. "기업 사회적 책임의 본질과 범위". 전국경제인연합회 편 《2003 기업·기업재단 사회공헌백서》. 서울: 전국경제인연합회.

정종섭. 2007. 《헌법학원론》. 파주: 법문사.

정진우. 2014. "산업안전보건법의 한계와 민간기준의 활용에 관한 연구". 〈한국산업보건학회지〉, 24권 제 2호. pp. 103~112.

정창률·권혁창·남재욱. 2014. "한국 건강보험 보험료 부담의 형평성에 대한 연구". 〈사회보장연구〉, 30권 제 2호. pp. 317~344.

정행숙. 2012. "직장 어린이집과 국·공립어린이집 교사의 직무스트레스에 관한 연구". 성신여대 석사학위 논문.

조흠학. 2014. "산업안전보건법상 근로자의 권리". 〈노동법논총〉, 제 31집. pp. 53~86.

조흠학·서동현. 2013. 《사업장의 작업중지권 행사에 관한 실태조사》. 인천: 산업안전보건연구원.

조흥식. 1985. "산업복지의 개념고찰". 〈한국사회과학연구〉, 제 3집. pp. 147~184.

_____. 1993. "근로 청소년을 위한 복지사업". 한국청소년개발원 편. 《청소년복지론》. 서울: 한국청소년개발원.

_____. 1993. "농촌빈곤가족의 사회적 욕구와 복지대책에 관한 연구: 충북 청원군 북2면 사례를 중심으로". 〈농촌학회〉, 3권. pp. 185~213.

조흥식·김혜련·신혜섭·김혜란. 2000. 《여성복지학》. 서울: 학지사.

주성수. 2003. 《기업시민정신과 NGO》. 서울: 아르케.

최 균. 1992. "한국기업복지의 사회경제적 성격". 서울대 박사학위 논문.

최민호. 1987. "營農後繼者 育成을 위한 農業專門大學의 參與方案 模索". 〈농업교육과 인적자원개발〉, 18권 제 3호. pp. 97~103.

_____. 1987. 《농촌청소년지도론》. 서울: 서울대 출판부.

한국경영자총협회. 1989. 《6. 29 이후 기업복지후생동향과 운영실태》. 서울: 한국경영자총협회.

_____. 1997. 《기업복지의 현황과 과제》. 서울: 한국경영자총협회.

한국경제학회. 2000. 《생산적 근로복지의 전개방안에 관한 연구》. 서울: 한국경제학회.

한국노동연구원. 1999. 《선택적 복리후생제도 도입방안》. 서울: 한국노동연구원.

378

_____. 2000. 《21세기 기업복지의 방향과 과제》. 서울: 한국노동연구원.

한국은행. 2000. 《저축생활 길라잡이》. 서울: 한국은행.

한국EAP협회. 2009. 《근로자지원프로그램(EAP)의 합리적 도입 운영모델 연구》. 서울: 한국EAP협회.

한동우. 1995. "기업복지프로그램 개발을 위한 욕구측정 방법에 관한 연구". 연세대 박사학위 논문.

홍경준. 1996a. "한국 기업복지의 결정요인: 제조업의 조직특성을 중심으로", 서울대 박사학위 논문.

_____. 1996b. "노동조합과 사회복지". 〈노동사회연구〉, 제 7호.

황의경·배광웅. 1993. 《심신장애인재활복지론》. 서울: 홍익재.

〈日本經濟新聞〉. 2005. 《働くということ》. 이규원 역. 《일한다는 것》. 서울: 리더스북.

清水正德. 1982. 《働きことの意味》. 한마당편집부 역. 1983. 《노동의 의미》. 서울: 한마당.

平石長久. 1989. 《勞動福祉》. 日本勞動協會.

日本経営者団体連盟. 1999. 《変革期の企業福利厚生》. 日本経営者団体連盟

Akabas, S. H. 1995. "Occupational Social Work". in *Encyclopedia of Social Work*. 19th ed. Silver Spring. MD: NASW.

_____. 1995. "Older Adults and Work in the 21st Century". in *Handbook of Social Work in Health and Aging*. Edited by Barbara Berkman. New York, NY: Oxford University Press.

_____. 1997. "Introduction". in *Work and Well-Being: The Occupational Social Work Advantage*. Edited by P. A. Kurzman & S. H. Akabas. Silver Spring. MD: NASW.

Akabas, S. H. & Kurzman. P. A. 2007. *Work and the Workplace: A Resource for Innovative Policy and Practice*. New York, NY: Columbia University Press.

Alchian, A. & Demsetz, H. 1972. "Production, Information Costs, and Economic Organization". *American Economic Review*, 62. pp. 777~795.

Arendt, H. 2011. *Human condition.* 이진우·태정호 역. 《인간의 조건》. 파주: 한길사.

Bakalinsky, R. 1980. "People vs Profit: Social Work in Industry". *Social Work*, 11. pp. 471~475.

Bargal. D. 2000. "The Future Development of Occupational Social Work". in *Social Services in the Workplace: Repositioning Occupational Social Work in the New Millennium.* Edited by M. E. Barak, & D. Bargal. New York, NY: The Haworth Press.

Barker, R. L. 2003. *Social Work Dictionary.* 5th ed. Silver Spring, MD: NASW Press.

Bartling, E. C. 1999. "The Psychology of Asking and Giving". *Association Management*, 51(12). pp. 55~60.

Berg, I. 1979. *Industrial Sociology.* Englewood Cliffs, NJ: Prentice-Hall.

Bowles, S. 1985. "The Production Process in a Competitive Economy: Walrasian, Neo-Hobbesian, and Marxian Models". *American Economic Review*, 75. pp. 16~36.

Bowles, S. & Gintis, H. 1986. *Democracy and Capitalism: Property, Community, and the Contradictions of Modern Social Thought.* London: Routledge & Kegan Paul.

Brandes, S. 1976. *American Welfare Capitalism: 1880~1940.* Chicago, IL: University of Chicago Press.

Braverman, H. 1974. *Labor and Monopoly Capital: The Degradation of Work in the Twentieth Century.* New York, NY: Monthly Review Press.

Budman, S. H. & Gurman, A. S. 1988. *Theory and Practice of Brief Therapy.* New York, NY: Guilford Press.

Burawoy, M. 1985. *The Politics of Production: Factory Regimes Under Capitalism and Socialism.* London: Verso.

Castles, F. 1982. "The Impact of Parties on Public Expenditure". in *The Impact of Parties.* Edited by F. Castles. Beverly Hills, CA: SAGE Publications.

Coase, R. 1986. "The Nature of the Firm". in *The Economic Nature of the*

Firm: A Reader. Edited by L. Putterman. Cambridge: Cambridge University Press.

Corwin, M. D. 1997. "Solution-Focused Brief Workplace Counseling". in *Work and Well-Being.* Edited by P. A. Kurzman & S. H. Akabas. Silver Spring. MD: NASW.

Deloitte Consulting. 2005. *Deloitte Consulting Report.* New York, NY: Deloitte Consulting.

Department of Economic and Social Affairs, United Nations. 1971. *Industrial Social Welfare.* 우재현·권화순 역. 1985. 《산업사회복지》. 서울: 경진사.

Dimaggio, P. & Powell, W. 1983. "The Iron Cage Revisited: Institutional Isomorphism and Collective Rationality in Organizational Fields". *American Sociological Review,* 48. pp. 147~160.

Drucker, P. F. 1984. "The New Meaning of Corporate Social Responsibility". *California Management Review,* 26. pp. 53~63.

Elster, J. 1985. *Making Sense of Marx.* Cambridge: Cambridge University Press.

Esping-Andersen, G. 1990. *The Three Worlds of Welfare Capitalism.* Princeton, NJ: Princeton University Press.

_____. 1992. "The Emerging Realignment Between Labour Movements and Welfare States". in *The Future of Labour Movements.* Edited by M. Regini. Beverly Hills, CA: SAGE Publications.

European Commission. 2001. *Green Paper: Promoting a European framework for Corporate Social Responsibility.* Luxembourg: Office for Official Publications of the European Communities.

Fleisher, D. & Kaplan, B. H. 1988. "Employee Assistance/Counseling Typologies." in *Social Work in the Workplace.* Edited by G. M. Gould & M. L. Smith. New York, NY: Springer.

Frank, R. & Streeter, C. 1985. "Identifying Roles for Social Workers in Industrial Social Work: A Multi-Level Conceptual Framework." *Social Work Papers,* 19. pp. 14~22.

Friedman, A. 1977. *Industry and Labour: Class Struggle at Work and*

Monopoly Capitalism. London: Macmillan.

Friedman, M. 1970. "The Social Responsibility of Business is to Increase Its Profits". *New York Times Magazine* 32.

Galaskiewicz, J. 1989. "Corporate Contributions to Charity: Nothing More than a Marketing Strategy?". in *Philanthropic Giving: Studies in Varieties and Goals*. Edited by R. Maga. New York, NY: Oxford University Press.

Germain, C. B. & Hartman, A. 1979. "People and Ideas in the History of Social Work Practice". *Social Casework*, 61(5). pp. 323~331.

Googins, B. & Davidson, B. N. 1993. "The Organization as Client: Broadening the Concept of Employee Assistance Program". *Social Work*, 38(4). pp. 477~484.

Googins, B. & Godfrey, I. 1987. *Occupational Social Work*. Englewood Cliffs, NJ: Prentice Hall.

Gordon, A. 1985. *The Evolution of Labor Relation: Heavy Industry, 1853~ 1955*. Cambridge, MA: Harvard University Press.

Gould, G. M. & Smith, M. L. (Eds.). 1988. *Social Work in the Workplace*. New York, NY: Springer.

Jenkins, H. & Hines, F. 2003. *Shouldering the Burdens of Corporate Social Responsibility: What Makes Business get Committed?*. Cardiff: BRASS Centre.

Jensen, M. & Meckling, W. 1986. "Theory of the Firm: Manegerial Behavior, Agency Costs, and Ownership Structure". in *The Economic Nature of the Firm: A Reader*. Edited by L. Putterman. Cambridge: Cambridge University Press.

Kanter, R. M. 2003. "From Spare Change to Real Change: The Social Sector as Beta Site for Business Innovation". in *Harvard Business Review on Corporate Responsibility*. Edited by C. K. Prahalad. Boston, MA: Harvard Business School Press.

Kurzman, P. A. 1987. "Industrial Social Work". in *Encyclopedia of Social Work*. 18th ed. Silver Spring. MD: NASW.

_____. 1997. "Employee Assistance Programs". in *Work and Well-Being*.

Edited by P. A. Kurzman & S. H. Akabas. Silver Spring. MD: NASW.

_____. 2013. "Employment Assistance Programs for the New Millennium: Emergence of the Comprehensive Model". *Social Work in Mental Health*, 11 (5). pp. 381~403.

Kurzman, P. A. & Akabas, S. H. (Eds.). 1993. *Work and Well-being.* Silver Spring, MD: NASW.

Le Grand, J. & Robinson, R. 1984. *Privatization and the Welfare State.* London: Allen & Unwin.

Maiden, P. (Ed.). 2001. *Global Perspectives of Occupational Social Work.* New York, NY: Routledge.

Malikin, D. (Ed.). 1969. *Vocational Rehabilitation of the Disabled: An Overview.* New York, NY: New York University Press.

Marks, G. 1989. *Unions in Politics.* Princeton, NJ: Princeton University Press.

Masi, D. A. 1982. *Human Services in Industry.* Lexington, MA: Lexington Books.

Mescon, T. & Tilson, D. 1987. "Corporate Philanthropy: A Strategic Approach to the Bottom-Line". *California Management Review*, 29. pp. 49~61.

Meyer, J. & Rowan, B. 1977. "Institutionalized Organizations: Formal Structure as Myth and Ceremony". *American Journal of Sociology*, 83. pp. 340~363.

Meyer, M. & Zucker, L. 1989. *Permanently Failing Organization.* Newbury Park, CA: Sage Publications.

Oi, W. 1983. "Fixed Employment Costs of Specialized Labor". in *The Measurement of Labor Cost.* Edited by E. Triplett. Chicago, IL: The University of Chicago Press.

Parker, M. 1999. *Partnerships: Profits and Not-for-Profits Together.* Edmonton: Muttart Foundation.

Putterman, L. 1995. "Markets, Hierarchies, and Information: On a Paradox in the Economics of Organization". *Journal of Economic Behavior and*

Organization, 26. pp. 373~390.

Quadagno, J. 1988. *The Transformation of Old Age Security: Class in Politics in the American Welfare State.* Chicago, IL: The University of Chicago Press.

Reich, B. R. 1998. "The New Meaning of Corporate Social Responsibility". *California Management Review*, 40. pp. 8~17.

Rifkin, J. 2014. *The Zero Marginal Cost Society.* 안진환 역. 2014. 《한계비용 제로사회》. 서울: 민음사.

Rochlin, S. & Christoffer, B. 2000. *Making the Business Case: Determining the Value of Corporate Community Involvement.* Chestnut Hill, MA: Boston College, The Center for Corporate Community Involvement.

Russell, A. *The Growth of Occupational Welfare in Britain.* Brookfield, VT: Avebury. 1991.

Scott, W. 1991. "Unpacking Institutional Arguments". in *The New Institutionalism in Organizational Analysis.* Edited by W. Powell & P. Dimaggio. Chicago, IL: The University of Chicago Press.

Seeman, M. 1959. "On the Meaning of Alienation". *American Sociological Review*, 24. pp. 783~791.

Skidmore, R. A. 1997. "Occupational Social Work". in *Introduction to Social Work.* Edited by R. A. Skidmore, M. G. Thackeray & O. W. Farley. Boston, MA: Allyn and Bacon.

Smith, M. & Gould, G. 1993. "A Profession at the Crossroads". in *Work and Wellbeing: The Occupational Social Work Advantage.* Edited by P. Kurzman & S. Akabas. Silver Spring. MD: NASW.

Spence, M. 1974. *Market Signaling: Informational Transfer in Hiring and Related Screening Processes.* Cambridge, MA: Harvard University Press.

Stevens, B. 1988. "Blurring the Boundaries: How the Federal Government Has Influenced Welfare Benefits in the Private Sector". in *The Politics of Social Policy in the United States.* Edited by M. Weir, A. Orloff & T. Skocpol. Princeton, NJ: Princeton University Press.

Straussner, S. 1990. "Occupational Social Work Today: An Overview". in

Occupational Social Work Today. Edited by S. Straussner. New York, NY: Haworth Press.

Stump, S. 1999. "Attracting Social Investors, Appeasing Shareholders". *Investors Relations Business,* 4(1). p. 8.

Sutton, J., Dobbin, F., Meyer, J. & Scott, W. 1994. "The Legalization of the Workplace". *American Journal of Sociology,* 99. pp. 944~971.

Taylor-Gooby, P. (Ed.). 2004. *New Risks, New Welfare, The transformation of the European Welfare State.* New York, NY: Oxford University Press.

UK EAPA. 2005. *EAP Guidelines.* Derby: UK EAPA.

US Deparmant of Justice. 2014. "Employee Assistance Program". Retrieved from https://www. justice. gov/jmd/employee-assistance-program.

Useem, M. 1987. "Corporate Philanthropy". in *The Non-Profit Sector: A Research Handbook.* Edited by W. Powell. New Haven, CT: Yale University Press.

Van Den Bergh, N. 1995. "Employee Assistance Programs". in *Encyclopedia of Social Work.* 19th ed. Silver Spring. MD: NASW.

Vigilante, F. W. 1997. "Work: Its Use in Assessment and Intervention with Clients in the Workplace". in *Work and Well-Being: The Occupational Social Work Advantage.* Edited by P. A. Kurzman & S. H. Akabas. Silver Spring. MD: NASW.

Webb, N. 1994. "Tax and Government Policy Implications for Corporate Foundation Giving". *Nonprofit and Voluntary Sector Quarterly,* 23(1). pp. 41~67.

Webb, S. & Webb, B. 1920. *Industrial Democracy.* London: Longmans.

Webb, W. 1990. "Cognitive Behavior Therapy: Application for Employee Assistance Counselor". *Employee Assistance Quarterly,* 5(3). pp. 55~66.

Wilensky, H. & Lebeaux, C. 1965. *Industrial Society and Social Welfare.* New York: The Free Press.

Wilensky, H. 1981. "Leftism, Catholicism, and Democratic Corporatism: The Role of Political Parties in Recent Welfare State Development". in *The Development of Welfare State in Europe and America.* Edited by P.

Flora & A. Heidenheimer. New Brunswick, NJ: Transaction Books.

Zastrow, C. 2000. *Introduction to Social Work and Social Welfare*. 7th ed. Belmont, CA: Wadsworth Publishing Company.

고용노동부 http://www. moel. go. kr

고용보험 http://www. ei. go. kr

국가법령정보센터 http://www. law. go. kr

국민건강보험공단 http://www. nhis. or. kr

국민연금공단 http://www. nps. or. kr

근로복지공단 퇴직연금 http://pension. kcomwel. or. kr/websquaredex. jsp

근로복지공단 http://www. kcomwel. or. kr

금융감독원, 퇴직연금 종합안내 http://pension. fss. or. kr/kor/psn

법제처 http://www. moleg. go. kr

보건복지부 http://www. mw. go. kr

한국노동연구원 http://www. kli. re. kr

https://www. eapassn. org/About-Employee-Assistance/EAP-Definitions-and-Core-Technology

인 명

조흥식 (曺興植)

서울대 사회복지학과 졸업
서울대 대학원 사회복지학 석·박사
영국 헐대학, 버밍엄대학 사회복지학과 교류교수
미국 시카고 로욜라대학 사회복지대학원 교환교수
청주대 부교수, 한국사회복지학회장, 한국사회정책학회장
현 서울대 사회복지학과 교수

• 주요 저서 및 논문
《인간생활과 사회복지》, 《가족복지학》(공저), 《사회복지실천론》(공저),
《대한민국, 복지국가의 길을 묻다》(공저), 《우리 복지국가의 역사적 변화와 전망》(공저)

김진수 (金振洙)

오스트리아 빈국립대학 사회경제학과 졸업
오스트리아 빈국립대학 사회경제학 석·박사 (사회보험전공)
전 사회보장학회, 사회복지정책학회장
현 경제정의실천시민연합 사회복지위원회 위원 (장)
　　영국 *Social Policy & Administration* 편집위원
　　연세대 사회복지대학원 교수

• 주요 저서 및 논문
《사회보장론》(공저), 《사회복지법제론》(공저), *Extinction or Evolution? A Study of the Challenges and the Future of Social Insurance in Korea* (ISSA)

홍경준 (洪坰駿)

서울대 사회복지학과 졸업
서울대 대학원 사회복지학 석·박사
현 성균관대 사회복지대학원 원장

• 주요 저서 및 논문
《한국의 사회복지체제 연구: 국가·시장·공동체의 결합구조》,
《한국 복지국가 성격논쟁 I》(공저), 《복지국가의 태동》(공저),
《사회양극화 극복을 위한 사회정책 구상》(공저),
《기초생활보장제도 현장보고서: 마지막 사회안전망에서 만난 사람들》(공저)